Felicidad

Lina Martínez

Felicidad

¿Cómo entenderla?

¿Por qué la queremos?

¿Es posible alcanzarla?

DEBATE

El papel utilizado para la impresión de este libro ha sido fabricado a partir de madera
procedente de bosques y plantaciones gestionadas con los más altos estándares ambientales,
garantizando una explotación de los recursos sostenible con el medio ambiente y beneficiosa para las personas.

Penguin
Random House
Grupo Editorial

Felicidad

¿Cómo entenderla?
¿Por qué la queremos?
¿Es posible alcanzarla?

Título de la presente edición: *Felicidad*

Primera edición en Colombia: marzo, 2024
Primera edición en México: octubre, 2025

penguinlibros.com
Diseño de portada: Penguin Random House Grupo Editorial / Lorena Calderón Suárez
Imagen de portada: © jayk7, Getty Images
Gráficas: Sandra Moreno

ISBN: 978-607-386-473-2

Impreso en México – *Printed in Mexico*

Contenido

Tres palabras:

quiero ser feliz

Esas tres palabras arrojan doscientos veintitrés millones de resultados en 0,53 segundos en una búsqueda de Google. Los resultados muestran listas de consejos, libros, canciones, citas de Buda y Aristóteles… Las preguntas que la gente hace comúnmente asociadas a las tres palabras son variopintas. Hay unas instructivas, del tipo, ¿qué tengo que hacer para ser feliz? Otro grupo de preguntas buscan pistas concretas, como ez pasos para ser feliz. Otras preguntas introducen a tercero pero queriéndoles excluir, y se expresan de la siguiente forr ¿cómo ser feliz sin depender de nadie? Otros buscan las ones por las que no pueden ser felices. Los resultados d búsqueda son disímiles, aleatorios, ruidosos. Si un ali a llegara a la Tierra y se encontrara con una de las bús más populares, no sabría qué es la felicidad. Si escuc de las canciones más populares sobre felicidad, H Pharrell Williams, quedaría más desorientado.

> Puede parecer una locur a decir
> *It might seem crazy wh t to say*

Rayo de luz, ella está aquí, puedes tomar un descanso
Sunshine, she's here, you can take a break

Soy un globo aerostático que podría ir al espacio
I'm a hot air balloon that could go to space

Con el aire, como si no me importara, nena, por cierto
With the air, like I don't care, baby by the way

Porque soy feliz
Because I'm happy

Aplaude si te sientes como una habitación sin techo
Clap along if you feel like a room without a roof

Aplaude si sientes que la felicidad es la verdad
Clap along if you feel like happiness is the truth

Aplaude si sabes lo que es la felicidad para ti
Clap along if you know what happiness is to you

Pareciera que las palabras que le siguen a *quiero ser feliz* en una frase fueran *en todo* o *cualquier cosa*.

La aleatoriedad y ubicuidad de la felicidad en las búsquedas de Go... reflejan el *ethos* de una cultura que durante las últimas décadas ... escogido la felicidad como medio y como fin. Las personas ...ren ser felices, quieren que sus hijos sean felices, que la pareja la... felices, que el trabajo aumente la felicidad, que la ropa que usa... aga sentir felices, que la comida genere felicidad. La felicid... vuelto una demanda cotidiana y universal.

No siempre ... o setenta años y así. Hable con alguien que tenga sesenta ... las decisiones que ... le qué tanto importó la felicidad en ... hijos o el trabajo. Es ... su vida, como el matrimonio, los ... ue la felicidad no aparezca en su discurso. Hace años, la gente no se casaba para ser feliz, lo hacía para formar una familia. No traía hijos al mundo para aumentar la felicidad, lo hacía porque era lo que la gente hacía. No iba al trabajo para ser feliz, iba al trabajo a ganar un salario y a contribuir a la sociedad. Haga el mismo ejercicio con alguien que esté en sus veinte. La felicidad es el motor de la conversación y el compás que guía las decisiones.

Ese cambio no se produce en el vacío. En las últimas dos décadas la felicidad fue ascendiendo en el podio de lo que la gente busca y desea, pero las bases de ese deseo se han ido construyendo a lo largo de la historia. La palabra felicidad comparte su raíz etimológica con «fecundo», de los suelos, de los árboles y lo que crece en la tierra. Pareciera que el siglo XXI fuera el suelo fecundo de la mayor producción de variedades de la felicidad. Las diferentes variedades de semillas felices que se fueron plantando a lo largo de la historia han florecido en un campo que da de todo; desde la variedad más nueva que floreció en forma de la canción de Pharrell Williams hasta las semillas más antiguas que crecieron con el renovado interés por las prácticas budistas para reducir el sufrimiento.

Llegué al estudio de la felicidad a inicios de la década del 2010. En ese momento, estaba cobrando importancia una nueva corriente que se ocupa de estudiar cómo lo que hacen los gobiernos mejora el bienestar de las personas. Mi primera lección de felicidad vino de la mano de la gestión gubernamental y de la estadística. En el camino llegué al estudio de la salud mental para medir y evaluar la magnitud de los problemas de salud mental en la felicidad de las personas. En el terreno de las estadísticas de las políticas públicas, el suelo es muy estable. Los cambios son marginales y se pueden contar en reducciones o incrementos de pocos puntos porcentuales cada año, solo se notan los cambios en trayectos largos, como la disminución de la pobreza que se evidencia en análisis de décadas. Mientras estudiaba la felicidad y la salud mental, llegó la sorpresa apocalíptica de la pandemia. El COVID-19 fue un cataclismo estadístico. Pasamos de medir cambios marginales a ver que los números de los problemas de salud mental crecían de manera alarmante. Dentro de los más afectados estaban los jóvenes, quienes, desprovistos de la perspectiva y la paciencia que dan los años, se sentían en el borde de un precipicio donde la depresión y la ansiedad los acercaban al límite de la caída. Veía el descalabro de la felicidad causada por la fragilidad de la salud mental. Los números de las investigaciones se reflejaban en la clase con mis estudiantes, en sus miedos, en sus emociones frágiles y ansiosas, en la incapacidad de verbalizar lo que sentían. En medio de la pandemia, inicié una clase llamada «Felicidad y bienestar». Quería hacer algo para que mis estudiantes supieran que la felicidad depende de sus buenos estados mentales y no del primer trabajo que les era esquivo en una pandemia. Al buscar las lecturas para una clase académica, encontré pocos recursos que abordaran los temas que consideraba pertinentes para entender un campo tan amplio y con tantas variedades. Las lecturas que me gustaban eran muy técnicas y las que mis estudiantes asociaban a la felicidad caían en afirmaciones de autoayuda.

Me dispuse a escribir para mis estudiantes sobre la felicidad para zanjar la brecha entre la autoayuda y la investigación técnica, y las notas de clase le dieron forma a este libro que narra la historia de cómo se fue labrando el terreno de la felicidad contemporánea. En el primer capítulo se cuenta la historia del concepto de felicidad y su evolución en el tiempo. El segundo capítulo se ocupa de fenómenos sociales y culturales como el consumismo y las redes sociales que sirven de caja de resonancia para buscar una vida feliz. El tercer capítulo está dedicado a las narrativas de la felicidad, que son la cantera de donde salen las referencias de *hallazgos soportados por la ciencia,* cada vez que uno lee una lista de diez recomendaciones para ser feliz. En el cuarto capítulo se abordan los factores que promueven o disminuyen la felicidad. Tal vez esta es la parte más conocida. Es de donde sale la información sobre qué tanto importa el dinero para ser feliz, o cómo el estrés y la ansiedad disminuyen el bienestar. El quinto capítulo cierra con los hábitos y prácticas cotidianos que promueven la felicidad.

Gracias por escoger este libro entre tantos que existen. Espero que lo encuentre interesante y que al final, halle las piezas que componen el rompecabezas desbaratado y desordenado de las búsquedas de la felicidad.

I

¿Qué es la felicidad?

Estaban al frente y podía escuchar lo que hablaban. Eran jóvenes, con *jeans*, camisetas, y hablaban en el tono desparpajado de los veinte. Una llevaba un buen rato hablando, la otra no sabía cómo articular el orden de las palabras que su amiga necesitaba escuchar, aunque las tenía escritas en la camiseta: *happiness blooms from whithin* —la felicidad florece desde adentro—, un letrero estampado con flores. Una camiseta que, además de vestir, sirve para dejar ver los valores, estéticas y narrativas de su época. La chica que llevaba rato hablando daba vueltas sobre lo mismo, estaba tan confundida como el mensaje de su camiseta: *tacos are my favorite emotion* (los tacos son mi emoción favorita), otra camiseta que dejaba en evidencia las narrativas y la confusión emocional de una generación que lo quiere todo, lo sueña todo, lo quiere en un mismo plato, y a la velocidad con la que se prepara un taco. La conversación iba y volvía sobre las relaciones «tóxicas», la carga universitaria, la duda de si estaba haciendo lo que quería hacer, la deuda que estaba acumulando para pagar la universidad. Era evidente que hablaba de los sueños que no se dejaban acomodar en palabras. Todo eso lo resumió en el lema publicitario de una generación: «quiero hacer lo que dice mi corazón». Y luego cerró con una frase lapidaria: «pero no tengo idea de qué es lo que quiere». Su amiga sacó el teléfono y le leyó «Cinco consejos para escuchar lo que tu corazón realmente quiere».

Que dos jóvenes sostengan esta conversación es el resultado de muchos siglos de progreso. Hace cien años, los jóvenes de la misma edad no sabrían siquiera que la felicidad estaba en el menú. Tal vez la conversación sería sobre ir a la guerra, viajar en un barco para migrar, el casamiento arreglado, o sobrevivir a una peste. Un mundo próspero es lo que le permite a la gente ocuparse de la felicidad. Las dos chicas tal vez no sepan que hablar de la felicidad y del llamado del corazón es el resultado de gobiernos ocupados en reducir guerras, aumentar ingresos y reducir la mortalidad. De sistemas educativos que se preocupan por los estados emocionales de los alumnos. De padres cuyo mayor deseo es que sus hijos sean felices. Y de científicos que se ocupan de estudiar cómo, cuándo, y bajo qué circunstancias aparece la felicidad. Yuval Noah Harari, en su libro *Homo Deus*, argumenta que la búsqueda de la felicidad hace parte de la agenda de los hombres del siglo XXI. Los Estados, el mercado y la ciencia trabajan a toda máquina para proveer los recursos y medios para que la gente sea más feliz.

La conversación de las dos jóvenes también encapsula la búsqueda ubicua de la sociedad contemporánea. La felicidad está en tantas partes y se representa de tantas formas que vale la pena conocer los vestidos que usa. Este primer apartado abarca la multiplicidad de definiciones de la felicidad y su cambio en el tiempo. Este capítulo se divide en tres secciones. En la primera, se aborda la definición de la felicidad empezando por las filosofías no teístas como el budismo, el taoísmo y el pensamiento de los griegos. Este paso permite situarse en la larga historia de los hombres por ser felices. En la segunda sección, se da un salto a la Ilustración, donde se empiezan a dar los primeros hervores teóricos de las manifestaciones contemporáneas de la felicidad y las emociones. En la tercera sección, se abordan las estructuras que contienen las definiciones de la felicidad en los tiempos contemporáneos, incluidas las emociones, su clasificación y la inteligencia emocional. Este capítulo tiene la finalidad de llevar al lector por el camino de la búsqueda histórica de la humanidad: la felicidad.

¿Qué me hace sentir feliz?

En la primera clase de Felicidad y Bienestar, una materia que dicto a estudiantes universitarios que están cerca de terminar su formación profesional, les pido a los estudiantes que definan la felicidad. Hay un silencio largo en el salón. Los que se animan a hablar asocian la felicidad con estar tranquilos, con terminar el semestre, con no tener preocupaciones. Luego les pido que hablen de las situaciones o cosas que asocian con la felicidad. No hay silencio prolongado y varias manos se levantan. Las referencias a las mascotas son abrumadoras. Les siguen tener tiempo para la familia y amigos, ver televisión o jugar videojuegos. Los viajes, el dinero y todo lo que se compra con el dinero siguen en la lista, muy de cerca de lo que consideran el éxito. La siguiente pregunta es pensar en un día feliz. Los días felices son como la mayoría de los días. Levantarse, comer, trabajar en lo que les gusta, sentirse productivos, jugar con sus mascotas, salir con los amigos o la pareja, comer con los papás, ver una serie. Dentro de las actividades opcionales está leer, hacer ejercicio, hacer alguna actividad que nutra el espíritu, o hacer un voluntariado. La última pregunta es sobre qué creen que los haría completamente felices: terminar la carrera, conseguir trabajo, mucho dinero, ojalá con fama. Así cierran el agregado de preguntas felices del inicio del semestre. Esta mezcla entre deseos, aspiraciones, emociones, cosas, actividades, personas, y mascotas, es lo que hace la felicidad tan ubicua.

La felicidad está presente desde que las estructuras morales empezaron a darles orden a los hombres y a la sociedad. Desde Buda y la filosofía griega la felicidad es el centro de la realización de los hombres. Sin embargo, sabemos muy poco, o tal vez nada, de cómo las múltiples transformaciones sociales, como la Revolución Industrial, el crecimiento de las potencias económicas, la globalización, o las guerras, han afectado la felicidad de los individuos desde los tiempos de Buda hasta nuestros días. Hace solo unas décadas, la felicidad ha estado en el centro de la investigación científica. Desde los años noventa, todo el arsenal del conocimiento científico se ha volcado a entender y refinar instrumentos de medición para aportar información granular al objetivo final de la vida humana. Cada pedazo de información aporta una pieza al rompecabezas que la ciencia hoy construye sobre la felicidad.

La felicidad no es fácil de definir. Apunta a una evaluación general de la condición de un individuo, tomando en consideración lo que es deseable y valioso. Pero lo que se considera deseable y valioso puede cambiar en el tiempo, entre culturas, e incluso puede hasta contradecirse. Por esa diversidad, definir la felicidad es una tarea compleja. Kant decía que el concepto de felicidad es indeterminado, algo a lo que todos aspiran, pero que nadie puede decir con precisión qué es lo que realmente quiere y desea[1].

La felicidad es una experiencia subjetiva y cada uno la vive de una forma diferente, e implica autoconocerse lo suficiente para saber qué lo hace feliz, cobrando relevancia el aforismo griego «conócete a ti mismo». Hoy, conocerse a sí mismo es una tarea difícil porque las opciones se multiplican. Hace cincuenta o cien años un zapatero sería toda su vida un zapatero y usaría las mismas técnicas que aprendió de su maestro, con las mismas ambiciones de su maestro y la ética laboriosa de los que aprendió el oficio. Mientras que en la actualidad «reinventarse» está a la vuelta de la esquina. Es incluso un imperativo del mundo cambiante. Cada cambio genera la necesidad de conocerse de nuevo, priorizar propósitos y encontrar un camino.

También hay una pluralidad en la felicidad que no es fácil de definir. Si se piensa en lo que compone la felicidad, vienen a la mente una lista de elementos donde se confunden los objetivos (ser una mejor persona), o lo que se quiere (casa, carro, carrera profesional). La felicidad implica un asunto de forma, y hasta cierto punto, una pregunta ética sobre qué es lo que se persigue para ser feliz. Una concepción razonable sobre la felicidad debe partir de la aceptación de su pluralidad, los conflictos y las contradicciones que esa pluralidad conlleva[2]. La felicidad, entonces, implica la deliberación de cómo satisfacer deseos u objetivos en el tiempo, dentro de un marco ético. Es decir, identificar los deseos, satisfacerlos y sin hacerle daño a otros.

El compromiso social de buscar la felicidad e implementarla en cada aspecto de la vida es un fenómeno contemporáneo. Pero la felicidad ha estado con nosotros desde siempre, con la filosofía o la religión. Los nuevos libros que están poblando las librerías sobre los usos cotidianos de la filosofía, o los que retoman los principios budistas o estoicos son un ejemplo de ello.

¿Qué hizo Buda?

El budismo es una de las filosofías milenarias que ha vuelto a nuestros tiempos con la sabiduría para explicar la felicidad, o mejor, para entender por qué somos infelices. El budismo viene de las lecciones de Siddhartha Gautama, el heredero de un reino del Himalaya, quien dejó sus privilegios para buscar las respuestas al sufrimiento humano y buscar la iluminación. Gautama encontraba que el sufrimiento lo experimentaban todas las personas sin importar su posición social o sus condiciones de vida, y después de viajar sin pertenencias ni riquezas por el norte de India, sentarse con gurús y meditar por años, llegó a la iluminación. El despertar de Buda Gautama vino con la comprensión del sufrimiento y cómo cesarlo. Las cuatro nobles verdades de Buda muestran la presencia de la angustia existencial.

La *primera verdad* de Buda es reconocer que el sufrimiento o la insatisfacción existen. Todo genera sufrimiento: la vejez, la muerte, la enfermedad, las separaciones, las aspiraciones, los deseos. Vivir, de alguna forma, es sufrir. La vida es imperfecta, y el sufrimiento e insatisfacción son universales. Las personas que son ricas sufren porque quieren más, las pobres sufren porque no son ricas, hay sufrimiento en aspirar a lo que no se tiene, o lo que no se es, y en desear más de lo que ya se tiene. La satisfacción y el cese del sufrimiento se buscan en los bienes materiales permanentes, que no son más que una ilusión respecto al cese del sufrimiento.

La *segunda verdad* es que el sufrimiento lo causa el deseo. Los deseos son los que hacen que se busquen situaciones placenteras y se quiera eliminar las que causan dolor o insatisfacción. Hay deseos sensoriales, el deseo de continuar el ciclo de la vida, evitar la enfermedad y la muerte, y el deseo de no experimentar sentimientos dolorosos. La satisfacción de esos deseos no es posible porque la enfermedad y la muerte son universales y los sentimientos dolorosos los causa la mente cuando busca satisfacer el ego. La *tercera verdad* es que el sufrimiento puede cesar si se extingue su causa, es decir, el deseo. La ausencia de pasión y deseo es el estado que se conoce como nirvana. La *cuarta verdad* muestra el camino. El camino para cesar el sufrimiento comprende la sabiduría, la conducta ética y el entrenamiento de la mente y el corazón. La meditación es el vehículo que entrena a la mente en la atención plena, en la conciencia del presente, que lleva a la calma y a una mente iluminada.

El budismo es tal vez la corriente que más protagonismo le ha dado al estudio de la felicidad, y sus principios y técnicas son unos de los temas favoritos de académicos que estudian la felicidad. Harari, en su libro *De animales a dioses*, usa una metáfora muy útil para entender la felicidad desde el budismo. La felicidad en el budismo —y en el mundo actual—, es entendida como la experiencia de emociones positivas. Pero las sensaciones positivas y agradables vienen y van como olas en el mar, son vibraciones pasajeras. Dedicarse a una búsqueda de solo emociones positivas es tan infructuoso e inútil como estar en la playa abrazando solo las olas «buenas» y evitando que las olas «malas» se acerquen. El sufrimiento, según el budismo, es la búsqueda incesante de las olas buenas. La raíz del sufrimiento no está en la experiencia que sentimos cuando llega una ola buena o una ola mala. El sufrimiento, es la angustia e insatisfacción que se experimenta porque no todas las olas que llegan son buenas. La búsqueda de olas buenas hace que la mente esté inquieta todo el tiempo, e incluso cuando una ola buena llega, el continuo deseo de que la ola no desaparezca hace que no se disfrute. La liberación del sufrimiento es cuando se entiende la naturaleza pasajera de las emociones y se deja de desear emociones particulares.

La meditación es la práctica que ayuda a observar la aparición y desaparición de cada ola. La meditación entrena a la mente para sentir y dejar pasar cada ola sin juzgar si es buena o mala. Se siente y se va. No hay deseo que permanezca, no hay deseo que se aleje. Meditar es salir de la playa en que se abrazan las olas buenas y se alejan las olas malas, sentarse en la arena, y observar cómo las olas vienen y van al ritmo del mar.

Las primeras referencias sobre la práctica de la meditación vienen desde el hinduismo, cinco mil años antes de Cristo, y fue una práctica adoptada por muchas religiones para conocerse a sí mismo y entrenar la mente. En el mundo occidental, la meditación empezó a ganar el interés de filósofos hacia el siglo XVIII, cuando se introdujeron textos traducidos de la India como el *Bhagavad Gita* o los Sutras budistas que contenían las enseñanzas de Buda. La popularización de la meditación en Occidente como práctica no religiosa solo llegó hasta el siglo XX. La cultura jipi, los Beatles, y la llegada de maestros espirituales a Estados Unidos, empezaron a generar una ola de interés en otras prácticas religiosas y espirituales. Hacia 1970 aparecen los primeros estudios y aplicaciones de la meditación asociados con procesos psicológicos como la relajación, y luego como herramientas para reducir el estrés. Jon Kabat-Zinn, un profesor de MIT (Massachusetts Institute of Technology), fue uno de los precursores en el estudio y aplicación de la meditación en terapias psicológicas.

El *mindfulness*, uno de los tipos de meditación budista que consiste en la atención plena de los pensamientos, se fue convirtiendo en el tipo de meditación más popularizada en el mundo occidental. Cada cultura adapta como puede lo que le interesa, y la meditación se empezó a propagar en formas, tiempos y propósitos que no estaban relacionados con Buda, la búsqueda del nirvana o prácticas religiosas. De ahí en adelante, el *mindfulness* empezó a acuñar los títulos de una multitud de productos asociados con el bienestar, así no estuvieran relacionados con algún tipo de meditación. Desde marcas de comida hasta agencias de viaje se asocian con el *mindfulness*. En la década del noventa aparece Deepak Chopra en la cultura de masas de la mano de Oprah Winfrey en el programa de televisión más famoso en Estados Unidos. Chopra es un médico indio que mezcla en su discurso medicina autorregenerativa, espiritualidad, incluso Física, y se ha convertido en una estrella de *rock* de la autoayuda, mezclada con meditación, autoconocimiento y sanación. Chopra es como las canciones pegajosas que no tienen género, solo se entiende la mitad de la letra, y que el coro se ha escuchado universalmente. Es como el *Aserejé* de las Ketchup. Chopra, entre otras cosas, es mundialmente famoso por sus programas de meditación que abarcan una pluralidad de propósitos y formatos. Desde *podcasts* hasta un instituto dedicado a la propagación de la meditación. Ha creado un sinnúmero de retos de meditación; solo por mencionar algunos, hay uno con Oprah de agradecimiento, otro con la cantante Alicia Keys del poder de la divinidad femenina, otro con J Balvin para renovar el cuerpo, la mente y el espíritu. Algunos son gratis y están en YouTube.

La práctica de la meditación —como la entendemos y la usamos en Occidente— ha sido objeto de múltiples investigaciones académicas. Por lo general, los resultados muestran asociaciones positivas con la reducción de estrés, aumento de atención y concentración, reducción de ansiedad, depresión, y regulación emocional[3]. Gracias a los resultados de las investigaciones, la meditación se prescribe en terapias psicológicas, se enseña en colegios, hace parte de programas empresariales para aumentar el rendimiento y reducir el estrés laboral, y es el producto de venta de un sinnúmero de aplicaciones móviles. La meditación en Occidente se usa, en la mayor parte, como una práctica para ayudar a acallar la mente y como apoyo para mejorar habilidades cognitivas como la atención. Si usted ha visitado a un psicólogo últimamente, posiblemente le recomendó bajar una aplicación para meditar y le prescribió usarla por unos minutos al día. Este es el resultado de la mutación de la meditación que pasó de la cuarta verdad de Buda al teléfono móvil.

Otra práctica que se ha vuelto consumo de masas en Occidente y tiene sus raíces en prácticas religiosas nacidas en India es el yoga. El yoga, históricamente, ha estado asociado a una forma religiosa, más que física. La recopilación más antigua del yoga viene de la clasificación y organización que realizó Patanjali hacia el siglo III a.C. y conocida como *Yoga sutras de Patanjali*. Los yoga sutras hacen referencia a ocho elementos de la práctica que buscan la concentración de la mente a través de observación, *asanas* (las posturas de yoga), control de la respiración, abstracción de los sentidos, meditación y absorción. El yoga, históricamente, está asociado a las prácticas religiosas de meditación en el hinduismo y el budismo. A Occidente, el yoga llegó y ganó popularidad por el camino conocido de Hollywood. Desde 1920 hay recuentos de Greta Garbo recibiendo clases de yoga de una profesora rusa entrenada en India y cercana a la élite artística de la época. Más adelante, en los setenta, con la meditación y el movimiento jipi, el yoga se populariza dentro de un grupo alternativo en busca de expansión espiritual. La moda del yoga como práctica física —disociada de prácticas religiosas— se populariza desde la década del noventa con la élite hollywoodense posando en revisitas mientras hacían las *asanas* de yoga. Lo demás es el recuento de la apertura masiva de estudios de yoga, desde *hot* yoga hasta yoga para mamás. Como los fenómenos que son populares en Occidente, el yoga creó toda una constelación de consumos, pasando por la ropa, aplicaciones para hacer ejercicio, jugos verdes, *cupcakes* orgánicos y tortas sin azúcar. El yoga hoy representa un estilo de vida, más que una práctica asociada a un ejercicio espiritual.

La primera búsqueda de Google después de escribir yoga es «yoga para bajar de peso». Hay que navegar mucho más antes de encontrarse con Patanjali.

¿Qué es Wu-wei?

En China nacen sistemas de pensamiento con aplicaciones religiosas y morales no teístas. Entre ellas, el taoísmo. Esta filosofía, no necesariamente se centra en la vida feliz o la búsqueda de la felicidad. En el taoísmo es más importante crecer sabio y en armonía con el universo. La felicidad en este sistema se experimenta siguiendo las reglas de la naturaleza y apreciando la vida que se tiene. El taoísmo enfatiza en la idea de que «suficiente es tan bueno como un banquete». Aceptar la vida como es, constituye la principal característica de la felicidad.

El taoísmo es atribuido a las enseñanzas de Lao-Tsé, considerado uno de los principales filósofos de la civilización china que vivió en el siglo VI a.C. El *Tao* en esta tradición es el principio cosmogónico y ontológico de todas las cosas, el orden del universo que guía el camino, y las enseñanzas del taoísmo son para vivir en armonía con el Tao. Esta doctrina se basa en la existencia de dos fuerzas. Una pasiva (yin) y una fuerza activa (yang) que representan el dinamismo de la naturaleza y el origen de todo. Las dos fuerzas, aunque parezcan opuestas, forman una única naturaleza y tienen el mismo peso. El taoísmo da gran valor a la simplicidad y las situaciones cotidianas y habla de cultivar tres tesoros: la compasión, la frugalidad y la humildad. Uno de los conceptos del taoísmo es ***Wu-wei***, que traduce la no acción. Esto no significa no hacer nada, es referido a no forzar acciones. A veces no actuar es mucho más difícil que hacer algo, solo imagine una situación de rabia. Es más difícil no actuar que dejarse llevar por el hervor efervescente del enojo.

Wu-wei está conectado con el mundo natural, en el sentido de que busca que el comportamiento sea tan espontáneo como los procesos naturales, como lo hacen las plantas que crecen sin esfuerzo y toman una dirección no forzada. O como el agua que es noble y se adapta a cualquier camino. El agua toma la forma que la contenga, un vaso, un río, un lago, el mar, y se adapta a cualquier circunstancia, se congela, se calienta, se evapora. Es nadar en vez de ir contra la corriente. Implica dejar de lado los planes que con violencia impone el ego, el orden que se desea de las cosas, y las situaciones que se desea sean de una forma que no se presentan. Es un constante declive de la rigidez y la ansiedad.

Esta doctrina les da el mismo valor a la vida o la muerte, al placer o al sufrimiento, a lo positivo y a lo negativo, incluso el concepto de pecado no existe. Esta paridad filosófica es difícil de asimilar en Occidente, donde hay valores positivos y negativos claros y la sociedad hedonista le da una superioridad a lo positivo sobre lo negativo, y el pecado es central a las estructuras morales y religiosas más predominantes. En el taoísmo la felicidad no tendría la superioridad que hoy le conferimos.

Parte de los principios de esta filosofía están cerca de lo que hoy se vincula con la felicidad. Es solo dar una búsqueda en YouTube, y aparecen múltiples videos e *influencers* que usan la sabiduría ancestral china para dar recomendaciones de una vida plena y sin la búsqueda frenética de lo que no se tiene. Hay un video sobre Wu-wei que en el momento en que escribía esta página tenía más de tres millones de reproducciones. Si bien las enseñanzas del taoísmo van ganando adeptos con videos de tres minutos, una actriz china, Li Ziqi, es la verdadera estrella en las redes en las enseñanzas tradicionales y de vivir en armonía con la naturaleza. Li realizaba videos impecablemente producidos sobre la vida idílica en el campo, cultiva lo que se come y hace recetas elaboradas con ingredientes de la huerta. Su estética no es como la de los demás *influencers* que centran la cámara en sus palabras, cuerpos y atributos. Li pone el foco en la naturaleza y ella solo hace parte de la escena natural, se centra en el romanticismo y belleza de la vida frugal en el campo. El mensaje de Li es poderoso y resuena en sus seguidores y en la agenda política. Sus seguidores se identifican con el ideal de volver a una vida sencilla en el campo, dejando de lado «la enfermedad urbana», el término usado en China para referirse al agotamiento de las demandas del trabajo en las ciudades y el estilo de vida urbano. Li se une a muchas iniciativas en el mundo de volver a aldeas y a la vida sostenible. También ha hecho eco en el Gobierno chino —es difícil y poco frecuente que una actriz se considere portadora de un mensaje a favor de la visión política del país—. El Gobierno chino ha invertido cuantiosos recursos en programas para incentivar que jóvenes vuelvan y se mantengan en el campo. Con la sobrepoblación en las ciudades y una disminución sostenida de la mano obra que cultive la tierra, a fin de cuentas, el mensaje de Li cobra matices políticos.

Al igual que con el yoga, en Occidente también se han adoptado algunas de las prácticas físicas que vienen de las tradiciones chinas. Entre ellas, el taichí. Según el taoísmo, el yin y el yang son la manifestación de que la realidad es binaria y contiene la combinación de dos elementos opuestos, y el equilibrio de los dos elementos es lo que permite el equilibrio en uno mismo. El taichí es un ejercicio que ayuda a mantener el equilibrio entre el yin y el yang en el cuerpo, balanceando las energías y curando las enfermedades, ya que, según esta tradición, las enfermedades aparecen como consecuencia de los desbalances de energía.

¿Qué es una persona estoica?

Occidente tiene sus exponentes de doctrinas y filosofías no teístas en los griegos. La felicidad, en esta corriente, es una de las columnas que sostienen la búsqueda de la buena vida y el objetivo final de cualquier individuo. El hedonismo y su prevalencia, en este sistema de pensamiento, es central para entender el protagonismo de la felicidad en Occidente. El hedonismo se entiende como la búsqueda de placer y la disminución del dolor. Distinto al taoísmo, el placer y el dolor no tienen el mismo valor; el placer es lo bueno y es lo que se persigue porque provee satisfacción y felicidad. Aristipo de Cirene, discípulo de Sócrates, es de los principales exponentes del hedonismo, que considera el placer como el bien superior. Para Aristipo, el placer del cuerpo es superior a los placeres mentales, y la felicidad es el conjunto de los distintos placeres. En lo subsiguiente de las doctrinas griegas, se plantean discusiones éticas sobre lo que implica la búsqueda del placer individual y la prudencia en la búsqueda de las pasiones.

Platón, en sus diálogos, introdujo la felicidad aunada a la pluralidad. En uno de sus diálogos, *Gorgias*, se lee que lo que fuese la felicidad (o bienestar) depende de la posibilidad de obtener las cosas que se desea: se obtiene la mayor satisfacción posible en la medida en que se satisfagan los deseos más intensos. En el mismo diálogo, Platón también introduce la condición conflictiva en la naturaleza de lo que se desea, y de que no todos los deseos deberían ser satisfechos porque no son virtuosos o buenos. Con Platón se empieza la reflexión moral de lo que se desea y la felicidad. Si lo que se desea es inherentemente bueno y deseable, y las consecuencias de esos deseos no afectan a otros, es deseable y virtuoso perseguirlo.

Eudaimonía fue el concepto que usó Aristóteles para referirse a la felicidad, y se ha traducido como felicidad y bienestar. Otras traducciones también le atribuyen al concepto el significado de florecimiento y prosperidad. En la ética aristotélica, la *eudaimonía* se entiende como una experiencia de la buena vida a través de la acción virtuosa, lo que, según Aristóteles, debería ser el objetivo último de los individuos. Es la actividad del alma en concordancia con la excelencia. La felicidad es el «bien humano» al que todos apuntan por su propio bien y solo por su propio bien. En Aristóteles, la *eudaimonía* es definida como una acción y no como una emoción (distinto a la noción actual de felicidad), es lo que se hace para vivir la buena vida. En la filosofía griega, la virtud y las acciones virtuosas y buenas son necesarias para ser feliz.

Los estoicos, con su filosofía sabia y pausada, están representados por Séneca —maestro del emperador Nerón—, Epicteto, nacido esclavo, y Marco Aurelio, el emperador. Epicteto le dio la columna vertebral a la filosofía estoica al identificar el poco poder que se tiene sobre las circunstancias en la vida.

Algunas cosas están bajo control, otras no, y mucho de lo que causa la infelicidad, es pensar que se pueden controlar las cosas que, en realidad, no se pueden controlar. Es como desear que un árbol crezca en una dirección, y cuando no toma la dirección que se desea, esto causara infelicidad. Los estoicos identificaron el poco control que se tiene sobre las circunstancias y acontecimientos de la vida. No hay control sobre el destino, no se puede controlar lo que otros piensan o hacen, ni siquiera es posible tener control sobre el cuerpo, que se enferma y muere. Una de las pocas cosas sobre las que se tiene control es el juicio que se hace sobre lo que acontece. Las circunstancias de la vida, según los estoicos, no tienen un valor positivo o negativo; lo que les atribuye valor son los juicios a esas circunstancias. Para algunas personas, ciertas circunstancia es positiva; para otras, la misma circunstancia es una tragedia. Si se juzga un acontecimiento como positivo, las emociones que va a producir son igualmente positivas, pero si se juzga como negativo, va a generar rabia o tristeza. Esto lleva a que las emociones que se sienten son el resultado de los juicios que se hacen a lo que pasa, y las valoraciones de los acontecimientos son lo único sobre lo que se tiene control. Ser estoico se refiere al dominio sobre sí mismo, especialmente ante circunstancias que se valoran como adversas. La paradoja del estoicismo, como la formula Epicteto, es que se tiene control sobre muy pocas cosas, pero al mismo tiempo, se tiene el completo control sobre la felicidad, ya que esta reside en valoraciones individuales.

Las enseñanzas de los estoicos consideraban que el objetivo final era evitar el sufrimiento procurando la felicidad, a través del control de las emociones. Buscan el control de las emociones como el placer, o la rabia, haciendo que la racionalidad se anteponga a las emociones. El uso de la racionalidad y el dominio de las emociones son el camino para vivir en concordancia con el plan de la naturaleza y llevar una vida justa y buena. En los epicúreos la felicidad consiste en vivir satisfaciendo los placeres que no excitan a los sentidos —distinto a la doctrina de Aristipo—, sino buscando la ausencia de dolor o de aflicciones. Estos pensadores escribían de la moderación de los placeres, de darles a los problemas su verdadera dimensión; de la prudencia, de vivir con menos, y del placer asociado a la tranquilidad. Los estoicos retomaron la idea de la vida virtuosa de Aristóteles para también hacerla el fundamento de su ética. El estoicismo declara que el camino hacia la eudamonía se encuentra en la aceptación de las circunstancias de la vida como se presentan, entendiendo que todo hace parte de un plan del cual no se tiene control: el destino.

Detrás de la doctrina de los estoicos hay un mensaje de reducir lo que se asocia con el «drama». Es irrisorio pensar y desear una vida sin episodios de enfermedad, desamor, escasez, dolor, desgano o muerte. Los reveses hacen parte de la vida y es lo que ayuda a construir el carácter. Los estoicos se ocupan de cómo sobrellevar y transitar las circunstancias que se consideran adversas, con el menor drama y en el menor tiempo posible. La vida tiene impases, pero la fortaleza de carácter es lo que permite que las vicisitudes naturales de la vida no se conviertan en un drama.

Si los *reality shows* hubieran existido en los tiempos de los griegos, los concursantes se hubieran dividido en dos grupos. A un lado, Aristipo, a la cabeza de uno de los grupos con fiesta hasta al amanecer y serie de videos de música urbana. Aristóteles y los estoicos estarían en otro grupo, debatirían, filosofarían, beberían con moderación y comerían solo lo necesario hasta estar satisfechos, y aceptarían con estoicismo el volumen descomunal de Aristipo y sus amigos, pues saben que Aristipo algún día se va a cansar, el cuerpo no resistirá más farra, o los productores del programa le recomendarán un episodio depresivo. Aristipo es el material ideal de los consumidores de los *reality shows*. Es el prototipo de los que comen hasta la obesidad mórbida y van a alimentar la audiencia de los programas de pérdida de peso. Aristipo también se va a ir a un *reality* de búsqueda de pareja, y si le pagan lo suficiente, también va a otro donde tenga una cámara siguiéndolo todo el día. Aristóteles o los estoicos tal vez no irían, no son el material que vende. Nadie se sentaría a ver un *reality* de gente que acepta los problemas como llegan, comen y beben con moderación, e imponen la razón a las emociones. Sería como sentarse a ver una pared mientras se secan los brochazos recién pintados.

En una sociedad que premia con el consumo la exacerbación de las respuestas emocionales, la filosofía griega ha tenido una acogida importante en la producción de libros para la felicidad en los tiempos actuales. *Más Platón y menos Prozac* de Lou Marinoff, publicado en 1999, es uno de los libros que ha traído con sencillez en el lenguaje las enseñanzas de la filosofía para una vida mejor. Este libro, al igual que muchos otros que le han seguido, y que se publican en mayor volumen, ayudan a cultivar estados mentales de aceptación y una actitud de calma ante los eventos externos. Esa calma no significa indiferencia.

Los estoicos reconocían que la vida no daba la misma oportunidad a todos, la dificultad de muchos, y la inequidad en el punto de partida. La calma ante los eventos externos significa el reconocimiento de lo que se puede controlar y lo que no. Intentar cambiar lo que no se puede dominar es el pago inicial para estados mentales intranquilos, que llevan a la infelicidad.

Los griegos no heredaron prácticas meditativas como el *mindfulness*, o prácticas físicas como el yoga o el taichí. Dejaron otro tipo de instrucciones para lograr la calma. Ataraxia, generalmente, se traduce como imperturbabilidad o ecuanimidad, un estado de la mente caracterizado por la ausencia de preocupación. Los estoicos consideran que vivir una vida virtuosa, en concordancia con la naturaleza, llevaba a la ataraxia como un subproducto de la vida que merece ser vivida.

En medio de la proliferación de problemas de salud mental, que es uno de los principales fenómenos de los tiempos modernos, llegar a la ataraxia suena tan difícil como llegar al nirvana. Sin duda, la meditación, el yoga, o el taichí ayudan en el propósito, pero la historia de la humanidad es también la historia de cómo nos hemos ido alejando de la aceptación de las leyes de la naturaleza. Hoy se puede lograr que una planta crezca más rápido y en la dirección que se desea por medio de procesos artificiales que llevan a conseguir resultados que van en contra de la naturaleza misma. Otra recomendación de los estoicos, igual de difícil de implementar que la ataraxia en los tiempos de los *influencers* y los megamillonarios, es aceptar lo irrelevantes que somos. La vastedad del universo, el tiempo tan corto que pasamos en este mundo, los millones de años que hay detrás de nosotros y los otros millones que siguen, ayudan a poner en perspectiva la insignificancia de la vida de cada uno.

¿Qué es la Ilustración? ¿Es un programa de diseño?

La felicidad, al igual que muchos otros conceptos e ideas, quedaron en el limbo durante un pedazo de la historia. El oscurantismo y el Medioevo, con sus necesidades de elucubraciones y dogmatismos religiosos, guardaron bajo llave el dinamismo intelectual que se había cultivado en la filosofía clásica. Hacia el siglo XVIII, con la Ilustración, se empezó a experimentar un cambio intelectual y cultural, donde se les dio mayor prevalencia a ciertos aspectos intelectuales y mayor valoración al estudio de los temas de este mundo, y una reducción por el interés en el estudio de aspectos religiosos y espirituales. Más aún, se empezó a experimentar un cambio importante de los individuos hacia el sentido de culpa y el pecado original. Este cambio no necesariamente significa una actitud antirreligiosa, sino más bien un cambio en la relación de los individuos con los aspectos espirituales, y el surgimiento de la idea de que estar feliz era una forma de agradar a Dios.

De la Ilustración, dos pensadores marcan el inicio de la concepción contemporánea de la felicidad: Baruch Spinoza y Jeremy Bentham. De ambos intelectuales se conoce la importante contribución de sus ideas a la filosofía y a la economía, en el caso de Bentham, y hay tratados exhaustivos de las ramificaciones de su pensamiento para teorías posteriores. En este capítulo solo nos enfocamos, de una manera muy breve, en la contribución de su pensamiento a la idea moderna de la felicidad.

Spinoza es tal vez de los primeros filósofos en argumentar que las emociones no son las hermanas menores e inestables de la razón (distinto a los griegos). Según Spinoza, la mente humana es afectada por factores físicos y mentales. La razón y las emociones no están en condiciones distintas, las emociones son igual de relevantes. Spinoza abre las puertas para el psicoanálisis y las primeras reflexiones de la psicología positiva. En su ética, se enfoca en el bienestar emocional. El bien y el mal son conceptos relativos, todo pasa y no hay control sobre lo que pasa (al igual que los estoicos). Las emociones deben separarse de las causas externas para dominarlas, presagiando técnicas psicológicas desarrolladas en el siglo XX. Spinoza, dando paso al nacimiento de la psicología positiva, encuentra más fructífero entender las emociones que ridiculizarlas. Spinoza también abre las puertas a la clasificación de las emociones en positivas y negativas. La alegría y la tristeza, las entiende como las dos emociones básicas. Las demás emociones son variaciones combinadas con las ideas o circunstancias que las causan, así como el amor es una emoción que se desprende de la alegría y el odio se desprende de la tristeza. Otro atributo de las emociones, según Spinoza, es que son activas o pasivas, dependiendo de si las personas son conscientes o no de ellas y de las causas que las generan.

Jeremy Bentham, por su parte, introduce la felicidad en una discusión económica y social donde se invita a reflexionar sobre el rol del gobierno y los mecanismos para construir sociedades basadas en el bienestar de la población. En los desarrollos de su teoría social y económica, retoma el hedonismo griego para demostrar las implicaciones de la felicidad en la política social.

Aumentar la felicidad de los individuos —entendida como lo que produce placer o satisfacción—, debería ser el objetivo final de cualquier legislador, escogiendo las acciones que resulten en un balance de mayor placer sobre el sufrimiento y el dolor. Al introducir estas ideas en el marco de una teoría social, Bentham involucra la felicidad de todos, no solo la felicidad de un individuo o de un grupo en particular. Las «mejores acciones», en este contexto, son juzgadas por producir la mayor felicidad al mayor número de personas. El utilitarismo, corriente de la cual Bentham es el precursor, sostiene que la calidad moral de las acciones se juzga por sus consecuencias en la felicidad humana.

Bentham señaló dos aspectos que son fundamentales para entender la concepción actual de la felicidad: i) define la felicidad como experiencia psicológica, como la suma de placeres y dolores, lo cual se corresponde con la idea actual de que la felicidad es la anulación de las experiencias negativas, como se sustenta desde el hedonismo; y ii) asocia la felicidad con la utilidad y define esta última como la propiedad de un objeto que produce ventajas, beneficios, placeres o felicidad. La utilidad que señala Bentham varía según el individuo, lo que resulta en placer o utilidad para alguien, no lo es para otro. Alguien prefiere tomar té, otro prefiere tomar café, y su utilidad va a estar determinada por la posibilidad de satisfacer sus preferencias. Desde Bentham, la utilidad, el consumo, la satisfacción de preferencias y el bienestar, se han instaurado en el discurso social. Esa idea ha mutado hasta llegar al entendimiento actual de la felicidad que se capitaliza en el consumo. Este tema se va a discutir con más detenimiento en el segundo capítulo.

Spinoza y Bentham hicieron las mayores contribuciones conceptuales a la idea de la felicidad actual. Spinoza se adelanta al psicoanálisis, a la psicología positiva y la inteligencia emocional. Estos cimientos fueron los que permitieron la inserción de la felicidad como un campo de conocimiento académico con aplicaciones en la vida cotidiana y en el sistema educativo. Bentham, por su parte, introduce la felicidad en la capacidad de satisfacer necesidades que luego se van a traducir en la capacidad de participación en mercados de consumo. Bentham también introduce la felicidad y el bienestar en el más reciente de los campos en los que incursiona la felicidad: el gobierno y en el objetivo de la sociedad.

Occidente ha construido los cimientos de la felicidad sobre el hedonismo. Se busca la felicidad y se evita el dolor, y con el acomodo y sincretismo de las búsquedas urgentes, se ha adoptado de la forma que se puede, lo que se considera que sirve para la búsqueda. El Tao, Buda, el *mindfulness*, los jugos verdes, o los retiros en India, todo lo que contribuya al objetivo de ser más feliz. Las filosofías no teístas como el budismo, el taoísmo o el estoicismo, han vuelto con fuerza dentro de ciertos públicos para reforzar la búsqueda milenaria del propósito máximo de ser feliz. No todas las corrientes han tenido el mismo éxito. India y el budismo tienen más incidencia en los discursos y prácticas de la felicidad que cualquier otra corriente filosófica.

Desde hace siglos se sabe que la felicidad radica en la capacidad de controlar los estados emocionales. Y a pesar de ser un conocimiento disponible y milenario, es difícil ponerlo en práctica. Al contrario del progreso científico que se acumula y hace la vida más fácil para la siguiente generación, el control de las emociones es una carrera que se empieza desde cero con cada individuo. Un deportista olímpico no les transfiere naturalmente sus habilidades a los hijos. Los hijos del deportista, en caso de que lo deseen, deben iniciar la carrera para convertirse en deportistas olímpicos desde cero.

El control emocional funciona de la misma manera, hay algunos que han acumulado mejores herramientas para aprender a controlar sus emociones. Hay otros individuos que pasan toda la vida sin poder superar los miedos y ansiedades de la infancia. El control emocional es un proceso largo y complejo. Entender y controlar las emociones pasa por un conocimiento de uno mismo y de la disposición de aprender a escucharse con atención. El autoconocimiento es un ejercicio filosófico. Reflexionar sobre algo es, si se quiere, el primer bloque que sustenta el quehacer filosófico. Por siglos, esa reflexión ha estado en los libros, en el sosiego, en la soledad, y el silencio para escuchar los pensamientos y el orden en el que surgen. Escucharse y reflexionar sobre uno mismo se ha ido perdiendo, en parte, por su asociación con las actividades que aburren y son sosas, y estos días en los que todo va tan rápido no perdonan el aburrimiento y la sosera. Con tantas distracciones disponibles, ¿quién podría escoger escucharse a sí mismo?

Otra razón por la que se avanza poco en el control emocional, a pesar de haber sido identificado dese hace siglos, es porque las enseñanzas milenarias no siempre resuenan en contextos culturales actuales. En el tiempo de Buda la abstracción del mundo material pudo haber tenido mayor sentido y ser más fácil de aplicar que en el mundo actual. Las enseñanzas de los estoicos, por relevantes que sean, tal vez eran más fáciles de implementar en un tiempo con menos distracciones. Otra razón radica en la dificultad inherente de controlar las emociones. Asumir que las circunstancias no tienen cargas positivas o negativas y que es la emocionalidad la que les otorga valor, es un proceso complejo de incorporar en las estructuras emocionales. Las filosofías no teístas dejaron el mensaje, algunas también instrucciones, pero eso no necesariamente significa que la gente los conozca, les interesen, o estén dispuestos a hacer el trabajo que implica el control emocional.

La Ilustración no dejó doctrinas tan poderosas como lo hicieron las filosofías no teístas. Es difícil llegar a Bentham buscando consejos para una vida feliz. La Ilustración dejó lo que la ciencia sabe hacer bien, una construcción acumulativa de cuerpos de conocimiento. Spinoza y Bentham no dejaron mensajes traducibles a los gustos de la cultura de masas que se estampen en camisetas o agendas. Pero sus interpretaciones de las emociones y de la finalidad de la felicidad y su rol dentro de la sociedad y el papel del gobierno, son el material que sostiene lo que entendemos y relacionamos con la felicidad en el mundo contemporáneo.

Las emociones

¿Qué emoción generan los tacos?

Retomemos la conversación de las dos jóvenes y la confusión emocional de perseguir el llamado intraducible de su corazón. La conversación que ellas mantuvieron, al igual que las descripciones de mis estudiantes de la felicidad, están mediadas por las emociones. La emoción que genera una mascota, pasar tiempo con los amigos, ver una serie en la televisión, o sentirse productivos, es lo que se termina asociando con la felicidad o el bienestar.

Las emociones ejercen más poder que el antojo inaplazable de unos tacos. Las emociones son las que dominan la vida cotidiana y las que determinan las decisiones que se toman en el menudo devenir de los días. En ausencia de emociones, es difícil —por no decir imposible—, tomar decisiones. Pasa en situaciones insignificantes y en las importantes. Un ejemplo de una intrascendencia es no saber qué comer porque las emociones son las mismas respecto a un cereal o un sándwich (a menos que se acuerde de un taco). En lo relevante, las emociones son las que determinan cómo nos sentimos y reaccionamos ante otros. Las emociones son las que dictan si se sigue o termina una relación, o si se renuncia a un trabajo.

El estudio de las emociones viene desde Charles Darwin, basado en sus observaciones de que ciertas expresiones faciales son las mismas en diferentes culturas. Incluso Darwin señaló que hay expresiones similares entre humanos y otros animales. En 1970, Paul Ekman, un psicólogo americano, retomó las ideas de Darwin y estudió sistemáticamente las expresiones faciales y las emociones. A partir de Ekman las emociones se han convertido en un campo de estudio que discute y aporta al crecimiento de muchas disciplinas que han evolucionado en complejidad en el estudio emocional.

Parte de la evolución de los estudios de las emociones indica que hay dos partes que ayudan a entenderlas. Por un lado, las emociones resultan de un proceso psicológico complejo, que involucra tres elementos: i) respuesta fisiológica; ii) experiencia subjetiva; y iii) comportamientos[4].

La segunda parte de las emociones es que ellas subyacen a los sentimientos. Empecemos por los tres elementos de las emociones: la respuesta fisiológica, la experiencia subjetiva y el comportamiento.

El *componente fisiológico* se refiere a la respuesta física a una emoción, como la sudoración cuando alguien está nervioso, el calor si tiene rabia, o el dolor de estómago en caso de ansiedad. Las emociones se sienten en el cuerpo, y parte del proceso de entenderlas empieza por reconocer en qué parte del cuerpo se sienten las emociones. Dónde y cómo se siente la rabia, la felicidad, la tristeza, o la calma. El *componente subjetivo* de las emociones varía según el individuo, y en muchos casos, cambia en función de componentes culturales. Hay situaciones que harían enfadar a una persona y a otra no. En cualquier país de América Latina el contacto físico es normal y deseable en muchas circunstancias sociales, pero en un país asiático harían que una persona se sienta irrespetada o incómoda. El *comportamiento* que generan las emociones es el más familiar. Una sonrisa que indica felicidad, una cara fruncida en caso de enojo, o lágrimas cuando hay tristeza.

Ahora abordemos la segunda parte de las emociones: la relación entre estas y los sentimientos. Las emociones son estados psicológicos que se producen de manera inconsciente, mientras que los sentimientos son la experiencia subjetiva de las emociones, derivados de conjeturas e interpretaciones propias. Suponga que debe tomar un vuelo y tiene treinta minutos de retraso. Las emociones son las responsables de las respuestas fisiológicas: el aumento de la sudoración en el cuerpo, las palpitaciones aceleradas del corazón, del vocabulario poco educado con el prójimo que aumenta el tráfico, y de la velocidad desconocida cuando corre a la puerta de embarque. Una vez en la puerta de embarque y superado el retraso, se encuentra con un buen amigo que no ve hace mucho tiempo. El abrazo que le da a su amigo es la manifestación de los *sentimientos* que asocia a esa persona. El tiempo que compartieron juntos, las historias en común. Lo que comparte con su amigo está mediado por emociones positivas moldeadas por experiencias personales, creencias, memorias y pensamientos asociados a un buen amigo. Si en la puerta de embarque encontrara a una persona con la que no tiene la misma afinidad, y las experiencias que compartieron juntos no están moldeadas por experiencias positivas, usted se iría a la fila más lejana de la sala para no tener que saludar al personaje que está fuera de sus afectos. Las emociones son lo que se siente en el cuerpo y que produce el cerebro a través de neurotransmisores: sudar, correr, aceleración en el corazón. Los sentimientos son la interpretación subjetiva que se da a las emociones. Para algunos la adrenalina de correr por el aeropuerto es estimulante, para otros, es el presagio de un mal día.

Las emociones también tienen una influencia importante en los pensamientos. La primera lectura que se hace de personas, situaciones y contextos está basada en las emociones que generan. Suponga que está en busca de una casa; la primera impresión, y la que por lo general tiene más peso, es la emoción que siente al entrar por primera vez al lugar. Lo mismo sucede cuando conoce a alguien. Las emociones que genera el primer encuentro son las que determinan la percepción que se forma de ese individuo, así sean equivocadas. Cuando se entra por primera vez a una casa, o se conoce a alguien, se les atribuyen emociones que en nuestra subjetividad se asocian con aspectos positivos o negativos. Por ejemplo, para algunos, una persona que usa tenis en un ambiente laboral puede ser una falta de profesionalismo o inmadurez, para otros, los tenis son simplemente una opción más entre muchas para los zapatos y no los asocian con ningún aspecto en particular.

¿CÓMO SE GENERAN LAS EMOCIONES?

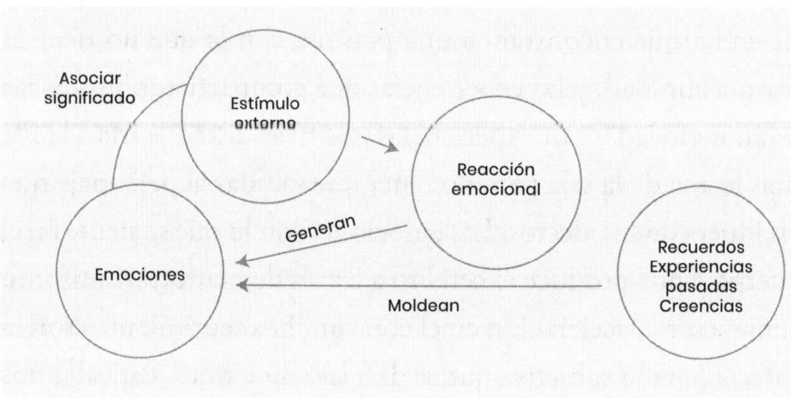

¿Las emociones son como las de *Intensamente*?

Paul Ekman hizo una clasificación de siete emociones que son universales, que se experimentan independiente de los contextos culturales y que subyacen al sistema emocional: miedo, disgusto, desprecio, rabia, sorpresa, alegría y tristeza. Hay un debate entre los expertos sobre si estas son las emociones universales. Unos aducen unas emociones más, otros eliminarían algunas, pero, en general, la clasificación de Ekman es uno de los mayores referentes en el área. Recientemente, académicos emocionales han aportado evidencia donde muestran que hay al menos veintisiete tipos de emociones diferentes y altamente interconectadas, agregando al menú de Ekman emociones como el deseo sexual, la confusión, la nostalgia, la ansiedad, o la apreciación estética[5]. La clasificación de Ekman se hizo célebre en la película *Intensamente* de Disney Pixar, donde se muestra la montaña rusa emocional de una niña entrando a la adolescencia.

Además de la clasificación de Ekman, se usan otras dos dimensiones para analizar las respuestas emocionales. Una que viene del *arousal* o excitación, donde se tiene en cuenta la respuesta psicológica a estímulos. En esta clasificación las emociones se dividen en el estado que generan, por ejemplo, calma o excitación. La segunda dimensión con la que se clasifican las emociones, y la que posiblemente es más familiar, es la ***valencia***. Bajo esta dimensión, las emociones son clasificadas como «positivas» y «negativas»; la alegría y felicidad son las que mejor caracterizan el lado positivo, mientras que la ira y el miedo están en el lado negativo.

La clasificación de emociones positivas y negativas es, tal vez, la más conocida y usada cotidianamente. En parte, porque es más sencilla para cualquier individuo. Cuando alguien responde sobre cómo se siente, depende de contextos culturales, conocimiento y uso del repertorio lingüístico para referirse a las múltiples emociones que siente, y de un autoconocimiento de su estado interno. Ante la complejidad de entender y verbalizar cómo se siente, el atajo más expedito es responder con algún extremo, y las extremidades emocionales están, en la mayor parte, en la felicidad y la tristeza, que se traducen en un «bien» o «mal» cuando se le pregunta a alguien, de la forma más cotidiana, cómo está.

Dentro de los extremos emocionales, el de la felicidad es el más recurrente, y esto se explica por varias razones. Primero, la felicidad es la emoción más universal. No hay nada más universal que el significado de una sonrisa. Un estudio publicado en el 2019 muestra que hay diecisiete formas de identificar la felicidad en expresiones faciales. Mientras que la ira, el miedo y la tristeza solo usan entre tres y cinco expresiones faciales que permiten identificarlas en otras personas[6]. La segunda razón de que la felicidad sea la emoción más prevalente es que esta se usa como una apreciación que engloba bienestar y como la valoración que hacen los individuos de sus vidas. En tiempos más recientes, la felicidad ya no es solo una emoción, se ha convertido en una entidad por sí sola que captura los deseos, aspiraciones y propósitos de vida. Tercero, por razones culturales, muchas personas escogen el extremo feliz. En varias culturas hablar sobre depresión o ansiedad es un tabú, o bien porque son emociones que se consideran privadas, o porque no se sabe cómo se manifiestan.

En este tiempo vemos con frecuencia a artistas, actores o deportistas hablar públicamente sobre episodios depresivos y su dificultad de hablar sobre la depresión porque de ellos se espera una actitud optimista y feliz. La apertura para reconocer las emociones negativas es una tendencia muy contemporánea.

Aunque sigue siendo un tema espinoso y mucha gente todavía lo ve como algo vetado, como lo fue hablar del VIH en las últimas décadas del siglo XX. El no reconocimiento de las emociones negativas también explica por qué el extremo emocional feliz prevalece. Muchas personas no identifican sus propias emociones o las emociones de los otros, y la rabia o la tristeza pueden asumirse como la ausencia de la felicidad.

EMOCIONES

AMOR
Autoestima
Empatía
Solidaridad
Gratitud
Compasión
Interés
Paciencia
Aprecio
Afinidad
Deseo
Admiración
Enamoramiento
Cariño
Afecto
Apego

FELICIDAD
Paz interior
Relajación
Serenidad
Placidez
Gozo
Dicha
Dulzura
Satisfacción
Bienestar
Armonía
Plenitud
Calma
Tranquilidad
Sosiego

ALEGRÍA
Contento
Complacencia
Diversión
Humor
Distensión
Placer
Gratificación
Deleite
Gusto
Agradable
Júbilo
Regocijo
Alivio
Consuelo
Optimismo
Euforia
Éxtasis

SORPRESA
Asombro
Perplejidad
Desconcierto
Estupor
Confusión
Perplejidad
Pasmo
Extrañeza

MIEDO
Pavor
Pánico
Horror
Terror
Temor
Espanto
Fobia
Alarma
Vulnerabilidad
Susto
Sobrecogimiento
Recelo
Desasosiego

RABIA
Celos
Envidia
Antipatía
Desconfianza
Desprecio
Desdén
Desamor
Despecho
Fastidio
Resentimiento
Indiferencia
Frialdad
Agresividad
Hostilidad
Furia
Cólera
Enfado
Indignación
Impotencia

TRISTEZA
Nostalgia
Infelicidad
Pesimismo
Desgana
Apatía
Abulia
Tedio
Aburrimiento
Fastidio
Hastío
Duelo
Pesar
Aflicción
Desolación
Desconsuelo
Desdicha
Depresión
Disgusto
Amargura
Agonía
Desilusión
Desesperanza
Decepción
Frustración

ANSIEDAD
Nerviosismo
Angustia
Desesperación
Agobio
Preocupación
Desazón
Intriga
Inquietud
Zozobra
Turbación
Inseguridad
Intranquilidad

ASCO
Rechazo
Aversión
Aprensión
Repugnancia
Preocupación
Náusea
Repulsión

La infinita escala de grises que compone la escala emocional de cómo nos sentimos a diario y ante situaciones cotidianas, es casi inexistente en el repertorio de palabras que se usan con más frecuencia. La baja educación emocional hace que sea complejo entender la fina filigrana que diferencia la ira, el rencor, la hostilidad y el enfado. Ante el desconocimiento es más fácil escoger un lado y saber al menos en qué bando se acomodan las emociones que se sienten. Entender la escala de grises de las emociones es un paso al frente para un mejor conocimiento del repertorio emocional disponible y, también, para entender que la felicidad es un conjunto de emociones y por eso abarca una acepción amplia y difícil de definir.

¿Qué es la inteligencia emocional?

Finalizando un semestre, recibí un número inusitado de emails. Todo empezó un viernes. Envié las notas a los estudiantes en un email, habíamos pactado que tendrían tiempo para revisar las notas antes de reportarlas en el sistema de calificaciones de la universidad. No tenía las calificaciones completas de uno de ellos, parecía como si no hubiera presentado el proyecto final. Sabía que no era el caso por su buen rendimiento, pero el tiempo de revisión de notas era justamente para eso, para que ellos tuvieran la oportunidad de revisar y pedir cambios. Volví a abrir el correo el lunes. Tenía al menos 5 emails del estudiante, más otros de las asistentes, más otros reportes de dos monitores, más el email de un jefe de departamento. Tenía llamadas perdidas en Facebook y mensajes en las redes sociales. Todo venía del mismo estudiante durante el fin de semana. En uno de los emails que me reenviaba el jefe del departamento se leía el pánico y desespero del estudiante. Iba a perder la materia, bajar su promedio, perder el récord de estudiante destacado, y todo por una nota. Si el estudiante hubiera escrito dos líneas más, la nota también sería la responsable de un posible fracaso profesional en el futuro. Finalizábamos la clase de Felicidad y Bienestar que dicto en la universidad, y sentí que había fallado estrepitosamente en la lección de inteligencia emocional.

La inteligencia emocional es el conjunto de habilidades que permiten identificar y regular las emociones propias y las de los otros. También abarca el uso de las emociones para planear, motivar y alcanzar los planes en la vida. La inteligencia emocional es la herramienta que permite identificar con mayor precisión qué emociones se sienten y se perciben en otros. Volviendo a la gráfica de emociones de arriba, la educación emocional se refiere a la capacidad lingüística de enriquecer el vocabulario emocional, al tiempo que se identifica cómo se siente cuando se experimenta una emoción y cómo se reacciona ante ella. La inteligencia emocional no se refiere a no sentir emociones particulares, sino a reconocer la reacción que las emociones generan. No se refiere a no sentir rabia, por ejemplo. Se refiere a sentir, expresar, y superar la rabia. La inteligencia emocional no les pone etiquetas a las emociones de *buenas* o *malas*, lo que es sujeto de valoración es el compartimiento. Sentir rabia no es malo; la rabia es necesaria, muestra el disgusto cuando alguien ha sobrepasado límites permitidos, o es la reacción a una situación injusta. La reacción a la rabia es lo que se aprende a gestionar a través de la educación emocional. Ante la rabia, unos podrán gritar, otros podrían estrellar platos contra el piso, otros pueden reaccionar de forma violenta, otros no dicen nada, pero se quedan cultivando resentimientos. Se puede aprender a identificar cómo se siente la rabia, manifestarla y superarla sin gritar, romper platos, golpear a otros, o sembrar resentimientos. Ese es el propósito de aprender sobre inteligencia emocional.

En el caso de la nota, la educación emocional le hubiera permitido al estudiante identificar su reacción al miedo, al fracaso, o a la ansiedad, ante la posibilidad de perder una materia de manera injusta. Imagino la ansiedad del estudiante durante todo el fin de semana enviando emails y mensajes en redes sociales sin conseguir la respuesta de nadie, y los múltiples escenarios que pudo haber contemplado ante la pérdida de la materia. Cada uno de los emails que después leí venía con la carga ansiosa del que espera angustiado. Este es un ejemplo menor de cómo las emociones ganan la partida en situaciones cotidianas. Infortunadamente, hay incontables ejemplos de circunstancias catastróficas que terminan siendo explicadas por no saber gestionar las emociones. Es tan solo abrir un periódico y ver en las noticias alguien que asesina a su pareja por celos, de un hombre que puso ácido en la cara de una mujer por despecho, de un homicidio por un insulto, de un suicidio por acoso en las redes sociales. Todas esas situaciones nefastas pueden ser evitadas con una apropiada educación emocional.

No hay problema más difícil, complejo y apabullante que el propio. Y junto con las adversidades, vienen las emociones negativas que se asocian a estas. Todo lo que acontece a título personal es categóricamente más difícil que lo que pueda sucederle a otro. Es solo escuchar el orden en que hilan los argumentos los adolescentes. No hay una mayor catástrofe global que lo que sea que ellos experimentan. Por fortuna, se crece y se aprende de una u otra forma a darles perspectiva a los problemas y a regular las emociones. La inteligencia emocional es, de alguna manera, el proceso de madurar, de mesurar las respuestas, de ganar perspectiva, de ser ecuánime y darle la real importancia a cada situación. Lo que históricamente ha sido un aprendizaje natural a lo largo de los años, es ahora una disciplina académica que ayuda a entender mejor el proceso y se condensa en lo que enseña la inteligencia emocional.

La educación emocional empezó a discutirse en 1950 con Abraham Maslow. En los años ochenta Howard Gardner, un psicólogo americano, introdujo la noción de inteligencias múltiples. Antes de eso la inteligencia era solo cognitiva, pero él aducía que la inteligencia interpersonal —la capacidad de entender las intenciones, motivaciones y emociones de otros— y la inteligencia intrapersonal —la capacidad de entender los sentimientos, miedos y motivaciones—, eran necesarias para explicar la habilidad cognitiva. A finales de los años noventa Gardner había creado un cuerpo de conocimiento sobre ocho tipos de inteligencias: lingüística, lógica-matemática, musical, espacial, corporal, interpersonal, intrapersonal y naturalista. La idea de las inteligencias múltiples fue tomando fuerza, en particular en el mundo empresarial. Gracias a un artículo publicado en *Harvard Business Review* que llegó a manos de un ejecutivo de Johnson & Johnson, donde se discutía la importancia de la inteligencia emocional en el liderazgo, se financiaron estudios sobre la inteligencia emocional y las habilidades de un buen líder. De ahí en adelante, buena parte de la educación emocional empezó a motivar investigación y aplicaciones para el mundo empresarial y el liderazgo.

Hay muchos académicos que estudian y encuentran aplicaciones en los fundamentos de la inteligencia emocional. Dentro de la disciplina, hay dos modelos conocidos (pero no los únicos) sobre los que se sustentan los estudios de inteligencia emocional. Un modelo es llamado el «modelo de habilidad», propuesto por Peter Salovey y John Mayer. Ambos psicólogos americanos definen la inteligencia emocional como la habilidad de percibir las emociones, la capacidad de razonar sobre estas para facilitar el pensamiento y la toma de decisiones, y entender y regular las emociones para promover el crecimiento personal e intelectual. Bajo este modelo, las emociones son recursos útiles que proveen información para ayudar a navegar el ambiente social. Hay variaciones en la capacidad de los individuos de entender y gestionar sus emociones. Al igual que en las habilidades de integrarlas a procesos cognitivos más amplios que no se reducen solo a cómo se sienten, sino también cómo interactúan las emociones en procesos racionales y cognitivos. El modelo de habilidad se basa en cuatro tipos de habilidades:

Percibir emociones: es la habilidad de detectar y descifrar las emociones en las expresiones de la gente, en las posturas, el tono de la voz, y en diversos contextos. También incluye la habilidad de identificar las emociones propias.

Usar las emociones: es la habilidad de aprovechar las emociones para facilitar actividades cognitivas. Los procesos de aprendizaje se encuentran en esta categoría. Es mucho más fácil aprender algo o resolver problemas difíciles si se está de buen ánimo.

Entender las emociones: es la habilidad de comprender el lenguaje emocional y apreciar las relaciones complejas que surgen entre las emociones. Por ejemplo, entender la diferencia entre felicidad y tranquilidad, o cómo la tristeza se puede convertir en desilusión. El entendimiento de las emociones implica conocer cómo las emociones cambian o evolucionan en el tiempo.

Manejar las emociones: es la habilidad de regular las emociones propias y en otros. En un episodio de rabia, mientras se termina una relación sentimental, o en un disgusto con un colega. La habilidad de manejar las emociones de otros se refiere al aprovechamiento de las emociones de otros para lograr determinados objetivos. Un entrenador puede conseguir que la frustración de su equipo se convierta en el motor para buscar un mejor rendimiento.

En los años noventa, Daniel Goleman, posiblemente el académico más reconocido en este campo, propuso cinco constructos para entender la inteligencia emocional. Goleman también introdujo, dentro de la definición de la educación emocional, la capacidad de automotivarse, de no desistir ante frustraciones, de controlar impulsos, de adquirir la habilidad de diferir las gratificaciones, y de la capacidad de empatizar y confiar en los demás. Los cinco constructos del modelo de Goleman se resumen de la siguiente forma:

Autoconocimiento: la habilidad de reconocer emociones propias, fortalezas, debilidades, valores, objetivos y reconocer el impacto en otros.

Autorregulación: controlar las emociones y adaptarse ante nuevas circunstancias. Este atributo es el que permite controlar impulsos de rabia o celos, y evitar la toma de decisiones impulsivas.

Habilidades sociales: gestionar relaciones y tener relaciones armoniosas con otros. Representa la habilidad de trabajar en equipo y ayudar a otros.

Empatía: considerar los sentimientos de otras personas, en particular cuando se toman decisiones. La empatía facilita las relaciones con otros y evita la creación de estereotipos o los juicios de valor hacia otras personas.

Motivación: ser consciente de las motivaciones y las razones que las promueven. Esta característica permite diferir gratificaciones y hace que los individuos que poseen este atributo sean en promedio más productivos y efectivos en lo que hacen.

La inteligencia emocional es un conjunto de habilidades que se aprenden y se cultivan. Las mayores aplicaciones de este campo se han desarrollado en el mundo empresarial y en el sistema educativo. Buena parte de la investigación sobre los beneficios que tiene cultivar una alta inteligencia emocional se ve reflejada en la capacidad de las compañías y de sus líderes para crear ambientes de trabajo inclusivos, flexibles, y donde las necesidades de los empleados sean escuchadas abiertamente. Los líderes con alta inteligencia emocional se caracterizan por tomar en cuenta las necesidades de sus empleados, tienen un estilo de comunicación asertiva gracias al que pueden dar instrucciones precisas, promueven el empoderamiento, la adaptabilidad a los cambios, y crean ambientes laborales con propósito. La mayor parte de la investigación en este campo muestra que existe una asociación alta entre la promoción y el aprendizaje de la inteligencia emocional y la productividad. Las personas son más productivas cuando están en ambientes laborales inclusivos, seguros y que promueven el mayor potencial de cada empleado. Daniel Goleman y otros muchos académicos en esta área han creado un cuerpo de conocimiento robusto sobre las aplicaciones y hallazgos de poner en práctica la inteligencia emocional en el campo laboral y productivo.

En el sistema educativo, la inteligencia emocional se implementa a través de la enseñanza y promoción de habilidades sociales, comunicación, empatía, trabajo en equipo, cooperación, autoconocimiento y gestión de las emociones. Estas habilidades se enseñan por medio de estrategias que se emplean en las escuelas. Cuando en un salón de preescolar o primaria se designa un «rincón de la calma» para que los niños hagan una pausa después de un episodio de rabia con algún compañero, lo que hace la profesora es promover el autoconocimiento y gestión emocional. Cuando dos estudiantes van a una cita con el psicólogo de un colegio después de un altercado, se está enseñando resolución de conflictos. Cuando los estudiantes llevan un diario y deben escribir sobre sus emociones como un proyecto de una clase, se les enseña sobre autorreconocimiento emocional. Hay escuelas y sistemas educativos que lo hacen mejor que otros. Las estrategias de enseñanza de inteligencia emocional no necesitan grandes inversiones financieras en infraestructura, pero sí necesitan un proceso de capacitación extensivo para los profesores. Un profesor no está en capacidad de enseñar autorregulación emocional si no es un proceso en el que está entrenado y además no provee ejemplo a los alumnos. La inserción de la enseñanza de la inteligencia emocional pasa por los mismos procesos que cualquier materia convencional en el sistema educativo. Para enseñar matemáticas, hay estándares educativos y habilidades que se enseñan dependiendo del grado de los alumnos. La educación emocional es igual. Sin embargo, no todos los sistemas educativos le han dado el mismo peso a la enseñanza emocional. Los sistemas educativos de Finlandia y Japón están sustentados en la enseñanza de habilidades sociales, toma de decisiones, e interacción con otros. Finlandia es el país que ha avanzado más en este proceso y el centro del sistema educativo es la promoción del bienestar de los estudiantes[7].

Es posible que se llegue a la vida adulta sin nunca haber escuchado de la educación o la inteligencia emocional. El proceso de madurar en muchas culturas es algo de lo que se ocupa la vida y se apoya en habilidades que puedan tener los padres mientras educan a los hijos. Como la mayor parte de todo lo que tiene que ver con la expansión del conocimiento en la sociedad, los países industrializados han sabido hacer un uso más extensivo del conocimiento para fortalecer su capital humano. En los países en vía de desarrollo, sin mencionar los más pobres, la educación emocional aún está en la lista de espera mientras se resuelven problemas más apremiantes. A pesar de que la inteligencia emocional es una habilidad que se puede aprender de manera autónoma, y no necesariamente a través de programas empresariales o en el sistema educativo, es posible que el mensaje no les llegue a muchos. En América Latina, por ejemplo, de acuerdo a los datos de portales de compra de libros *online*, los países con un índice de lectura por año más alto son Chile y Argentina, con más de cinco libros. México sigue, con tres al año, y en Colombia la población lee en promedio entre dos y tres libros al año. La buena noticia, al menos para Colombia, es que la mayoría de libros que la gente adquiere orbita sobre el crecimiento personal.

En caso de que sea la primera vez que usted lea sobre inteligencia emocional, me gustaría compartir uno de los hallazgos que he encontrado más útil en el entrenamiento emocional de reconocer y controlar las respuestas emocionales. Jill Bolte Taylor es una neuroanatomista que ha escrito sobre la regla de los noventa segundos. La regla se refiere a lo siguiente. Algo pasa en el mundo exterior, el cerebro recibe la información y secreta químicos que lo ponen alerta. Para que los químicos se eliminen completamente del cuerpo se necesitan menos de noventa segundos. Si algo sucede en el mundo exterior que causa rabia, el cerebro envía la alerta de rabia y en menos de noventa segundos la alerta desaparece. Si se sigue sintiendo rabia, es como consecuencia de los pensamientos que están estimulando de nuevo el circuito que provoca que la reacción física se mantenga. Si a alguien le da rabia que su hijo deje desorden en el comedor, el estímulo fisiológico de ver el desorden dura menos de noventa segundos. Si la rabia se extiende por horas o días, es porque el padre o la madre se queda dando vueltas sobre las razones, consecuencias, conversaciones pasadas, pactos incumplidos y un etcétera infinito de los pensamientos que pueden surgir de un episodio de menos de noventa segundos.

DETONANTES EMOCIONALES Y PENSAMIENTOS

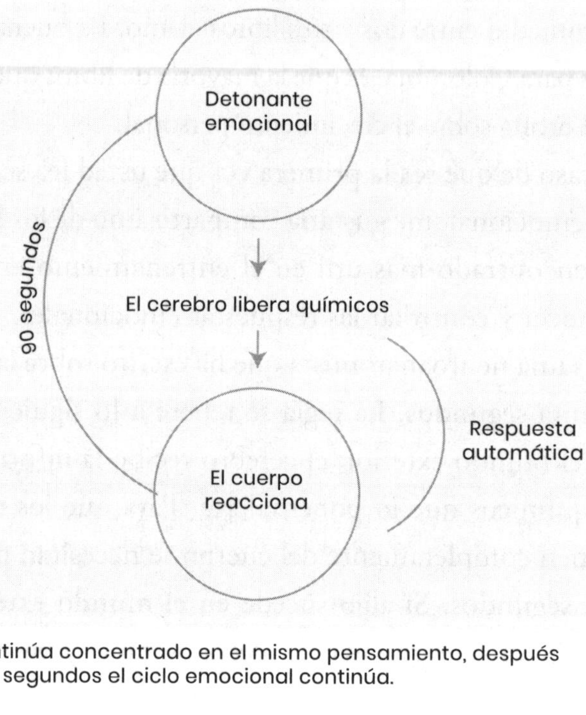

Si continúa concentrado en el mismo pensamiento, después de 90 segundos el ciclo emocional continúa.

Todo el día, todos los días, se navega en un río en que la corriente trae y se lleva emociones. Cada emoción produce una respuesta. Una sonrisa cuando se ve algo divertido, la sensación de gratificación cuando se termina una tarea, nostalgia cuando se recuerda un episodio grato, rabia ante un mensaje inadecuado que se lee en un chat. Ese flujo de emociones y las respuestas a cada emoción son lo que determina los estados de ánimo y, al final, la felicidad que se experimenta a diario. La habilidad de reconocer y gestionar los estados emocionales propios y ajenos es una habilidad escasa, pero ahí es donde radica la felicidad cotidiana, en las emociones positivas que se experimentan en la menuda experiencia diaria.

Florecimiento

La barra de búsqueda de Google es uno de los artefactos más poderosos para entender los intereses humanos. Google se usa para los aspectos mundanos y para las preguntas trascendentes. Google Trends, que presenta el reporte de las principales búsquedas en el servidor, es la huella de carbono que van a ver las generaciones futuras para entender las preocupaciones, intereses, objetivos y gustos de nuestra sociedad. En el 2020, el primer año de la pandemia, la felicidad fue una de las principales búsquedas en Google (más de 1.800.000.000). Siglos después, la búsqueda de la finalidad humana aristotélica quedó encapsulada en la estadística de búsquedas de la aldea global.

Dentro del mundo emocional, el estado que mejor abarca el bienestar, plenitud, calma, satisfacción, y todas las demás emociones positivas que se asocian a la felicidad, es el *florecimiento*. La sensación de florecimiento aparece cuando el bienestar físico, mental y emocional se sirven juntos en un vaso con hielo, perfectamente bien mezclados, en un día soleado y con sed. Florecer, viene de la eudaimonía aristotélica, es vivir una buena vida. La que se vive con propósito y la actitud de alcanzar metas que mejoren a las personas.

MÁS QUE NUNCA, EL MUNDO BUSCÓ LA FELICIDAD EN 2020

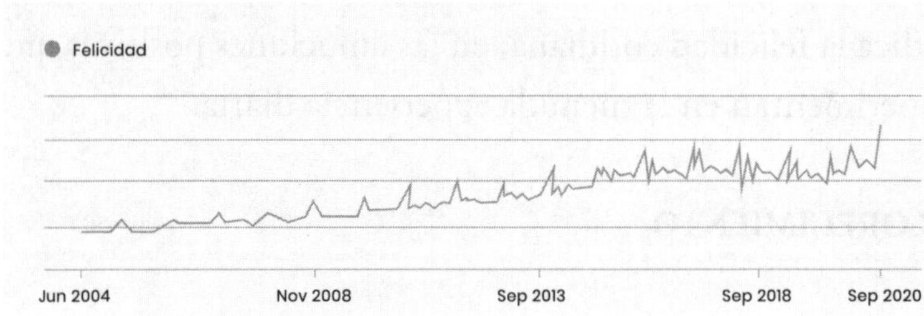

*Cormie, A. (2021). When it comes to mental health, what are we searching for?. Google Blog.

Como su nombre lo insinúa, las personas florecen si cultivan las semillas adecuadas y riegan las plantas con frecuencia. Hay suficiente evidencia acumulada en la investigación científica que indica que florecer es un proceso que se construye, y en la mayor parte, está en las manos y buena disponibilidad de cada jardinero.

El primer paso del proceso es saber el estado de la planta que se espera que florezca. El programa de florecimiento humano de Harvard desarrolló una prueba sencilla para valorar el nivel de florecimiento de cada individuo que mide el bienestar general en términos físicos, mentales y emocionales de una persona.

Hagamos el test.

Para cada pregunta elija la escala que mejor represente cómo se siente. Cero es la más baja, diez la más alta.

¿Qué grado de satisfacción tiene con la vida en general en estos días?	
¿Qué tan feliz se siente habitualmente?	
En general, ¿cómo calificaría su salud física?	
¿Cómo calificaría su salud mental en general?	
En general, ¿hasta qué punto cree que las cosas que hace en la vida valen la pena?	
Entiendo mi propósito en la vida.	
Actúo siempre para promover el bien en todas las circunstancias, incluso en situaciones difíciles y desafiantes.	
Soy capaz siempre de renunciar a algo de felicidad ahora para obtener una mayor felicidad más adelante.	
Estoy contento con mis amistades y relaciones.	
Mis relaciones son tan satisfactorias como me gustaría que fueran.	

Este test suma un total de cien puntos. Entre más alta la puntuación, mejor. La media del test en Estados Unidos antes de la pandemia estaba alrededor de setenta puntos. Más que una explicación de bienestar emocional basado en el puntaje, el test le permite reflexionar sobre el punto en el que se encuentra hoy y los factores que requieren más atención.

El *florecimiento* fue una de las palabras que se introdujeron recientemente en el terreno fértil del estudio de la felicidad. Martin Seligman, uno de los principales promotores del *boom* de la vida buena y feliz en el siglo XXI, escribió en el 2011 un libro sobre florecer y la búsqueda del bienestar. Desde ese momento, florecer hace parte del lenguaje cotidiano del suelo fecundo de la felicidad que da los frutos que se comen a diario en el propósito de ser más felices.

2

Consumismo, generaciones y redes sociales

Es Navidad. En la casa están la hermana con su esposo y el bebé de brazos, el otro hermano con sus hijos de cuatro y cinco años, los primos con sus hijos adolescentes, las tías, los papás que ya están en la década de los sesenta, los abuelos octogenarios. Hay comida en abundancia en la mesa. Debajo del árbol están los regalos que se van acumulando copiosamente a medida que van llegando los invitados. Hay un celular o una pantalla por cada miembro en la celebración. Los niños con tabletas donde ven caricaturas, los adolescentes y los adultos con sus teléfonos móviles. Las selfis y fotos familiares son las protagonistas. Se organizan por grupos familiares, los bebés, los primos, los tíos, luego las mujeres, seguidas por los hombres. Cada grupo organizado para que se vean todas las generaciones de la familia. Las mejores fotos se van subiendo a las redes sociales, acompañadas de emojis de corazones y etiquetas como #amor, #familia, #felicidad, #Navidad y #regalos.

Llega el momento de entregar los regalos. A cada invitado le corresponden varias sorpresas. El costo, la cantidad y el tamaño del regalo son los indicativos de los logros alcanzados en el año, del amor que muestra el que los da, o de ambos. Un celular y una consola de videojuegos para Juan que ganó el año con honores. Un collar y unos aretes finos a Lucía por parte de Pedro que este año celebran diez años juntos. Un par de medias de un primo a otro primo, porque no sabía que regalar, y quería darles el mismo regalo a todos, y que no fuera a romper el banco.

Pasado el tiempo de la cena y los regalos, la conversación se vuelca al tema sobre dónde se compraron los objetos repartidos. Muchos de ellos fueron adquiridos en la época de descuentos que da inicio a las festividades navideñas. El *Black Friday* o viernes negro, que se celebra al final de noviembre, después del día de acción de gracias en Estados Unidos, es el mayor evento de descuentos en el mundo occidental. Popularizado desde la década de los ochenta en Estados Unidos y ampliamente adoptado en este hemisferio como práctica de consumo es el evento que da inicio al tiempo de la Navidad. Empezar la temporada navideña con ofertas es una forma de aumentar el consumo, además uno asociado al amor, al afecto y a la felicidad. El encanto de un «paga 1 lleva 2» se vuelve más seductor en la puerta de entrada del tiempo de la lista de regalos, porque comprar y regalar es la manifestación recurrente de afectos.

En el mundo desarrollado, una persona invierte más tiempo en las compras de los regalos que el tiempo que destina en socializar y estar con sus seres queridos en las celebraciones navideñas. Según datos publicados por el World Economic Forum sobre consumos y uso del tiempo en la época navideña, en promedio, las personas se toman veinte horas escogiendo, pagando, y empacando regalos. El tiempo promedio dedicado a las celebraciones, por su parte, es de quince horas. Esas veinte horas dedicadas a las compras representan alrededor de mil quinientos dólares de gastos por hogar en Estados Unidos. El 22 % de los consumidores navideños quedan endeudados para dar regalos, mientras que al 15 % que los recibe no le gustan, 14 % se los regala a otra persona, y el 10 % ni los recuerda[8]. Si dejamos de lado los aspectos sentimentales y vamos a un plano estrictamente económico, las compras navideñas son una distribución ineficiente de recursos, pero son el sucedáneo de la cercanía afectiva.

El *Black Friday* en sus inicios era solo de un día, después se extendió a una semana de ofertas, luego le siguió el *Cyber Monday* (las ofertas en plataformas *online* que son el lunes siguiente del *Black Friday*), y esa extensión de ofertas han transformado el tiempo de la unión familiar en el tiempo asociado a mayor consumo en el mundo. La temporada de ofertas navideñas y los cuantiosos recursos que se van en ellas son unas de las grandes victorias de los especialistas en marketing, quienes han aprendido a capitalizar en las emociones para aumentar las ventas.

La emoción que más vende es la felicidad. La forma más soterrada y silenciosa en que la felicidad se ha colado en la vida cotidiana es a través de uno de los fenómenos más poderosos de la cultura: el consumismo. La felicidad y el consumo se encontraron a mediados del siglo pasado y juntos se fueron colando por el sótano de la casa sin que nadie fuera consciente de la gotera soterrada que mojaba una esquina. Después de varios siglos, el consumismo feliz inundó las casas con aparatos, electrodomésticos, varios televisores, depósitos llenos de cosas que nadie usa, y clósets con ropa que nadie recuerda. El consumismo creció exponencialmente con el internet y luego con las redes sociales que hicieron creer que vivir en una casa inundada de cosas era la mejor forma de vivir. El consumismo y la asociación emocional que lo sustenta es lo que ha cultivado el terreno de semanas de descuentos del *Black Friday*, endeudarse, y hacer norma regalar artículos tan personales de una forma impersonal, como regalar un par de medias.

La felicidad también ha sido la emoción que representa los deseos de vida de toda una generación. Los *millennials* fueron los primeros que se envolvieron en la mantita de la felicidad. Se dejaron cautivar por el olor a lavanda y menta del suavizante con el que se lava la cobija, y han sido los principales promotores de la narrativa cultural de buscar la felicidad y hacer listas para conseguirla en diez pasos. Los *millennials* escogieron a la felicidad y las emociones que viven en el mismo barrio (alegría, optimismo, satisfacción, placer, gratitud, aceptación, autoestima, etcétera), como los vecinos *cool* con los que querían habitar el mundo. La generación *millennial*, además de llevar puesto el lema de la vida feliz, ha sido el combustible que ha enviado el cohete del consumo por fuera de la órbita terrestre con el poder de las redes sociales.

En este capítulo se abordan las transformaciones culturales que han hecho de la felicidad y su búsqueda permanente, el inconsciente colectivo de la sociedad. Este apartado da inicio con el consumismo y su relación con las emociones positivas. Le sigue una reflexión sobre los cuatro grupos generacionales más numerosos en la actualidad: los *boomers*, los X, los *millennials* y los *centennials* y su relación con la vida feliz. Cierra el poder expansivo de las redes sociales y el papel que desepeñan en la emocionalidad individual y colectiva.

Consumismo

¿Por qué me dan ganas de comprar otro vestido?

A partir de la Revolución Industrial se han experimentado cambios sociales y culturales que han ido constituyendo la idea actual de la felicidad. En el siglo XIX aparece la ética del trabajo de la clase media, donde el trabajo es un catalizador para la vida feliz. En la esfera familiar también aparecen actitudes donde se les pide a las mujeres cultivar una atmósfera jubilosa para mantener la moral alta de sus esposos trabajadores y educar hijos exitosos. Los anuncios publicitarios de la postguerra en Estados Unidos, o el mundo publicitario que se refleja en la serie *Mad Men*, son ejemplos de estas narrativas. A estos cambios se agrega la actitud alegre que se instaura como estándar en las dinámicas de mercado en Estados Unidos. La era que le sigue a la depresión económica se caracteriza por Walt Disney y su lema «hacer a la gente feliz», la creación en 1963 de la carita feliz amarilla –hito en el mercadeo y publicidad–, y las poses felices en las fotografías se convertían en ítem estándar de consumo en cada hogar. Incluso por esa misma época llegó la canción universal del *Happy Birthday*. Estos cambios culturales han hecho que la felicidad se haya filtrado como un imperativo en cada aspecto de la vida.

El mercado y el consumo han desempeñado un rol significativo, tal vez el más importante, para entender la morfología de la felicidad. En el capitalismo, la felicidad es placer. Un placer constante que se renueva a una velocidad a la que es difícil seguirle el paso. El patrón contemporáneo de encontrar la felicidad a través del consumo apareció en Occidente hacia el siglo XIX. Si bien no hay un acuerdo sobre dónde y cuándo aparece el consumismo, es una marca de la industrialización en el mundo desarrollado. La orientación hacia el consumo es lo que en términos generales se ha llamado «materialismo», y es la importancia que los consumidores le otorgan a adquirir posesiones y el beneficio que derivan de adquirir más bienes. Si bien el materialismo ha estado presente por siglos, es solo en los últimos tiempos cuando la búsqueda del bienestar, asociado al consumo, está al alcance de las masas.

Estados Unidos tiene la reputación de ser uno de los países más consumistas. La combinación de ingresos relativamente altos, gran número de población, clase media dominante, abundancia de bienes de consumo, e impuestos bajos —comparado con otros países desarrollados— ha puesto en los bolsillos de la gente más recursos disponibles para el consumo conspicuo (gasto en bienes no necesarios) que cualquier otro país industrializado. Estados Unidos, desde la postguerra, experimentó un aumento de recursos en los bolsillos de sus habitantes, los cuales, junto con una cultura institucional, promueven el consumo como una marca cultural de los americanos[9]. Las estructuras institucionales y culturales de Estados Unidos, que además han dominado en el mundo occidental, han estado atadas a la búsqueda de la felicidad. Desde el 4 de julio de 1776 en la *Declaratoria de Independencia* que señala que todos los hombres tienen el derecho de perseguir la felicidad, hasta la introducción en 1977 de la cajita feliz de McDonald's.

El marketing ha sido el mediador de este proceso, al crear y exacerbar una cultura de consumismo y enlazarla con la obtención de la felicidad y el bienestar, y estimular la multiplicación de necesidades. La publicidad radial llegó a los hogares americanos en la década de 1920 y fue uno de los primeros instrumentos expansivos para la propagación del crédito de consumo. Luego llegó la publicidad a la televisión, que rindió réditos más altos que el mercadeo radial al explotar imágenes y símbolos en formas nuevas para los consumidores. La publicidad a través de las nuevas formas mediáticas abrió paso a lo que los sociólogos llaman la sociedad del deseo o la democratización del lujo. Desde sus inicios, los creadores del consumismo han sabido que la única forma de mantener la velocidad vertiginosa de la rueda que mueve este tipo de economía es a través del estímulo constante de comprar, consumir, desechar y repetir el ciclo sin que nadie se entere que está dando vueltas en una rueda infinita. En 1955 escribió un analista comercial que el aparato económico necesitaba que el consumo se convirtiera en un estilo de vida, donde comprar cosas fuera un ritual para satisfacer el ego y el espíritu[10]. De este mismo clan nace la idea de llevar a los consumidores productos inferiores con una obsolescencia planeada. Las impresoras en las que el tóner de repuesto es más costoso que una impresora nueva, los aparatos electrónicos que cambian el puerto de conexión, las actualizaciones que dejan en el olvido lo que pasó hace un mes. Y para hacer el ciclo atractivo, deseable, socialmente demandado, se aderezó el sistema con las emociones que se asocian a ir a comprar una nueva camisa: éxito, superación y felicidad.

El marketing ha desplegado una legión de expertos cuyo trabajo es encontrar los mecanismos más sofisticados para que las personas, como usted y como yo, usemos los excedentes del salario, o peor aún, adquiramos otra tarjeta de crédito para comprar cosas. Un pelador de zanahoria en forma de sacapuntas, o ropa interior con espuma en las nalgas. Artefactos que por alguna razón entran en la psique como necesarios y deseables. Son unos genios…

¿Qué venden las Kardashian?

Una de las primeras referencias directas al consumismo viene de finales del siglo XIX, cuando las marcas se convirtieron en el mecanismo para tomar decisiones de consumo mejor informadas, pero también crearon una asociación directa con el buen gusto, riqueza e identidad[11]. En las décadas de 1920 y 1930 el consumo fue asociado con estatus a través del uso del lujo y el placer en adquirir bienes. Desde los años veinte hasta estos días, la lógica que subyace a las marcas se mantiene, pero se ha diversificado. La marca ya no solo es un producto, la marca son individuos que representan un estilo de vida y la realización aspiracional de conseguirlo todo. Cantantes, gánsteres, gurús, son marcas ellos mismos.

La familia de las hermanas Kardashian es un ejemplo de cómo las marcas aparecen, se consolidan y se diversifican. En 2007 Kim Kardashian era una empresaria más con una tienda de ropa en Beverly Hills. Su expareja hizo público un video íntimo, abriéndole la ventana a la fama del siglo XXI. Para calmar el hambre de morbo social que despierta la vida íntima de los que están mejor o peor que uno, se lanzó *Keeping Up with the Kardashians* un *reality show* que hace lo mismo que otros programas de este estilo que muestran en detalle la vida privada de los demás. La vida que se hacía pública en televisión era la de cinco hermanas: Kim, Kourtney, Khloe, Kendall y Kylie. La vida de lujo, personajes famosos, bodas de película, y drama cotidiano, han permitido que las Kardashian construyan un emporio que vende cualquier cosa: ropa, maquillaje, perfumes, etcétera. Según Forbes, la marca de las Kardashian estaba avaluada en más de mil millones de dólares para el 2021. Esta es la historia que salta del anonimato al exhibicionismo, y a la acumulación meteórica.

El marketing y todo el arsenal a disposición del consumo han logrado transformar las dinámicas económicas de la oferta y la demanda. Decenios atrás los agentes que participaban en el mercado transaban con los bienes que estuvieran disponibles. Hoy, con un mercado centrado en la demanda y en satisfacer los gustos del consumidor, y en la creación de valor para el cliente, se han puesto en marcha múltiples dispositivos para fidelizar, identificar y aspirar a los valores que las marcas promueven, y su permanente innovación, que llevan a consumir más de lo mismo, pero más nuevo. Es por la identidad que generan en las marcas y su asociación de felicidad que se consumen bebidas azucaradas, así sean categóricamente malas para la salud, o se compra un celular con un valor tres veces por encima de los competidores, aunque cumplan la misma función.

Gilles Lipovetsky en su ensayo *La felicidad paradójica* argumenta cómo el consumismo ha construido una sociedad opulenta que está en todos los aspectos de la vida moderna y ha creado un estilo de vida, nuevas jerarquías y una forma de relacionarse con uno mismo y con los demás. Incluso ha sustituido, argumenta Lipovetsky, las pasiones nacionalistas y ha creado una religión alrededor del mejoramiento de las condiciones de vida que se obtienen a través del consumo y un mayor confort. No ha habido en la historia reciente un fenómeno cultural más ubicuo y con mayor incidencia en la vida diaria que el consumismo.

La lectura que hace Lipovetsky del cambio de pasiones nacionalistas y proyectos políticos por el consumo y aumento del confort se refleja en las dinámicas consumistas en China. Fue hace solo unas décadas (1966) que Mao Zedong inició la Revolución Cultural para preservar el comunismo y eliminar cualquier elemento capitalista en China. La Revolución Cultural se llevó la vida de millones que tuvieran inclinaciones burguesas o cualquier atisbo de capitalistas. Tan solo una década después (1976) ya estaba instaurada una retórica política y cultural en la cual la consecución de riqueza individual era parte del esfuerzo nacional para adelantarse puestos en la fila en los estándares de desarrollo en Occidente.

La revolución consumista en China inició como lo hacen los consumistas que saben lo que hacen: dieron acceso a crédito a la población. En los ochenta, el Gobierno creó su propio sistema de tarjetas de crédito y progresivamente permitió la entrada del sistema financiero de Occidente a fin de aumentar las opciones de crédito para los ciudadanos. La idea de progreso en el país fue cambiando de la idea comunista de tener lo suficiente y recibirlo del Estado, por el placer de tener el mismo poder de consumo que los occidentales[12]. El crecimiento en consumo se multiplicó con la reducción en la pobreza y el ensanchamiento de la clase media. En el 2000, solo treinta y nueve millones de personas (3,1 % de la población) hacían parte de la franja de clase media, para el 2018 esta cifra se incrementó a setecientos siete millones (50 % de la población). Ese tamaño de población con ingresos disponibles para el gasto conspicuo solo lo tiene China, y se ha visto reflejado en un incremento en gasto en todo lo que genere confort, desde carros, electrodomésticos, ropa, o tecnología. Los millonarios (personas con ahorros personales por encima de cien mil dólares) también han crecido en China y lo han hecho a una mayor velocidad que en Occidente. Incluso durante la pandemia, crecieron el 16 %[13]. El mercado de lujo en China es un reflejo de su crecimiento económico y su apetito por el consumo. Las tiendas de las marcas inalcanzables para cualquier parroquiano, como Gucci o Dior y los demás que juegan en esa liga, están en todas las esquinas en las ciudades chinas, con tráfico visible que entra y sale con bolsas abultadas, dejando ocho mil millones de dólares de ganancia para la industria en el 2021[14]. Lo que sí ha hecho China distinto a los occidentales es mantener tasas de ahorro altas. Un ciudadano chino promedio ahorra más del 30 % de sus ingresos, en comparación con el 7 % de los norteamericanos[15].

¿Qué tiene de malo el consumismo?

El materialismo y el consumismo han sido objeto de innumerables críticas que han llevado a otorgarle una denotación negativa a todo lo que se asocie a ello, valores materiales, personas materialistas, consumistas.

El tema también ha promovido discusiones éticas que encuentran argumentos desde cada orilla donde se argumente. Una de estas discusiones es que el materialismo promueve características inherentemente egoístas que se oponen a comportamientos prosociales como el altruismo o compartir. Sin embargo, los que defienden el consumismo argumentan que el egoísmo no es necesariamente una conducta antiética y que el altruismo es motivado por intereses egoístas. Otras posiciones en favor del consumismo argumentan que estar cohesionados por los valores que promueven las marcas o apegarse a un estilo, estar a la «moda», provee a la sociedad de un sentido de búsqueda comunitaria del cual carecerían en ausencia del consumismo. Los críticos también aducen la presencia ubicua del consumo y el materialismo, incluso en las relaciones interpersonales que vienen desde la infancia. A los niños se les premia o se les castiga con mecanismos de consumo, lo cual promueve motivaciones materialistas. Los regalos de Navidad o el premio por buen comportamiento son las primeras clases que reciben los niños de modelo económico y consumismo. Los bienes de consumo también han terminado siendo sustitutos de expresiones directas de afecto. El tamaño y el costo del regalo son usados fácilmente como una aproximación del calibre de los afectos. Otro aspecto que involucra al materialismo y su rol en la construcción de la sociedad actual es cómo el consumismo promueve y mantiene una autoidentidad positiva. Comprar, estrenar, tener algo bonito para ponerse, son asociaciones directas con valores culturales positivos.

Otra crítica al consumismo, que ha tomado vuelo en los últimos años, es la cantidad de recursos naturales y humanos que se necesitan para producir la cantidad de bienes de consumo que se demandan. La crítica viene desde Marx con el fetichismo por la mercancía, pero se ha insertado dentro de las lógicas y los comportamientos de nuevas generaciones mucho más interesadas en la preservación del medio ambiente.

El consumismo presenta una contradicción. Por un lado, una sociedad que pone un gran énfasis en valores materiales y en la consecución y acumulación de objetos y cosas para mostrar movilidad social y éxito profesional. Casa, carro y beca para solventar el éxito social demandado y al que se aspira. Pero en otro lado están los valores colectivos como la cohesión familiar, la identidad comunitaria, la búsqueda religiosa o espiritual, que, de cierta forma, están mediadas por el consumo. Para promover la cohesión familiar se hace un viaje a un *resort*. Para la identidad comunitaria o religiosa, se hace una donación a nombre de causas benéficas.

¿Por qué el pan recién horneado huele tan rico?

A mediados del siglo XX, los especialistas del marketing encontraron que asociar productos de consumo con emociones felices y positivas aumentaba las ventas. ¡Bingo! Ahí aparece Coca-Cola con comerciales de gente feliz «abriendo felicidad», y lo que sigue es la historia de las demás marcas asociando una sonrisa amplia con cualquier cosa, hasta las que venden artículos menos glamurosos. Un comercial puede hacer pasar una agriera como una historia con final feliz.

La unión de la neurociencia con el marketing dio a luz a un bebé llamado neuromarketing. Ese nacimiento pone a prueba la capacidad de abstenerse de comprar otro artículo innecesario y lleva al límite el autocontrol. El neuromarketing fue el que encontró, divulgó e hizo virales hallazgos tales como la incapacidad humana de resistirse al olor de pan recién horneado. Una estrategia de venta infalible en un supermercado es vender pan fresco. Mientras un pan está en el horno se crean entre ocho y doce notas que llegan al olfato. Las notas son tan familiares como la mezcla de mantequilla y leche, que son aromas universalmente asociados a la infancia y a la comida que produce confort[16]. Gracias a este olor, no solo se compra el pan, también se ponen más artículos en la canasta de mercado porque la sensación de hambre hace sobreestimar la magnitud del apetito. Una visita estándar a una tienda con el olor a pan invadiendo el espacio hace particularmente sensible a cualquier parroquiano a un 2x1, a otra oferta innecesaria o a comprar más comida de la que necesita.

El neuromarketing ha permitido avanzar kilómetros adentro en el entendimiento de cómo se toman decisiones cuando se está de compras. Conscientemente, se puede acertar en las razones por las que se compra un artículo o el valor que se está dispuesto a pagar por este, pero no se sabe de dónde sale el valor que se le atribuye o cómo se responde a estímulos externos[17]. Ese elemento inconsciente es el que ha explotado el neuromarketing para introducir olores, música, disposición de los productos y palabras en la descripción de las cosas que están a la venta. Hay una experiencia al comprar una bolsa de café con cualquier foto y una descripción genérica. Hay otra experiencia al comprar la misma bolsa de café, pero con la foto de un prado verde, y una descripción que se refiera a las manos laboriosas de quien lo cultivó, y el agua cristalina que riega el cultivo. Solo por el empaque y la descripción, el producto vale más o, más bien, los consumidores pagamos el precio extra.

El neuromarketing también ha hecho que entrar a una tienda sea una experiencia. El volumen de la música, la paleta de colores, la disposición de los productos, o la distribución de las mesas, son decisiones que están informadas con los resultados de ríos de estudios de compartimentos del consumidor. Lo que se busca al crear una experiencia es que la gente no sienta que está comprando, sino que está viviendo algo nuevo. De esta forma, el consumismo agrega de manera muy eficiente una nueva capa al lema de «no comprar cosas sino experiencias».

Una persona que no esté en el campo del marketing desconoce el volumen y el calibre de investigación que hay detrás de la organización de un supermercado. Cada producto que se encuentra en una gran superficie tiene más años de estudio que un ciudadano de un país de ingresos bajos. La organización de productos en ofertas, la altura y colores con los que se exhiben los productos para los niños, el olor del champú, incluso hasta el color y la textura del polvo que dejan los Doritos en los dedos. Son esos estímulos y la respuesta que generan en el cerebro los que impulsan la toma de decisiones de consumo, así sean irracionales y con altísimos sobrecostos. La próxima vez que entre a un supermercado e inexplicablemente sucumba al olor de un pan recién horneado, o compre café 20 % por encima del valor de otra marca con la misma calidad, o compre algo que no necesitaba porque estaba en promoción y salga con más comida de la que se puede comer, culpe al neuromarketing.

¿Qué puedo comprar para ser más feliz?

Una parte de la investigación disponible muestra que existe una relación negativa entre el consumismo y la felicidad[18]. Las personas que persiguen un estilo de vida cimentado en el materialismo muestran una reducción en su satisfacción con la vida, menores niveles de felicidad, y mayores niveles de depresión. No es mi interés enumerar la lista cuantiosa de estudios o llegar a los detalles metodológicos, pero creo no faltar a la verdad al afirmar que la dirección más usual en los estudios que asocian las personas con actitudes consumistas y la felicidad, es negativa. Es decir, entre más consumista es una persona, la infelicidad es mayor. Algunos estudios muestran una relación entre materialismo y la necesidad de reconocimiento, narcisismo, y falta de seguridad[19].

Otro plano en el que se asocia el consumismo con la felicidad es en un fenómeno más reciente atado a la demanda por productos y bienes que suplan un bienestar interior. El crecimiento en el consumo de las técnicas derivadas del desarrollo personal, el *wellness* (bienestar) y el *mindfulness* (atención plena) entran dentro de esta categoría que suple la necesidad de expandir el deseo trascendental y la calma interior. Este es un nuevo segmento comercial donde el marketing encuentra otro camino para mostrar su capacidad de expansión. Una camiseta fabricada con algodón orgánico por las manos de madres solteras y cosida a mano, por más social o espiritual que suene, es una forma más de consumo.

Hay una comercialización de un nuevo estilo de vida donde los valores asociados a la felicidad radican en una búsqueda más trascendental aderezada con leche sin lácteos, productos bío y orgánicos, pan sin gluten y postres sin azúcar. Una cultura y un estilo de vida que capitalizan el consumo, así sea verde y más natural, honesto, o con las etiquetas que se vendan, pero está basado en el consumo.

Debo confesar que me circunscribo en esa ola de consumistas felices, que practica yoga y meditaciones de *mindfulness*. Y también debo confesar que este tipo de consumo me hace sentir menos culpable de consumir y demandar más. Es paradójico porque es un consumo cuantitativamente más costoso y tiene asociado todo lo que dice el libro de texto del consumo: vende un estilo de vida, está asociado a un estatus y crea fidelidades a las marcas. Me gusta la leche de almendras So Delicious, con caja verdecita, sin azúcar, sin gluten, sin soya, vegana. No sabe a nada. Tal vez la bolsa de leche entera que cuesta una fracción de la de almendras me entregue los mismos resultados, pero So Delicious tiene un equipo de marketing que diseñó toda la estrategia para que una mujer como yo escoja un empaque que la haga sentir mejor al comprar «comida compasiva». Lo que sea que eso signifique. Culpo al neuromarketing.

Generaciones

La edad es un indicador poderoso. Denota dos características de los individuos: el ciclo de vida al que pertenecen (infancia, adolescencia, adulto, retirado) y la membresía en un grupo de individuos que nacieron en una época similar. La felicidad y la inclinación por la búsqueda constante de emociones positivas varían según la edad. Tal vez para muchos, la retórica actual de la felicidad en todas partes es una narrativa a la que se han ido introduciendo sin darse cuenta. Un día vieron en la biblioteca de la casa un libro con recomendaciones para ser feliz sin saber de dónde salió, empezaron a ver en las camisetas de los más jóvenes la palabra *happy* repetida en todas sus posibles presentaciones, y un día de cumpleaños le llevaron una torta con una carita feliz. Mientras que, para otros, la felicidad es la palabra más familiar, lo que dicen sus papás que quieren para ellos y el lema de las camisetas que escogen.

Hay cuatro grandes categorías que se usan para navegar las diferencias por edad: el ciclo de vida, los efectos de periodos, los efectos de cohorte, y las generaciones. El ciclo de vida es el que explica, por ejemplo, las diferencias en opiniones entre la población adulta y los jóvenes. Las actitudes frente a la igualdad de derechos de la población homosexual, el aborto, o las preferencias políticas, pueden ser explicadas por las diferencias en el ciclo de vida de los individuos.

Los efectos de periodos son los que marcan actitudes y comportamientos asociados a eventos y circunstancias como la guerra de Vietnam, el nacimiento del internet, la disponibilidad de la píldora anticonceptiva, o la pandemia del COVID-19. Los efectos de periodo impactan a toda la población sin importar la edad. Los efectos de cohorte son los que explican las actitudes asociadas a circunstancias históricas que las personas experimentan, en particular, las personas jóvenes que están en el proceso de formar sus opiniones. Los movimientos sociales y de equidad de derechos son los que marcan actitudes políticas en los más jóvenes. Los efectos de cohorte también ayudan a entender las diferencias en los consumos culturales. El gusto por la música urbana, los videojuegos, o las tendencias de la moda, impactan mucho más a las poblaciones jóvenes.

La cuarta categoría para entender las diferencias en actitudes y comportamientos es la de las generaciones. Cada cohorte generacional se da en un rango de quince a veinte años, dependiendo de los fenómenos culturales o hitos históricos que se usen para hacer el corte de una generación a otra. Las generaciones son el lente que se usa más comúnmente para hacer distinciones entre grupos etarios. Cada generación viene con preferencias, actitudes o ideologías que inciden de forma significativa en cambios culturales, procesos productivos, consumos, y por supuesto, también en la idea y las expectativas de la vida feliz.

GENERACIONES

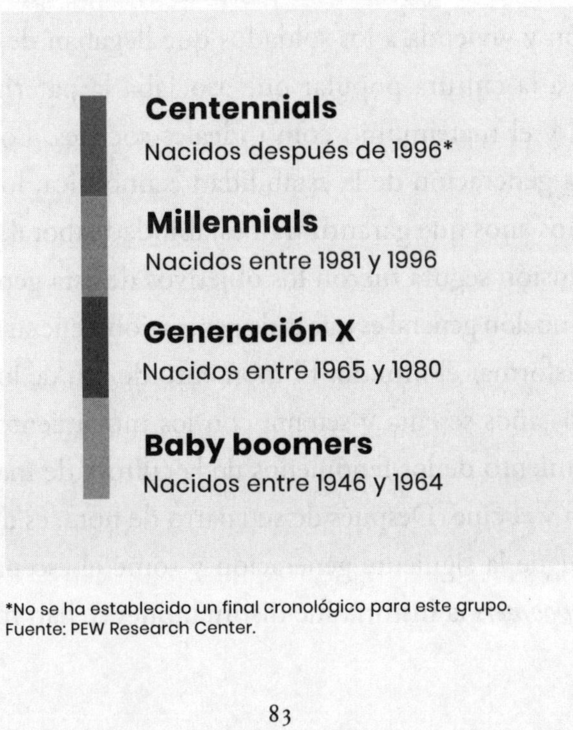

*No se ha establecido un final cronológico para este grupo.
Fuente: PEW Research Center.

En la composición demográfica actual hay cuatro generaciones que se llevan la mayor parte de las afiliaciones generacionales: los *boomers,* que nacieron entre 1946 y 1964; la generación X, nacida entre 1965 y 1980; los *millennials,* que van desde 1980 hasta 1995, y los *centennials,* que nacen después de 1995 hasta después del 2010. Algunos sociólogos hablan de los *pandemials* (que vivieron la pandemia siendo pequeños) para llamar a los más jóvenes, pero aún no existe un consenso sobre las fechas de nacimiento o denominación para los que nacieron después del 2010.

¿Quiénes son boomers?

Los *boomers* toman su nombre del crecimiento en las tasas de natalidad en Estados Unidos después de la Segunda Guerra Mundial y la gran depresión económica. Las tasas de natalidad se incrementaron gracias a las políticas sociales que les daban educación y vivienda a los soldados que llegaban de la guerra, aunadas a la cultura popular que asociaba la paternidad/maternidad y el matrimonio como ideales sociales. Los *boomers* fueron la generación de la estabilidad económica, los trabajos de muchos años que garantizaran estabilidad laboral. Una casa y una pensión segura fueron los objetivos de esta generación.

Una noción general es que cada generación tiene su momento para transformar el mundo. El momento de oro de los *boomers* fueron los años sesenta y setenta con los movimientos sociales y el nacimiento de los fenómenos de la cultura de masas como la música y el cine. Después de su cuarto de hora, es de esperarse que llegue la siguiente generación y tome el escenario. Con los *baby boomers* la historia fue distinta, pues se han mantenido activos y muy relevantes en el mundo actual. La escena política está dominada por *boomers* como Putin, Biden, Trump, Obama, Merkel… y, en consecuencia son ellos, con su ideología, los que de alguna manera siguen definiendo las políticas y prioridades en la agenda del poder. En la década del 2020, la mayor parte de los *boomers* está entrando en sus años de jubilación, pero muchos de ellos alargan el tiempo de retiro superando los sesenta y cinco o setenta años aún activos en sus trabajos.

Los *boomers* han mostrado una gran capacidad de adaptarse y cambiar de acuerdo con las demandas sociales. Un ejemplo son las tasas de divorcio. Los *boomers* se casaron en un tiempo donde los ideales de conformación de familia y la paternidad/maternidad eran valores sociales deseados. A medida que se introdujeron posiciones más liberales sobre el divorcio y la crianza de los hijos, la tasa de divorcio en los *boomers* creció. El *divorcio gris* (después de los 60 años), como se le conoce en estudios generacionales, se ha doblado desde 1990. Incluso, según cifras censales, en Estados Unidos la tasa de divorcio entre las personas mayores de 65 años se ha triplicado desde la misma década de referencia. Entre 1990 y el 2015, la tasa de divorcio en las personas mayores de cincuenta años aumentó 109 %[20].

Deirdre Bair, una escritora americana, afirma que los cambios actitudinales frente al divorcio que se han ido acentuando y popularizando a medida que van cambiando los tiempos, les han permitido a las personas mayores, y en particular a las mujeres, ganar control y autonomía en su tiempo de vida adulta. Entre los principales resentimientos que se van marinando en los matrimonios largos de los *boomers*, escribe Bair, está el desgaste de los roles. Las mujeres se cansan de las obligaciones del hogar y de la crianza de los hijos, y los hombres de no ser valorados en su rol de proveedor. En promedio, las mujeres son las que toman la decisión de un divorcio, y en promedio también encuentran una pareja estable para reiniciar su vida en pareja en dos años, mientras que los hombres encuentran compañía, pero les es más difícil restablecer la estabilidad de un matrimonio.

La antropóloga Margaret Mead alguna vez escribió que las mujeres necesitan tres esposos, uno para el sexo de la juventud, otro para la seguridad de la crianza de los hijos, y el tercero para la compañía agradable en los años de vida adulta. Tal vez en el tiempo en que Margaret Mead hizo la reflexión (nació en 1901), y además siguió su propio consejo, tener tres matrimonios podía ser una carga social difícil de llevar en la época. Pero hoy el divorcio es una opción más, y las mujeres son las que optan por él en mayor proporción. La narrativa de ganar control e independencia es un discurso actual, instaurado y popularizado por el empoderamiento femenino que se fue cultivando con las personas de la generación X y que ha encontrado su cúspide en la construcción de la individualidad de los *millennials*. Las tasas de divorcio, así como las actitudes de ser feliz y buscar el placer, son narrativas que van permeando a las personas, así su estructura ideológica se haya cultivado en otro tiempo.

A pesar de que los *boomers* han mostrado su maleabilidad para adaptarse a las narrativas de las nuevas generaciones, el discurso de la felicidad parece no haberlos permeado como a las generaciones que los preceden. En el año 2008, cuando buena parte de esta generación estaba en el pico de su edad productiva

(40-50 años), varios estudios sociológicos argumentaban que era la generación más infeliz[21].

Los *boomers*, según varias métricas, son una de las generaciones que ha logrado acumular mayores bienes durables, en comparación con las otras generaciones. Los costos de vida les permitieron acumular riqueza, propiedades y ahorros para sus pensiones. El precio de la propiedad raíz respecto a los salarios promedio es uno de los indicativos de las posibilidades de acumulación de bienes durables. Una propiedad es considerada accesible si su precio es igual al ingreso total de alrededor de tres años de trabajo. Es decir, si una propiedad cuesta cien mil dólares es accesible al bolsillo del comprador cuyo salario de tres años esté alrededor del mismo valor. En el mundo, los costos de la vivienda se han casi triplicado desde 1990 con una tendencia al alza que no mengua.

Crecimiento precios de vivienda

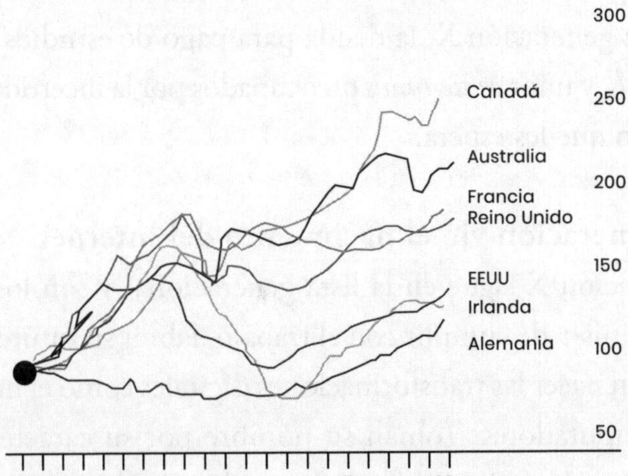

Fuente: OCDE; Land Registry S&P Cronologic; *The Economist*.

No hay otra generación que haya logrado tanta estabilidad económica y, en promedio, ingresos más altos que los *boomers*. Un ejemplo es la pensión. Tal vez ellos serán la última generación que reciba un paquete de ayudas subsidiadas por el Estado para pasar sus años de vejez. Incluso en los países más ricos, el pago de las pensiones no está asegurado para las siguientes generaciones. A pesar de la estabilidad económica de los *boomers*, el optimismo y su satisfacción con la vida son de los más bajos. En Estados Unidos los datos indican que son los más preocupados por el dinero, los que menos perciben haber progresado respecto a sus padres, los menos satisfechos con sus vidas, y los más temerosos de su futuro[22].

Es difícil que alguna generación vuelva a la prosperidad económica que vivieron los *boomers*. Las generaciones que los preceden viven en una sociedad con costos de vida que no se equiparan con los ingresos promedio. Después de los *boomers* lo que siguió fue la acumulación de deuda para compra de casa de la generación X, la deuda para pago de estudios de los *millennials*, y unos *centennials* preocupados por la incertidumbre del futuro que les espera.

¿Qué generación vio el nacimiento del internet?

La generación X sigue en la lista generacional y son los de la ética calvinista de cumplir con el trabajo, labrar su futuro, y los que vieron nacer las transformaciones digitales como el internet y los computadores. Toman su nombre por su característica de no dejarse definir, y al final, fueron bautizados como los X. Los miembros de esta generación nacieron en hogares extensos, con varios hermanos, lo que les garantizó la autonomía que da tener papás con varios hijos, y de ayudar en los deberes del hogar y la crianza de los hermanos. Esta es la generación de los independientes y de los que crecieron con la idea de que, si se quiere algo, es mejor hacer uno mismo. Los X son la generación de la que se conoce menos. Quedaron en la mitad de los *boomers* y los *millennials*, y en términos numéricos son menos, y además, son los más mesurados en los gastos, lo que los hace poco atractivos en los estudios de consumo, una de las áreas que más información produce en los estudios generacionales.

Los X experimentaron la masificación en el ingreso a la educación superior en un tiempo con pocas políticas sociales que garantizaran el ingreso gratuito o subsidiado, y con más hermanos compitiendo por los recursos para el pago de la universidad. Esta generación se caracteriza por el ingreso al mercado laboral al tiempo de pagarse sus propios estudios y cultivar sus propios méritos. Los X fueron la primera generación en experimentar la necesidad de un título universitario para vincularse al mercado laboral, lo que la hace la primera generación de ilustrados. Otra transformación importante que vivió esta generación fue el ingreso igualitario de hombres y mujeres al mercado laboral. Esto genera visiones más progresistas, cambios de roles sociales, el nacimiento de la narrativa del balance vida personal y la carga laboral, y mayor estabilidad económica para la conformación de una familia.

Un rasgo que caracteriza a los X, es hacer parte de la «generación sándwich». El término se refiere a las generaciones que tienen dos grupos de población que dependen económicamente de ellos. Los X, para el momento que alcanzan su pico de productividad laboral, deben destinar recursos para los dos o tres hijos que tienen en promedio, y para el cuidado de sus padres. Una buena parte de los padres de los X no asistieron a la universidad, y pocos lograron acumular suficientes recursos para vivir después del retiro. A los X, les toca destinar la mayor parte de sus recursos al cuidado y gastos asociados a los dependientes, lo que va en detrimento de la posibilidad de acumular riqueza. Los miembros de esta generación también son los que, en promedio, tienen mayor deuda para la compra de casa y bienes durables. El espíritu de su generación y el ingreso combinado de dos proveedores en el hogar, los hicieron la generación que heredó el ideal de casa, carro y beca para los hijos. Las transformaciones económicas le sumaron a la lista el cuidado de los padres dentro de las responsabilidades adultas.

Un tema recurrente sobre los X y documentado en los países desarrollados, es que este grupo fue el que vio nacer el fenómeno extendido del estrés laboral. La incursión de las mujeres al mercado laboral, si bien provee más ingresos, reduce el tiempo con los hijos y limita las posibilidades de cultivar intereses que estén por fuera del círculo familia-trabajo, las mujeres son las que conocen mejor esta parte de la historia. A los X también les ha tocado el techo de cristal en el ascenso laboral. Los *boomers* no se retiran y, a cierta edad, los X pierden habilidades que tienen ganadas los *millennials*. Para un X es difícil la inserción al mercado laboral en sus cincuenta. Las posiciones más altas son ocupadas por *boomers*, y los cargos medios son en su mayoría destinados a *millennials* que son más hábiles en el mundo digital y tienen una posición más abierta —y más necesitada— al continuo decaimiento de las condiciones salariales y de contratación. Adicionalmente, los X que están en la década de los cincuenta y buscan empleo representan una carga prestacional alta para cualquier compañía por las contribuciones al sistema pensional, lo que los hace menos atractivos para el mercado laboral.

Los estudios de felicidad en esta generación muestran que uno de los principales factores que contribuyen a la felicidad de esta población es el balance en la vida personal y la vida laboral. El principal deseo de los trabajadores de esta generación en Estados Unidos es tener más días de vacaciones y más tiempo para la familia. También hay información que documenta que las visiones de felicidad en esta generación son bajas y predomina una visión pesimista del futuro[23]. Los X quedaron en la mitad de los hijos, los padres, la hipoteca, el estrés laboral y los *boomers* que no se retiran.

¿Cuál es la generación que empezó a hablar de la felicidad?

El cambio generacional sigue con los *millennials*. Los nacidos en la década de los ochenta inauguraron la generación de las *selfies*. Los *millennials* son una generación considerada por algunos expertos[24] como la más segura de sus capacidades, asertivos y con una creencia inherente de ser merecedores de privilegios. Una generación que tiene una visión muy positiva sobre sí misma e incentiva la autopromoción y la autoestima. Esta generación hizo propio el lema de «sigue tus sueños» o «eres tan grande como tus expectativas». Ese lenguaje permea los avisos publicitarios y la narrativa de las películas y series de televisión.

Con esta generación se fue introduciendo la felicidad individual como un objetivo social y cultural. Los *millennials* nacieron en un tiempo donde se cultivan y premian el optimismo y las grandes expectativas. Esta generación es la que ha tenido la mayor vitrina cultural en series de televisión, películas, libros, y sus actitudes y consumos han motivado la creación de océanos de información de consumo. La razón del protagonismo *millennial* en la cultura de masas puede estar enraizada en su contribución al mercado. Los *millennials* en 2018, y solo en Estados Unidos, representaban el 28 % del total de las compras diarias en el país. Los *millennials* son la generación del consumo y, comparados con los *boomers*, los X y los *centennials*, exceden el consumo en casi todas las áreas del mercado[25].

El *ethos* de la vida optimista, individualista y de grandes expectativas les ha fallado de muchas formas a los *millennials*. Esta generación ha vivido dos crisis económicas en momentos cruciales de su vida adulta y productiva. La primera en el 2007-2008 en medio de la crisis económica global, en el momento en que terminaban la universidad para engancharse al mercado laboral. La segunda crisis, más profunda que la primera, la vivieron con la pandemia del COVID-19, en el momento en que las responsabilidades y los deseos de vida adulta resultan difíciles de conseguir: la estabilidad laboral para comprar una casa, casarse, tener hijos. Los *millennials* son la generación que más deuda ha acumulado en el sistema educativo, tienen menos ahorros y menor acumulación de bienes durables. Además, han vivido el decaimiento sostenido del mercado laboral de solo proveer trabajo por meses u horas, lo que hace de la estabilidad laboral el privilegio de los *boomers*.

Al tiempo que el trabajo se pauperiza, las expectativas de viajes, logros y riquezas aumentan. El exceso de optimismo y la narrativa feliz que nace con esta generación parecen más un discurso cultural que la correspondencia con logros objetivos. Para la época en que los *millennials* terminaban el colegio en Estados Unidos, más del 68 % esperaba tener un trabajo de nivel gerencial bien remunerado en su vida adulta, pero la remuneración del trabajo profesional se ha mantenido en el mismo nivel desde los años setenta[26] y el ingreso promedio de los trabajadores se ha mantenido estable desde hace más de cincuenta años, solo aumentando con respecto a la inflación. A los *millennials* seguramente les toca lo mismo que a las demás generaciones: un trabajo profesional que paga las deudas, y que de tanto en tanto permite un viaje y mantener el ritmo de consumo.

Un fenómeno que fue tomando forma con los *millennials* es la extensión de la adolescencia en la vida adulta. Cuando los X estaban en la década de los veinte ya tenían trabajo y empezaban a cocinar la idea de crear una familia. Los *millennials* son los primeros en hacer del matrimonio y de la maternidad/paternidad una opción. Para las generaciones pasadas los hijos y el matrimonio estaban en la lista de prioridades y demandas sociales. Los *millennials* fueron escogiendo no hacerlo, al tiempo que les daban cabida a la pluralidad sexual y a nuevos tipos de conformación familiar que no parten del pilar de los hijos.

Jean Twenge, en su libro *Generation Me*, habla de la fascinación de los *millennials* con estar en el centro de atención, y cómo esa tendencia se ve en las bodas de fantasía, los estudios de fotografía, o en el acto cotidiano de una *selfie*. Como todos los fenómenos sociales, su cocción es lenta. Los *millennials* son una generación de extrovertidos a los que les gusta hablar e interactuar con otros. De acuerdo con la investigación de Twenge, en 1990 la proporción de jóvenes extrovertidos creció 83 % con respecto a las cifras de 1960, y la tendencia de aumento de la extroversión continuó en la década del 2000. Comparados con los *boomers* y los X, los *millennials* tienen más confianza hablando con otros, al asistir a fiestas, y están acostumbrados a estar rodeados de otras personas.

Los estudios de felicidad a gran escala se inauguran cuando los *millennials* entran a la vida adulta. La felicidad se viene estudiando y midiendo desde los años setenta por diversas disciplinas académicas, pero la inclusión de preguntas sobre felicidad y satisfacción con la vida en encuestas promovidas por agencias estadísticas gubernamentales empieza en la década del 2010. Para este tiempo, los *millennials* ya estaban terminando la universidad y algunos entrando a la década de los treinta, lo que los hace un segmento importante de la población adulta que participa en encuestas de este tipo. La disponibilidad de datos y el tamaño de la población *millennial* han hecho de este grupo poblacional uno de los favoritos para estudiar la felicidad. En general, el grueso de la investigación muestra que los *millennials* encabezan la felicidad generacional. Una de las múltiples investigaciones en el campo concluye que la felicidad de los *millennials* reside en relaciones interpersonales, actividades de ocio, autoevaluaciones positivas, logros, confort material, comportamientos prosociales, reconocimiento, aventura y posesión de bienes materiales[27]. El estudio al que hago referencia reporta los hallazgos de la felicidad *millennial* en India, pero la lista variopinta de felicidad no cambia mucho en cualquier otra latitud. La lista de factores felices de los *millennials* es muy similar en Dinamarca, Australia, Estados Unidos, Reino Unido, o cualquier país latinoamericano. La globalización, la tecnología y las redes han estandarizado el acceso a la información y consumo, lo que se traduce en preferencias calcadas en la aldea global.

¿Cuál es la generación con mayor tasa de problemas de salud mental?

La nueva generación de adolescentes transitando a la vida de jóvenes adultos son Z o *centennials*. Ellos son los nativos digitales, todo con ellos pasa por un dispositivo digital: la comunicación, el amor, la socialización. Sus preferencias y uso del tiempo laboral, social, o de ocio, están atados a un dispositivo digital. Los *centennials* no se acuerdan de la vida sin internet. Desde que estaban en brazos veían videos en una pantalla portátil, su primer celular lo obtuvieron cuando posiblemente estaban en primaria, y abrieron su primera cuenta de redes sociales cuando entraban en la adolescencia.

Hay varios cambios sociales en los que los *centennials* están en el centro. El primero es la diversidad. Gracias a los muchos movimientos a favor de transformaciones sociales como la aceptación de la inmigración, el matrimonio interracial, la igualdad de derechos de la población LGTBI, o los derechos de animales. Los *centennials* han crecido en una sociedad más diversa y tolerante. También los *centennials* han crecido en hogares que no necesariamente están conformados por un papá, una mamá y hermanos. Las múltiples transformaciones en la composición de los hogares los hacen mucho más abiertos y tolerantes ante la diferencia. Otro aspecto en que los *centennials* son más tolerantes y conscientes es el daño al medio ambiente y el cambio climático. El consumo de productos que respeten el medio ambiente está impulsado por esta generación. Su activismo político también se ve reflejado en este tipo de causas. Solo es ver lo que ha conseguido Greta Thunberg, la joven activista sueca que al protestar desde su escuela primaria ha promovido una conversación global.

Otra transformación en la que están en el centro los *centennials* es la del sistema educativo y la del mercado laboral. A los X, y en parte a los *millennials*, les tocó un sistema educativo estructurado y rígido que han ido cambiando para darle cabida a la inserción tecnológica y a una mayor pluralidad de contenidos. Ahora, el menú educativo de los *centennials* no se limita a profesiones tradicionales como la medicina, las leyes o las ingenierías. Para ellos hay una mayor variedad de opciones que van desde diseño de vestuario escénico hasta nanotecnología. Los *centennials* también experimentan una transformación en el mercado laboral, donde no necesitan ser profesionales para acceder a trabajos bien remunerados. Programadores, chefs, o *influencers* de redes sociales, no requieren las habilidades que tradicionalmente se enseñan en una universidad, y muchas de esas destrezas se pueden aprender en YouTube. Esto hace de los *centennials* una generación mucho más recursiva y autónoma en sus procesos de aprendizaje y en los intereses que desarrolla. La cantidad abrumadora de información a la que tienen acceso —y su habilidad navegándola— los hace una especie con conocimientos e inteligencias que les permiten conectar información de manera más hábil y certera que cualquier otra generación posterior. Los *centennials* son hábiles e inteligentes en formas que el sistema educativo tradicional aún no termina de asimilar.

La vida del hijo único también es un fenómeno de algunos *centennials*. Los cambios demográficos han llevado a que, en la mayor parte del mundo desarrollado y en vía de desarrollo, las tasas de fecundidad se reduzcan de manera sostenida. Los costos de vida, las demandas laborales y personales de las mujeres, la posibilidad que ofrecen algunos sistemas de salud de operar gratuitamente a hombres y mujeres para no reproducirse, y la apertura a una sociedad donde los hijos son opcionales, se traducen en madres y padres que deciden tener solo un hijo. La vida de hijo único hace que todos los recursos estén a disposición de una sola criatura, y no tener hermanos con quienes competir por recursos o la atención de los padres crea las condiciones para que se generen relaciones de padres e hijos más dependientes.

La esfera más privada de los *centennials* es lo que pasa en sus celulares, las pantallas y los videojuegos. La hiperconectividad de los *centennials* ha hecho que esta generación sea la que conoce menos del relacionamiento con otros y de la construcción de relaciones cimentadas en la interacción personal. Jean Twenge afirma que la relación de los jóvenes con las pantallas y el internet les ha hecho perder habilidades sociales que van a ser necesarias para el resto de la vida. Tan poco saben en promedio del relacionamiento con otros que algunos no saben cómo hablarle a alguien del sexo opuesto, cortejar, salir, darse un beso y menos aún tener relaciones sexuales. A pesar que el sexo está en todos los consumos y contenidos, desde la televisión hasta el hartazgo de la sexualización de la música urbana, los jóvenes cada vez tienen menos sexo. Entre 1991 y 2017, el número de estudiantes de secundaria en Estados Unidos que tenían relaciones sexuales bajó del 54 % al 40 %. Una tendencia similar se ha reportado en el Reino Unido, Suecia, Japón y Finlandia[28].

La felicidad de los *centennials* es un tema que ha crecido en relevancia, y tal vez por las razones equivocadas. Para esta época, muchos *centennials* siguen siendo menores de edad y dependientes de sus padres, lo que los excluye de las encuestas a gran escala que se realizan en los países (usualmente las encuestas las responden los jefes de hogar). La mayor parte de la información sobre la felicidad —o infelicidad— de los *centennials* viene de encuestas que se realizan con estudiantes de secundaria y universitarios. Los datos disponibles muestran cifras que son preocupantes. Por un lado, los hallazgos en felicidad muestran que, en promedio, las personas más jóvenes son las menos satisfechas con la vida. En parte, porque son muchas más las expectativas que los logros ganados, y para esta generación las expectativas han crecido como espuma. El acceso a redes sociales e información de cualquier rincón les permite conocer de los logros de miles que sienten y evalúan como pares. Los logros de Greta Thunberg, el nobel de Malala, o los millones de seguidores de algún *youtuber*, son presiones por llenar expectativas sobre reconocimiento e impacto en el mundo.

El otro pedazo de la historia de la baja felicidad de los *centennials* se refiere al creciente reporte, en todas las latitudes del mundo, de la alta prevalencia de enfermedades de salud mental entre los jóvenes. La mayor parte de la información se concentra en países desarrollados que tienen un sistema de salud más robusto y con más recursos para diagnosticar los problemas de salud mental de la población. El patrón que se encuentra en los países desarrollados se calca con los puntos que deja la evidencia disponible en los países en vías de desarrollo, y se ve que vamos por el mismo camino. Es preocupante el incremento en los reportes de depresión que ya se están diagnosticando desde los trece años. En los países desarrollados hay reportes de episodios depresivos severos entre los jóvenes, con porcentajes que llegan hasta el 20 % de la población[29]. La ansiedad social —el miedo de estar con otros— era un fenómeno relativamente raro años atrás, pero con los *centennials*, es uno de los desórdenes de ansiedad que ha crecido en prevalencia y que ha mutado en complejidad. Los datos de este fenómeno se abordan en el cuarto capítulo.

Los *centennials* cavaron la tumba de la alta autoestima y excesiva confianza de los *millennials*. Y sobre la tierra recién removida de esa tumba, cimentaron una de las principales características de esta generación: la inseguridad y la baja autoestima[30]. Los *centennials* popularizaron los consumos que comunican sus sueños y emociones, muchos de ellos mediados por la narrativa de la felicidad y lo que asocian a la vida feliz. Sin embargo, lo que subyace a la superficie del discurso feliz es una prevalencia creciente de trastornos de salud mental. Los *posts* de felicidad en esta generación parecen el salvavidas que se mueve de un lado a otro en el río revuelto y convulso de emociones negativas.

Algunas investigaciones asocian el incremento de la ansiedad y la depresión entre los *centennials* con la penetración del teléfono inteligente que pone a disposición 24/7 redes sociales, videojuegos y plataformas de consumo mediático. Los *centennials* son la generación que, en promedio, pasa más tiempo consumiendo contenidos digitales, cerca de once horas al día, según estudios en el Reino Unido[31]. Los *centennials* han desarrollado una relación de hiperconectividad con sus teléfonos. En Estados Unidos el 72 % de los jóvenes lo primero que hacen en el día es revisar las notificaciones del celular. El 56 % asocian no tener el celular con ellos con soledad, irritabilidad o sentirse ansiosos[32]. El uso constante de pantallas es un comportamiento que incluso los mismos jóvenes identifican como un problema. En un ejercicio que realizo con mis estudiantes, quienes ya están terminando sus carreras profesionales, se revisa el uso del tiempo en el celular. Como resultado, mis estudiantes reportan destinar en promedio cuatro a seis horas diarias, y los fines de semana hasta ocho horas viendo contenidos en TikTok, Instagram, YouTube, o videojuegos. Pocos de esos contenidos, aseguran ellos, están relacionados con su demanda académica o con sus pasatiempos. Es tiempo que se va en bajar con el dedo pulgar los *posts* en una pantalla.

¿Cuál es la edad más feliz?

La felicidad se modifica en función de la edad. Los años hacen que ciertos aspectos importen más que otros y que las preferencias cambien. Jennifer Aaker, una psicóloga social en Stanford, junto con otros académicos, revisaron más de doce millones de *blogs*, a fin de analizar el lenguaje que usan los escritores digitales para hablar de sus emociones y la búsqueda de la felicidad. Según su estudio[33], el primer capítulo de la felicidad se escribe en la adolescencia. El contenido de este tiempo se refiere a los sentimientos de sentirse solo, poco apreciado y sin saber cuáles son los propósitos en la vida. En los veinte, en la época en que se termina la universidad, se abre paso a la vida adulta y se quiere conquistar el mundo, la felicidad se asocia con sentirse capaz, exitoso y validado por los demás. Al finalizar los treinta, la ambición por alcanzar grandes logros es importante, pero la felicidad tiene una asociación más fuerte con la búsqueda de balance entre familia, carrera, e incluso la salud física, ya que en esta edad se empieza a experimentar la reducción de energía. En los cuarenta, la felicidad se conecta con la búsqueda de significado de construir una familia, un sentido de espiritualidad y la contribución a la comunidad. Es la búsqueda de significado de la vida. Entre los cincuenta, sesenta y los años que siguen, la felicidad está en sentirse contento y conectado con otros, en calma, en apreciar los días como vienen, y un sentido de gratitud con la vida.

La narrativa de la felicidad también está mediada por los contextos sociales. En el mundo de la felicidad, los *millennials* lograron que su discurso calara en todas las esferas y en todas las edades, haciendo del discurso feliz la búsqueda de cada día. La felicidad a través de las generaciones se fue convirtiendo en una unidad divisible que debe dar réditos al día, a la hora, y cada actividad que se haga debe conducir a la felicidad. ¿Cuándo apareció este fenómeno? No lo sé. Recuerdo que de niña se me delegaba la responsabilidad de desaburrirme. Mamá cuidaba de que no faltaran la comida, el vestido, y revisaba que los deberes estuvieran en orden, pero cómo llenaba los días, era básicamente un problema que resolvía con los juguetes que tenía a la mano. Hoy los niños no se aburren, no tienen la oportunidad de hacerlo. Los días se llenan de una seguidilla de actividades para hacerlos felices. Y si desde niños todo está en función de hacerlos felices, con una cantidad variopinta de actividades, juguetes y pantallas, ¿cómo irán a ser los estándares de felicidad para estos niños en veinte o treinta años?

REDES SOCIALES

En este apartado es donde se encuentran el carro nuevo de Ronaldo, el avión de JLo, el regalo de Navidad de Shakira, las vacaciones de Beyoncé, y el *ethos millennial.* La fama, el dinero, la belleza, son productos estandarizados y alcanzables. Esta es la fiesta donde la felicidad es la invitada de honor.

Las redes sociales son una caja de resonancia y magnificación del consumismo, y de un consumismo asociado con la felicidad. Desde 1970, hasta inicios del 2000, se experimentó una revolución en la forma de comunicarse, conocer nuevas personas, y sobre todo, aspirar a lo que otros tienen. En estos años se pasó del evento atónito de enviar un correo electrónico a conocer personas en otras latitudes con un clic. Los servicios de mensajería instantánea que aparecieron en sus versiones masificadas como AOL, Yahoo o Messenger en los años noventa introdujeron la comunicación instantánea global y fueron cimentando los patrones de comunicación rápida que domina la comunicación actual.

En el 2004 con Facebook, se introdujo el catalizador del cambio de la vida social y las interacciones con otros. El carácter exclusivo de Facebook (en su inicio solo se accedía por invitación y estaba restringido a estudiantes de Harvard) mostró ser un gran éxito, que luego quedó comprobado con el alcance de la red cuando se abrió al público en el 2006. En el 2005 aparece YouTube con su halo democrático de abrir tarima pública al que quiera mostrarse en una pantalla. Luego apareció Twitter en el 2006, capaz de condensar en un puñado de caracteres los ánimos de los usuarios. En el 2010 aparecen Pinterest e Instagram, encapsulando en una foto todas las aspiraciones y retratando la felicidad en cualquier cosa, hasta en el plato del almuerzo. Snapchat, una de las redes sociales más populares entre los *centennials* que permite compartir fotos y *posts* por un tiempo corto, se inauguró en el 2011. Luego Tinder apareció en el 2012, para incursionar en el mundo del amor, y transformó la puerta de entrada de una primera cita, el amor casual, o el inicio de las relaciones afectivas. Más recientemente llegó TikTok, donde la gente baila, hace montajes, y se cambia de ropa. Le siguen una lista larga de muchas otras redes, populares en Occidente, en China o en otras latitudes donde sirven para mediar entre el individuo y lo colectivo, la felicidad, las dinámicas sociales y los consumos. Las redes introdujeron la cacofonía del sonido ambiente en el que transcurren los días. Un cuchicheo interminable, caótico y nervioso.

Las redes sociales han mostrado su naturaleza maleable y flexible y desde los años noventa han sido un componente central en el estudio de la cultura, en la modificación en el estilo de vida, comportamientos, y en la forma de relacionarse y movilizar las masas. Hoy todo pasa a través de las redes sociales: las noticias, el amor, las guerras, las revoluciones sociales, las elecciones, las compras y las imágenes que retratan la felicidad. La tecno-sociedad, como la llaman los sociólogos, determina la forma de la relación humana y las dinámicas del poder. Las redes sociales dan respuesta a la necesidad primaria de conectarse y vivir en sociedad. Somos una especie social que necesita de otros para su supervivencia, salud mental y felicidad. Las redes sociales capitalizan la condición de necesitar y querer conectarse con otros y compartir experiencias.

☺ ☹ :0 :=(

En el 2021, 4,66 mil millones de personas en el mundo accedían a internet; de ellas 4,2 son usuarios activos en las redes sociales. Las estadísticas indican que en promedio una persona usa alrededor de ciento cuarenta y cinco minutos las redes sociales durante el día. Más de quince horas a la semana, y 37 % del tiempo de una jornada laboral estándar (ocho horas diarias), se va navegando los contenidos de las redes[34]. La penetración global de las redes sociales es del 49 %, y el uso es tan ubicuo que revisarlas es, para muchos, la primera actividad del día, incluso antes de levantarse de la cama[35].

Las redes vinieron con la fundación del nuevo lenguaje llamado por los expertos «comunicación mediada por la computación»

(CMC), caracterizada por la inmediatez y la despersonalización del contacto humano. A través de la CMC se pierden las señales no verbales de comunicación, como los gestos de la otra persona, su postura, o reacción ante situaciones y palabras. Los emoji o emoticonos fueron el constructo para dotar de emociones la comunicación despersonalizada de los servicios de mensajería y de redes sociales, dotando de una estructura semántica a este tipo de comunicación. Los *centennials* y los *millennials,* que al 2020 representaban el 59 % de la población global, han cimentado la mayor parte de su estructura comunicacional e interacción diaria a través de la mediación del lenguaje de las redes y dispositivos móviles. Este tipo de comunicación, además de perder la interacción directa con el otro, es también ambigua y con muy poco tiempo de atención en el mensaje. En promedio, los *millennials* dedican doce segundos de atención a un mensaje o *post* en las redes, y los *centennials* solo ocho segundos[36].

Un elemento que ha mantenido la comunicación contemporánea es la valencia en las emociones. Por lo general, a través del uso de los emoticonos, es relativamente fácil identificar si las emociones del interlocutor son positivas o negativas. Los botones de reacciones en las redes están diseñados para capturar la valencia emocional extrema, pero se pierde en los grises emocionales, que es donde se navega la mayor parte del tiempo. Con los botones de reacción de las redes sería difícil saber cuándo un mensaje o *post* genera nostalgia, apatía o frustración. La forma en que nos comunicamos, y en particular los más jóvenes, para quienes toda su vida ha estado mediada por la CMC, se mueve en ondas emocionales entre los extremos de la felicidad y la tristeza, sin detenerse mucho en todo lo que hay en la mitad. Es tal vez por eso que hoy se ve en los más jóvenes una tolerancia disminuida a las sensaciones y emociones desagradables y una necesidad de vivir en las emociones positivas de felicidad y euforia, cambiando de estados emocionales a la velocidad de la comunicación en la que han crecido. Nos construimos en el lenguaje, y la CMC ha creado dispositivos para idear lenguajes despersonalizados y de extremos.

Una de las virtudes de las redes sociales es que sirven al propósito de solucionar los problemas de segmentos sociales fragmentados, individualizados y hasta excluidos. La población LGTBI, discapacitados, encarcelados, o los que padecen enfermedades huérfanas, solo por enumerar algunos grupos, encuentran en las redes a los pares y comunidades en las que satisfacen la necesidad primaria de encontrar a otro que comparte gustos, problemas u objetivos. El cultivo de estas interacciones se puede cimentar en la búsqueda de soluciones a problemas cotidianos que el entorno social no provee o exacerba.

Además de ayudar a crear comunidades y facilitar la socialización, las redes y la virtualidad permiten generar las circunstancias que se quieren. En las redes se puede asociar con los ideales imaginados y deseados: belleza, riqueza, o los escenarios idealizados. En la virtualidad, el espacio es liminar entre lo real y lo construido. El avatar, los filtros, los montajes, los programas de edición, permiten enamorarse de la imagen de alguien creada en las redes, a la vez que modifican los aspectos menos cómodos de la vida. José Carlos Ruiz asemeja este fenómeno con el mito de Narciso, el de individuos y sociedades que se enamoran del reflejo que proyectan en las redes y la virtualidad, y creando la necesidad de vivir en la virtualidad para continuar viendo el reflejo. El enlace entre lo virtual y lo real es parte de la cultura, y es uno de los elementos de exacerbación de la felicidad y las emociones asociadas a ella.

Las redes son un puente para comunicarse con cualquiera. En las redes se pueden generar interacciones, incluso hasta diálogos con personajes famosos. Es gracias a las redes que niños con discapacidades conocen a sus deportistas favoritos o se colectan millones para causas benéficas gracias a la intermediación de un cantante o una actriz. Sin embargo, ese contacto directo lleva a comparaciones en las esferas públicas y privadas con los personajes que se siguen. En las redes están como una vitrina los detalles privados de la cotidianidad de las personas: la comida que consumen, la decoración de sus espacios íntimos, la distribución del clóset, el jabón con el que se lavan la cara. También están las fotos de los espacios públicos y la configuración de sus redes de amigos, celebraciones y viajes. Cada pedazo de información crea un umbral de comparación, y cada comparación, como lo ha mostrado la investigación en este campo, trae ansiedad y reducción en la felicidad y emociones positivas.

Las redes sociales hacen de lo extraordinario sucesos ordinarios. Si en la lista de personas que se siguen en las redes prevalecen los famosos, intelectuales o bellos, ganarse un Grammy, vender millones de discos, publicar un libro exitoso al semestre, o tener una casa en Hollywood, parecen sucesos cotidianos. Las redes sociales han cambiado el punto de comparación. Y el umbral para compararse en belleza, intelecto y logros, siempre está más arriba y a la distancia de una aplicación en el celular. Las redes no aclaran las probabilidades estadísticas. Los famosos y millonarios hacen parte de un 1 % bendecido en atributos, talentos o inteligencia, y la repartición de atributos extraordinarios nunca se ha caracterizado por ser un proceso democrático.

La penetración de las redes en la vida cotidiana también ha servido como una plataforma para crear una nueva clase de emprendedores millonarios. Los *influencers*, aquellos que acumulan miles de seguidores y generan un diálogo constante con su audiencia, han logrado convertir sus intereses personales en carreras rentables. Los contenidos que producen y los ingresos que generan han replanteado todo lo que se conoce de generación de valor, la educación como medio de movilidad social, y el empleo de ocho de la mañana a cinco de la tarde. Los *centennials* son los que dominan la escena de la nueva clase de millonarios de las redes, y pueden empezar incluso antes de terminar primero de primaria. Hay *influencers* que amasan fortunas desde los seis años. En el 2017, Ryan's World, el canal de YouTube de un niño cursando kínder, reportó ganancias por once millones de dólares por sus videos de revisión de juguetes.

La sociedad de producción y capitalista ha fallado estrepitosamente a los ideales de progreso de las nuevas generaciones. Los *millennials* acumularon deudas para pagar los costos de una educación superior con poca recompensa económica en el mercado laboral. Para el 2021, cuando los *millennials* estaban entrando a la década de los cuarenta, la deuda promedio que esta generación había adquirido para pago de estudios universitarios era de más de veinte mil dólares en Estados Unidos. Solo el 32 % había sido capaz de pagar sus deudas, y más del 50 % consideraba que endeudarse para pagar estudios universitarios era una pérdida de dinero[37]. Las redes sociales, con su diversidad de contenidos, maleabilidad y posibilidad real de generación de ingresos, que además superan cualquier salario promedio, son los catalizadores de un cambio en cómo las nuevas generaciones producen riqueza y se insertan a los mercados. De los *boomers*, su trabajo estable y la búsqueda de una pensión, ya no queda mucho. El continuo empobrecimiento de los trabajos y los beneficios que ofrecen, que no alcanzan para cubrir los gastos básicos de un costo de vida que sube, están impulsando una transformación en el empleo, las instituciones y las demandas de las nuevas generaciones. Y las redes sociales, con su estructura inclusiva e innovadora, son las mediadoras de ese cambio.

¿Me puedo volver adicto a TikTok?

Los *influencers*, las redes y todo los que sucede en la tecnoesfera tienen una audiencia amplia, en parte, porque hacen uso de todo el arsenal de mecanismos que la neurociencia y las disciplinas ocupadas en entender el comportamiento han señalado como efectivos para mantenernos conectados por horas. Las redes han capitalizado en todos los estímulos a los que el cerebro responde. Las nuevas notificaciones como un *like*, una foto, un *post,* llegan a los centros de recompensa del cerebro, liberan dopamina, y se envía la señal que las interacciones en las redes son placenteras, como el sexo, la comida o las interacciones sociales. Las notificaciones de las redes son tan efectivas como el letrero rojo de promoción en una tienda y tan adictivas como todo lo que se asocia con placer. El documental de Netflix *El dilema de las redes sociales* hace una exposición detallada, explicada por los mismos creadores de los *likes* y las notificaciones, sobre el efecto que tienen las redes en el cerebro y el comportamiento. Las redes, además de proveer recompensas como aceptación y conexión social, generan una plataforma para depositar todos los estados de ánimo disfóricos. Tristeza, frustración, miedo o repulsión son bienvenidos en las redes y, además, la muestra de estos estados de ánimo da *likes* y reposteos. Es por eso que un video de agresiones o peleas es viral.

La *adicción* a las redes es un término que se usa con frecuencia para referirse a los comportamientos compulsivos de los usuarios que pasan mucho tiempo frente la pantalla navegando las plataformas de las redes sociales. A pesar de su uso cotidiano, técnicamente, la adicción a las redes sociales no está categorizada por la Organización Mundial de la Salud o la Asociación Americana de Psiquiatría, que son las dos instancias que definen el menú de desórdenes mentales. Sin embargo, la *adicción* a las redes viene con las mismas señales de comportamiento asociadas al tabaquismo, al alcoholismo o a la ludopatía (que sí están reconocidas como adicciones). Al igual que con otro tipo de consumos o comportamientos, el uso moderado no significa una adicción, como tomarse una copa de vino no implica alcoholismo. La adicción solo aparece cuando el uso o consumo de las redes afecta la vida diaria, o hay abstracción social. Los comportamientos adictivos aparecen con mayor frecuencia entre mujeres, jóvenes, solteros, con baja educación y baja autoestima[38].

¿Instagram afecta mi autoestima?

Las redes son la caja de resonancia de la felicidad y todo lo que se asocia a ella. Sin embargo, el uso excesivo puede generar el efecto contrario. La investigación que estudia la asociación entre el uso de redes sociales y salud mental es vasta y agrega evidencia diaria al debate de lo positivo y lo negativo de la exposición a las redes sociales. La evidencia de estos estudios aporta argumentos en todas las orillas y la amplitud de los resultados muestra que las redes son una utopía y una distopía a la vez. Mediadas por su poder, se pueden alcanzar millones para buenas causas, pero también pueden ser el vehículo para dañar a otros.

Sin entrar en los detalles metodológicos que usualmente explican las variaciones en los resultados de los estudios, se podría afirmar que, en términos generales, la sobreexposición a las redes sociales va en detrimento de la felicidad y aumenta los trastornos de salud mental, en particular, entre la población más joven. La mayor parte de los estudios son sobre Facebook, que es la plataforma más antigua, y hay menos evidencia de las plataformas donde la interacción está mediada por fotos, como Instagram. Hay estudios que muestran que el uso frecuente de las redes, aumenta el sedentarismo, disminuye las interacciones cara a cara, promueve comportamientos adictivos, disminuye la autoestima, y promueve comparaciones desproporcionadas[39 40].

La mayor parte de este cuerpo de investigación señala que las personas que usan con mayor frecuencia las redes sociales, con el paso del tiempo, pueden experimentar una reducción en la felicidad y un aumento en emociones negativas. En las redes sociales como Instagram donde el *motto* y la estética de la red están enfocados en la vida glamurosa y en fotos perfectamente bien tomadas, se encuentra una mayor prevalencia de ansiedad y baja autoestima. Facebook y Twitter, ahora X, que tienen un mayor contenido de noticias y opiniones, usualmente, están asociadas con estrés y sobrecarga de información. Entre la población más joven, que usualmente busca compararse con otras personas, hay una mayor prevalencia de depresión[41]. También hay evidencia que muestra que el uso de las redes sociales está asociado con variables relacionadas con suicidio en chicos en edad escolar (13 a 18 años en Estados Unidos), en particular entre las jóvenes en ese rango de edad[42]. Los adolescentes son el grupo poblacional más sensible a los efectos negativos del uso de las redes. Los jóvenes que pasan más de tres horas al día en las redes tienen 35 % más probabilidad de desarrollar un factor de riesgo de suicidio[43]. También existe evidencia de que no usar redes sociales mejora el estado anímico de los que entran en «cuarentena digital». De hecho, entre mayor es el uso de redes sociales, mayor es el incremento en felicidad y emociones positivas al eliminar o reducir su uso[44].

La investigación también ha mostrado que las redes llevan a una paradoja de felicidad. Las redes son una plataforma para ser popular, y para eso se han diseñado los *likes* y las reacciones que cuentan, comparan y categorizan a los populares. En promedio, los usuarios de las redes consideran que sus amigos son más populares, y eso puede ser un detrimento para la felicidad[45]. La paradoja también reside en que se asume que los amigos son más felices, más bellos, o más ricos. Las redes son la vitrina para los aspectos más glamorosos de la vida cotidiana, y los filtros y ediciones logran ponerle glamour hasta a un plato de comida. Muy pocos exhiben sus lados flacos y tristes. ¿Quién ha visto fotos de sus amigos en velorios o refinanciando una deuda en un banco?

No es clara la relación causa–efecto entre el uso de redes sociales y las emociones negativas. Es posible que las personas que pasan más tiempo en las redes tengan una mayor predisposición a la ansiedad y depresión, lo cual conduce a un flujo que corre en dos direcciones: las personas que tienen una mayor predisposición a emociones negativas usan más las redes sociales y, a su vez, por este mismo uso experimentan con mayor frecuencia emociones negativas.

Otro elemento de las redes que ha mostrado tener una correlación negativa con la salud mental es la cantidad de información que circula en las redes que genera una sobrecarga cognitiva. La sobrecarga cognitiva se refiere a estar expuestos a más información de la que se puede procesar. En las redes circulan noticias, los últimos hallazgos científicos, las tendencias de moda, información del tráfico, el clima, las tendencias de las acciones del mercado, y un etcétera infinito de información gratuita. Navegar tanta información es agregar más complejidad a las decisiones e información que se procesa a diario. Paradójicamente, a pesar de la sobrecarga cognitiva, hay un fenómeno que aparece como consecuencia del uso de las redes sociales que se conoce como FOMO (*fear of missing out*) o miedo a perderse algo, y se refiere a la ansiedad que genera que otros podrían estar teniendo acceso a información o experiencias gratificantes mientras se está ausente. FOMO es un tipo de ansiedad social que lleva a que las personas que lo experimentan deseen estar continuamente conectadas con lo que otros están haciendo. El FOMO se experimenta de muchas formas: al ver una foto de amigos que la están pasando «mejor», cuando no sabe qué pasa en las noticias, o cuando revisa cada cinco minutos cómo van sus acciones en la bolsa. El mercado también ha capitalizado el FOMO para aumentar las ventas. Cada aviso de «último en stock», el conteo regresivo de una promoción, o descuentos a los primeros compradores, son formas en las que el mercado capitaliza el FOMO. La fila de compradores que se agolpan desde el amanecer en la puerta de un almacén para comprar el último celular, la última colección, o lo último de lo que sea, son los mejores expositores del FOMO.

***

El consumismo y las redes son las transformaciones sociales más poderosas de este tiempo. Tal vez ni nos demos cuenta de lo inmersos que están en la vida cotidiana y la forma en que inciden en cada decisión que se toma. Y ese es su poder. Hacer creer en la autonomía y capacidad de autorregulación. El consumismo y las redes son como entrar a un caudal con suficiente fuerza para llevarnos río abajo. Lo mejor que uno puede hacer es aferrarse a la canoa y esperar que el caudal no lo lleve de frente contra una piedra. La habilidad para navegar depende de la pericia que dan los años y del conocimiento de que el río cambia y el caudal no siempre es el mismo, como todo en la vida. El agua, de manera soterrada y discreta, se fue tiñendo de felicidad. Los *boomers* vieron cómo iba cambiando el color del agua, que llegó a las tonalidades pastel feliz cuando los *millennials* se montaron en la barca. Ahora los *centennials*, que tienen el poder de mezclar otros colorantes a la cuenca del río, irán introduciendo nuevos tonos al agua por la que navegamos todos.

3

Las narrativas de la felicidad

6:00 a. m. Se despierta, prende la radio. En las noticias hablan de un estudio que muestra el *ranking* de los países más felices del mundo. El país donde usted vive está entre los más felices de la lista y usted no tiene la menor idea de cómo llegan a esa conclusión.

8:00 a. m. Va camino al trabajo. Para hacer más ameno el tiempo del recorrido busca un podcast. Hay muchos géneros, incluyendo vida saludable, reducción de estrés, paternidad/maternidad, ejercicio, hábitos, manejo del dinero, superación de circunstancias difíciles. Busca en su memoria las asociaciones que ha hecho. Todos envían al final un mensaje de cómo ser más feliz a través de mejores hábitos, mejores relaciones, o mejor uso de las finanzas. Escoge alguno, y se va escuchando algo que lo hace feliz.

10:00 a. m. Entra a una reunión. Mientras inician, un colega habla de un artículo que leyó recientemente donde documentan los casos de las empresas que dan comida gratis en las cafeterías, prohíben enviar emails después de las seis de la tarde, y permiten llevar las mascotas a la oficina. Según el artículo, hace a los empleados más felices y productivos. Comparte el enlace de la lectura y usted lo guarda para leerlo más tarde.

12:30 p. m. Almuerza con sus amigos del trabajo. Terminan en la conversación favorita de todos. ¿Qué harían si se ganaran la lotería? Cada uno habla de la forma en que renunciaría al trabajo, la casa que compraría, los viajes que haría, cómo gastaría el tiempo en la vida feliz sin las presiones laborales y abundancia de dinero.

4:00 p. m. Está haciendo una búsqueda en Google. Llega a un portal de noticias que lee a diario. Le da clic a una de las noticias más leídas que titula «10 consejos para ser más feliz en su vida diaria». Lee la lista, le gusta la recomendación *deja de preocuparte por lo que los demás piensen de ti.*

7:00 p. m. Juega con su hija antes de ponerla en la cama. De los juguetes sale una lámpara de Aladino de plástico que guarda en una caja con otros juguetes. Usted le dice a su hija que le pida un deseo al genio de la lámpara. La niña lo piensa y luego frota la lámpara: «quiero ser feliz», y sigue en su juego.

10:00 p. m. Entra en la cama y lee antes de dormir. Su libro hace parte del género de no ficción más vendido: automejoramiento. Lee sobre lo que hace feliz a las personas a lo largo de su vida. Cierra el libro y se va a dormir.

Es difícil pensar que la felicidad y la narrativa de cómo ser más feliz en cada aspecto de la vida sean una moda pasajera.

En las últimas décadas la felicidad ha despertado un interés cultural que ninguna emoción ha conseguido y lo ha convertido en la moneda de cambio de casi todo lo que busca la gente: un trabajo que la haga feliz, una pareja que la haga feliz, una vida feliz. Si existiera un paseo de la fama de las emociones, la felicidad hubiera clavado la primera estrella.

Las narrativas de la felicidad están en las noticias, en los libros, en las conversaciones casuales, en las búsquedas trascendentes. Este capítulo aborda las disciplinas y los discursos que han promovido la penetración de la felicidad en cada aspecto de la vida. Las disciplinas y los campos que se abordan en este capítulo se pueden dividir de manera general entre científicos y no científicos. Primero, se discute la autoayuda, que cae en la categoría no científica de las narrativas felices. Luego, se abordan los campos científicos y se discute la racionalidad de incluir la felicidad en los estudios de la economía, la psicología, la filosofía, las ciencias del comportamiento y las políticas públicas.

La historia que narra este capítulo inicia en los años noventa con la industria de la autoayuda y los libros de automejoramiento. Los libros de la autoayuda fueron los pioneros en desempolvar la asociación de la felicidad y la búsqueda de las personas. Una de las mayores concepciones que tiene la gente sobre el discurso de la felicidad es su asociación con la autoayuda y ese lenguaje empoderador y de mensajes optimistas. Pero la autoayuda es solo una fracción —aunque es la más popular—, de todo lo que se sabe de la felicidad. La autoayuda es el discurso de felicidad más conocido, pero el que más carece de bases científicas.

La felicidad llega al campo de la ciencia cuando se empieza a estudiar la asociación del dinero y la felicidad. El dinero es un marcador potente, universal y deseable. En la cultura se ha construido un *ethos* que asocia la felicidad y el dinero. En este apartado se aborda brevemente la inserción de la felicidad en los estudios económicos, para conocer cuándo los intereses de los economistas se volcaron a explorar y diseccionar hasta dónde el dinero hace más felices a las personas, usando el arsenal metodológico que se construye con los números y los indicadores.

El otro campo científico de la felicidad es la psicología. Los psicólogos positivistas en la década del 2000 introdujeron una pregunta que ampliaba el campo de juego de la felicidad. ¿Qué características tienen las personas más felices? Esta pregunta representó un cambio de paradigma en la psicología. Por siglos, los psiquiatras y psicólogos tuvieron como objeto de estudio las personas con depresiones severas, esquizofrénicas o bipolares. La psicología positiva abrió la puerta a una forma radicalmente distinta de pensar la felicidad y el efecto positivo en las emociones en la vida, en el trabajo y en el interés de buscar ser más felices.

Como dije en un capítulo anterior, la felicidad ha sido un objeto de meditación filosófica desde que los hombres reflexionan sobre su condición humana, asociado a la buena vida y al propósito de los hombres. Sin embargo, el halo contemporáneo de la discusión filosófica de la felicidad está permeado por el consumo, la unificación de estados emocionales positivos y la búsqueda de eliminar el dolor. Esta discusión se viene introduciendo desde hace varias décadas, pero ha ido subiendo el volumen a medida que la felicidad permea todos los relatos sociales de la aspiración individual y social.

Más adelante llegaron otros científicos con una nueva pregunta sobre la felicidad: ¿por qué la mente no nos deja ser felices? Y esta pregunta se responde desde las ciencias del comportamiento. Si es la primera vez que ve el término «ciencias del comportamiento», son las que se ocupan de estudiar comportamientos como la cooperación, corrupción, escasez, u honestidad. Estas ciencias diagnostican y predicen el comportamiento de los individuos ante diversas circunstancias, y la felicidad es uno de sus tantos temas de estudio.

Más recientemente, y promovido por el *boom* de problemas de salud mental que dejó la pandemia, los gobiernos se están tomando en serio la siguiente pregunta: ¿cómo aumentar el bienestar y la felicidad de la población? La respuesta proviene de las políticas públicas, la disciplina que estudia lo que hacen los gobiernos con los impuestos.

En resumen, este capítulo busca dar un panorama de la racionalidad con la que se ha introducido la felicidad en discursos y disciplinas tan variopintos. Hay campos que se quedan por fuera y no son incluidos porque superan el propósito de este libro. Lo que se busca es darle al lector herramientas para navegar la cantidad de evidencia que se produce alrededor de la felicidad y sopesar la importancia de estudiarla. Toda la evidencia disponible que generan distintas disciplinas alrededor de la felicidad ha permitido crear mapas que van aumentando en calidad y resolución el entendimiento de qué hace feliz a las personas. La felicidad hace parte de una agenda global, y el protagonismo que ha ido ganando en el campo científico ha elevado un tema que se consideraba de dominio filosófico y poético a un plano racional, factual, verificable y manipulable.

La autoayuda

La autoayuda es uno de los géneros literarios más populares en el mundo. Estos manuales se caracterizan por ser cortos, concisos, y con soluciones prácticas a problemas complejos. Uno de los temas favoritos de la autoayuda es cómo tener una vida feliz, cómo alcanzar la felicidad, o cómo hacer más felices a otros. La felicidad, y todo lo que se conjugue con ella, es el patio de recreo y el lugar común de la literatura de autoayuda. Es más, el principal referente que pueda tener cualquier persona sobre cualquier material escrito de la felicidad probablemente viene de algún autor de autoayuda.

Los libros de autoayuda se popularizaron en los años noventa, pero muchos siglos antes, filósofos, poetas y escritores ya daban consejos para vivir mejor y en armonía con las circunstancias del destino. Desde los estoicos, en los textos se ofrecían meditaciones, consejos y máximas de cómo vivir. En 1903, James Allen, un filósofo y poeta británico, publicó *As a Man Thinketh*, que versa sobre el poder de los pensamientos para transformar cualquier circunstancia. Este libro es considerado el precursor de toda la literatura en este campo. Luego le siguieron *Piense y hágase rico* de Napoleón Hill y *Cómo ganar amigos e influir sobre las personas* de Dale Carnegie; ambos libros fueron publicados en la década de 1930 y el segundo incluso hoy hace parte de la lista de más vendidos de Amazon y otras librerías del mundo.

Con estos referentes, se da el inicio al mercado de crecimiento personal que ofrece consejos de cómo mejorar en casi cualquier aspecto de la vida, atravesado por una actitud optimista que es el reflejo de pensamientos positivos. La industria de la autoayuda ha tenido la capacidad de ramificarse y diversificarse, como buen ejemplo de mercado en el capitalismo. Hay libros, videos, audios, seminarios, conferencistas y hasta «coaches» o entrenadores. Este mercado abarca una pluralidad de temas con un rango muy amplio, desde cómo perder peso, reducir el estrés, mejorar relaciones afectivas, hasta cómo ser más productivo. Ha ganado espacios incluso en la industria multinivel (de ventas por catálogo) que usa como plataforma pedagógica los principios de los libros de este género. Según las cifras de Market Research, en el 2019 la industria de la autoayuda estaba avaluada en 11,6 mil millones de dólares, y se proyectaba un crecimiento a 14 mil millones para el 2026, con ganancias anuales de 6 %[46]. Ninguna economía de país emergente mostraría saldos tan positivos.

La industria de la autoayuda es poderosa, en gran medida, porque crea sentido de comunidad. Todos tenemos problemas y hay cierta universalidad en emociones y situaciones. De algún modo, y en intensidades distintas, todos experimentamos el tren de pensamiento repetitivo cuando hay un mal jefe, relaciones afectivas conflictivas, baja autoestima, hábitos poco saludables o, simplemente, se experimenta el sentimiento hueco de la soledad. Estos libros dan un consuelo al hacer saber que no se está solo y que las preocupaciones o fracasos son los mismos del prójimo. Esta literatura también llena una necesidad. Todos necesitamos un consejo, pero no siempre se encuentra a quién pedirlo, o bien porque la gente alrededor se siente inadecuada para la tarea, o porque no se quiere compartir los problemas con los cercanos. No todos tienen las herramientas, las personas, los recursos, o la valentía para pedir ayuda, ir a terapia o tener una conversación honesta. La industria de la autoayuda suple la necesidad universal de no sentirse solo. La bondad de estos libros es que proveen un lenguaje común y familiar para hablar de temas difíciles. La literatura de la autoayuda tal vez es el único recurso que pueden tener muchos para navegar la complejidad emocional de los problemas que subyacen a la cotidianidad.

Estos libros abordan temas que no son nuevos. La buena vida, o la felicidad y su búsqueda, han estado siempre presentes, pero no habían estado disponibles en marcos conceptuales familiares, realizables y puestos en un lenguaje práctico. Una cosa es leer *Piense y hágase rico*, que está poblado de consejos que cualquiera puede usar, y otra muy distinta es leer a Aristóteles, Séneca o Spinoza, donde hay que navegar al menos cien páginas antes de llegar al apartado donde se habla de la felicidad, y unas ochenta más antes de encontrar un atisbo de consejo que se pueda entender y aplicar en la vida cotidiana. Además, la sabiduría ancestral, por sabia y atemporal que sea, se ocupaba de los problemas que tenían los hombres hace muchos siglos. Los problemas se transforman con el tiempo, toman otros nombres, y los recursos disponibles para resolverlos son otros. La autoestima, la depresión, o una relación abusiva, no eran parte de los intereses centrales de la producción intelectual de los sabios antepasados.

Hay múltiples críticas a este tipo de literatura. José Carlos Ruiz, un filósofo que se ha enfocado en el poder que tiene la filosofía para entender lo cotidiano, hace una reflexión sobre la autoayuda. En una sociedad tan individualista, y en particular entre las generaciones más jóvenes en las que las relaciones afectivas y de amistad se han construido a través de la mediación de las redes sociales, se ha ido olvidando cómo es tener amigos y construir relaciones afectivas. Ya no se sabe cómo pedir consejo a un amigo, porque las redes son una talanquera a las interacciones que construyen relaciones donde media la vulnerabilidad. Esto lo veo con mis estudiantes, no saben cómo verbalizar lo que sienten, menos aún, dejarle saber a otro que hay algo que se siente inadecuado. Semestre tras semestre, quedo con la sensación de que mis estudiantes no hablan de sus emociones. Muy poco con sus padres, lo justo con los amigos, lo estrictamente necesario con sus parejas, si las tienen. Y si no hay con quién hablar o articular lo que se siente, es como quedarse en un estanque que se llena de a poquitos hasta que llega al cuello y ahoga.

De alguna manera, la narrativa de la autoayuda siembra más semillas para el cultivo del individualismo. Sus consejos prácticos orbitan en el crecimiento personal, en el trabajo individual, en el yo por encima de lo colectivo. Se construye una relación con el otro, pero partiendo desde el yo. La narrativa parte de un lenguaje optimista, de mensajes claros, simplificados y fáciles de procesar para cualquier público. La base del discurso es un mensaje de superación, de todo se puede y de reducir los estados emocionales a las actitudes con las que cada quien los enfrenta.

En una industria tan grande y expansiva hay de todo, con una gran variedad en la calidad de los contenidos. Algunos de los mensajes que usa la industria de autoayuda están cimentados en la investigación científica, pero emplea esta investigación para darles cierto maquillaje de seriedad a mensajes pobremente elaborados, o usa erradamente la investigación que se produce en otras disciplinas. Existe una tensión entre los contenidos y marcos que usa la autoayuda, y la investigación académica que viene de la psicología, la economía y la neurociencia. Esta tensión a veces es difícil de reconocer para un público no docto en la investigación de la felicidad. Establecer efectivamente qué tiene un piso empírico en los discursos de la felicidad es tan complejo como salir a identificar *fake news* en Twitter. Y en parte, los gurús de la autoayuda, que tienen niveles de formación tan diversos, ayudan a esta confusión.

Esta literatura puede ser vista como la parienta menos educada, pero millonaria y muy popular, de la familia de los que se dedican de alguna forma al estudio o divulgación de la felicidad, lo que le ha dado un talante despectivo en el mundo científico a la industria del crecimiento personal. Sin embargo, lo que sí ha logrado la parentela menospreciada es hablar en el lenguaje de las masas, virtud esquiva en el campo científico. Los mensajes claros, los ejemplos de personas que tienen los mismos problemas de los lectores, consejos aplicables en días y con la promesa de entregar resultados. ¿Quién no estaría tentado a volverse rico solo con el pensamiento? Solo por curiosidad —por no decir morbo— uno se lee el libro, y lo digo por experiencia propia. Los libros de autoayuda podrían considerarse como la comida de horno microondas, que sabe bueno y está en minutos. La investigación que viene de las otras ciencias es una experiencia gastronómica a manteles, donde la comida es más rara, más cara, más lenta, y se sirve en pequeñas cantidades.

Economía: ¿el ingreso explica la felicidad?

El dinero que se tiene, o el ingreso que se devenga, es uno de los indicadores sociales más contundentes de progreso y posición social. El dinero no solo cubre necesidades básicas, también permite ganar control, más libertad para perseguir intereses propios, y disminuir limitaciones cuando se toman decisiones. El dinero reduce la escasez, que se refiere no solo a asuntos monetarios; el mayor atributo del dinero es que aumenta las posibilidades de elegir.

El ingreso de los individuos ha sido el caramelo que han masticado los economistas para estudiar la felicidad. Si bien la relación felicidad-ingreso puede ser reduccionista, este es un dulce de sabor familiar y de fácil digestión. El ingreso, además de relacionarse con la felicidad, también se relaciona con múltiples circunstancias de la vida de los individuos y es una medida que captura la calidad de vida. Hay asociaciones («correlaciones», en la jerga de los académicos) muy altas entre ingreso y niveles educativos, estado de salud, número de hijos, e incluso participación en crimen. A mayor ingreso, mejores condiciones de vida y mayor acumulación de capital humano.

Conceptualmente, la conexión entre felicidad e ingreso viene anclada desde la teoría económica clásica, donde se asocia utilidad con bienestar, y posteriormente bienestar con felicidad. La mayor parte del siglo pasado, la teoría económica se basó en el principio de que el bienestar es la posibilidad de satisfacer las preferencias individuales. En las condiciones adecuadas, los individuos actuarían de manera racional para satisfacer sus preferencias y maximizar su propio bienestar o utilidad. En consecuencia, el bienestar individual se puede inferir agregando las preferencias individuales en un mercado. Esta idea se materializó en la teoría de elección racional que dominó buena parte del pensamiento económico en el siglo XX.

El establecimiento de la utilidad como medida de bienestar eliminó su componente subjetivo y lo dejó reducido a un plano económico, y este principio fue el precursor del uso extendido de medidas basadas en ingreso para estimar el desarrollo. En esta línea conceptual, se concibe que, dado que los deseos se satisfacen en gran medida a través de las oportunidades económicas y los precios del mercado, era lógico utilizar métricas monetarias para cuantificar el nivel de desarrollo y el bienestar de una sociedad. En consecuencia, el crecimiento económico implicaba un mayor bienestar de la población. Es a través de esta línea argumentativa que el ingreso se convirtió en el principal indicador de progreso de los países y de los individuos.

A la larga, esto ha llevado a que el concepto de felicidad tenga una relación imbricada y muy compleja con el mercado y el consumo. La lógica argumentativa de las economías de mercado básicamente se sustenta en la premisa de que entre más posibilidades tiene un individuo de generar ingresos, aumentar su consumo y satisfacer sus preferencias, es más feliz. De igual forma, en los países donde las personas tengan mayores ingresos y más posibilidades de adquirir bienes que mejoren su calidad de vida, mayor es el desarrollo y el «bienestar subjetivo», expresión que prefieren los académicos para referirse a varias circunstancias que se asocian a la felicidad.

Esta idea fue cuestionada con la investigación de Richard Easterlin, profesor de economía norteamericano, pionero en el estudio de la relación entre el ingreso y la felicidad en los países desarrollados. La conclusión a la que llegó Easterlin fue que un incremento en el ingreso per cápita en los países —que se traduce en mayor ingreso de los ciudadanos— *no estaba aumentando* la felicidad de la gente. Este hallazgo provocador para los académicos, pero entendible para los legos, dio inicio a múltiples estudios y abrió la curiosidad de los economistas. La «paradoja de Easterlin», que es como se conoce este hallazgo, a la postre quedó refutada y replanteada, pero en su momento le dio un gran impulso al estudio de la felicidad, que era un concepto más propio de la poesía que de la economía. En el capítulo cuarto se aborda en detalle la relación entre ingresos y felicidad.

Desde Easterlin en adelante, académicos, premios Nobel y economistas han estudiado la felicidad y su relación con cuanta información se encuentre disponible de un buen número de personas: su ingreso, su edad, su género, si son divorciados, si se han accidentado o están desempleados, incluso si son feos y hasta si tienen mascota. Los resultados de esta investigación nutren en buena medida lo que se presenta en este libro.

Psicología positiva: ¿qué factores explican la felicidad?

A finales de la década de los noventa, Martin Seligman (el mismo autor del florecimiento) acuñó el término de «psicología positiva», una corriente que buscaba convertirse en el estudio científico de la felicidad y «la buena vida», minimizando o reduciendo la depresión. La idea no era totalmente original, o novedosa; antes de él ya había otros académicos realizando estudios sobre la felicidad, y las bases conceptuales son tan antiguas como la filosofía aristotélica o estoica, con elementos de la psicología humanista de Maslow. La idea de Seligman allanó un campo de conocimiento fértil y con académicos de gran calibre que hacen contribuciones importantes al entendimiento de la felicidad. El estudio de la inteligencia emocional y sus subsecuentes aplicaciones en el mundo educativo, personal y empresarial nace en el campo de la psicología positiva. Una parte importante de los libros escritos por académicos, pero accesibles a cualquier público, que circulan sobre la buena vida, la felicidad y entendimiento de las emociones y la mente, vienen de expertos familiarizados con este campo. De todas las narrativas de la felicidad, la que se construye al calor de la psicología positiva es la que suena con mayor volumen y se sintoniza en una frecuencia de dominio científico.

La psicología positiva busca explorar los aspectos positivos y optimistas de la condición humana y de la personalidad de los individuos. En buena medida, las corrientes psicológicas anteriores tenían una fuerte inclinación a estudiar la psique y los comportamientos que resultaban en suicidio, depresión, ansiedad y trastornos. La psicología positiva toma una postura más optimista sobre los seres humanos, poniendo más énfasis en la autoestima, la autoimagen, las fortalezas del carácter y una actitud positiva frente a la adversidad. Esta disciplina parte de la curiosidad de entender por qué hay individuos que muestran una disposición más resiliente y optimista que otros.

En el 2005, Sonja Lyubomirsky (una de las *rockstars* del estudio de la felicidad) y Kennon Sheldon[47], publicaron un estudio que ha probado ser controversial, pero que le abrió la puerta a una de las mayores discusiones en el campo científico de la felicidad. Buscando responder a la pregunta de si la felicidad era un atributo fijo que no cambia o si puede modificarse, Lyubomirsky y Sheldon discuten tres factores que, según su estudio, causan la felicidad: 1. Contribución genética, 2. Las circunstancias sociales y económicas y 3. Las actividades intencionales. La conclusión a la que llegan es que los factores genéticos, que no se modifican a lo largo de la vida, explican alrededor del 50 % de la felicidad. Un modesto 10 % se encuentra explicado por variables sociodemográficas, como el sexo, el grupo de edad, el grupo racial y, en general, el contexto geográfico, social y económico en el que vive cada individuo. En este 10 % también se cuentan variables como el ingreso, ocupación, estado civil y las circunstancias personales, como haber nacido en la pobreza o en la riqueza. En el 40 % restante se inscriben las actividades intencionales, es decir, lo que las personas hacen y piensan en su vida cotidiana.

¿QUÉ DETERMINA LA FELICIDAD?

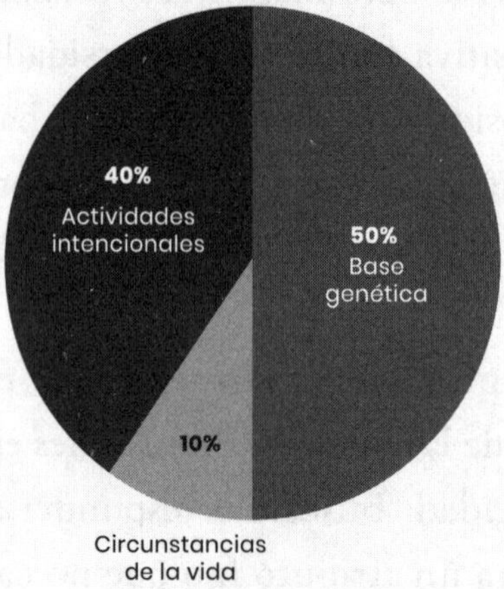

Tomado de: *La ciencia de la felicidad* de Sonja Lyubomirsky.

Las conclusiones de Lyubomirsky y Sheldon han sido desaprobadas, aplaudidas, rebatidas, revisadas, y todo el rango de reacciones que producen las conclusiones científicas de este calibre. Han generado un gran escozor entre científicos de las ciencias sociales al afirmar que las condiciones de vida, como la pobreza, pueden estar bajo el control de los individuos y han generado debates conceptuales en las implicaciones de política pública. Los autores, años después de la publicación de su estudio, han afirmado que las conclusiones cayeron en la simplificación y el reduccionismo.

El punto de partida genético de la felicidad es uno de los temas por el que se han interesado los científicos. La evidencia más reciente sugiere que la contribución de la carga genética en la felicidad puede estar alrededor del 30 % a 40 %[48]. Esto sugiere que no todas las personas nacen en el mismo punto de partida en términos de felicidad. Se nace con una mayor o menor disposición para ser optimista, para afrontar problemas, y con una tendencia natural a un buen estado de ánimo. En una de las clases, una de mis estudiantes hablaba de su dificultad natural para ver las cosas desde el lado más optimista y la frustración que le generaba la narrativa de que la felicidad es un asunto de actitud. Sentía culpa de no ser feliz como lo veía en otras personas para las que solo es suficiente un *post* motivacional para mejorar su estado de ánimo. La predisposición natural de mi estudiante de ver el lado menos claro de cada situación puede estar explicada por su punto de partida genético. No todos empiezan la carrera de la felicidad en el mismo lugar. Así como en cualquier otro aspecto en la vida, hay unos que nacen con ventajas claras frente a los demás en bondades y atributos. Igual sucede con la depresión y algunos desórdenes de salud mental. Hay personas que nacen con una mayor predisposición a desarrollar o experimentar estados depresivos en la vida, ya que se ha encontrado que la depresión puede ser hereditaria[49].

La fracción más optimista de las conclusiones de Lyubomirsky y Sheldon es que el 40 % de la felicidad está explicada por actividades intencionales, y esto se refiere a los factores sobre los que se tiene control, como las actividades que se hacen cotidianamente, los pensamientos, y las ficciones que se construyen sobre la vida. Hay múltiples investigaciones que muestran que la forma en que los individuos narran sus historias, o desde la perspectiva desde donde vean sus vidas y las adversidades que conlleva, es fundamental para la felicidad individual. En muy buena medida, las ficciones y los modelos mentales que se crean en los pensamientos son los que producen emociones positivas, y las personas que se consideran felices experimentan el doble de pensamientos y emociones positivos que una persona negativa. A la felicidad le gusta la abundancia. Una persona depresiva experimenta la misma proporción de pensamientos positivos y negativos[50], pero para que la felicidad se mueva a sus anchas, hay que dejar que los pensamientos positivos sean el reino que habita la mente.

La psicoterapia que se desarrolla dentro del marco de la psicología positiva está dedicada a la aplicación de intervenciones encaminadas a aumentar el bienestar, por medio de los factores en que los individuos tienen control, como los pensamientos y narrativas de la vida. Los sistemas de creencias también hacen parte del 40 % de la felicidad. Las creencias son lo que subyace a los pensamientos y las narrativas con las que se interpreta cada acontecimiento. Los sistemas de creencias se nutren de las posiciones religiosas, ideológicas, las preconcepciones, o lo que se considera universalmente verdadero. Los valores que se van formando a lo largo de la vida, igualmente, constituyen el sistema de creencias. Una persona que ha nacido en un ambiente donde su autoestima no es cultivada, es difícil que supere los bloqueos mentales con los que crece y que después en su vida adulta se autoimpone. Lo mismo sucede con las creencias que las personas construyen sobre sus capacidades, la pobreza, las limitaciones, o habilidades. Si bien muchos podrán asociar la idea de narrativas y palabras positivas con la cuña de la autoayuda, hay un cuerpo de investigación amplio y sólido que muestra que los modelos mentales, los pensamientos, o las valoraciones que se tienen de las capacidades propias, no son eslogan de la industria del crecimiento personal. El poder de creer que se puede mejorar es uno de los temas más investigados en la frontera de los estudios de la felicidad, la psicología, la salud mental y la neurociencia[51].

Todo el día, todos los días, se genera un caudal de pensamientos de los que, en la mayor parte, no se es consciente. Y ese caudal, que es una mezcla de emociones y pensamientos, es donde transcurren los días. En uno de los ejercicios de clase, les pido a mis estudiantes llevar un diario de sus pensamientos durante una semana. Les pido que escriban cada par de horas qué les pasa por la cabeza. Cuando hablamos de lo que encontraron en sus pensamientos, la gran mayoría se enfrentan a un caudal embravecido y turbio de pensamientos cargados de ansiedad, miedo, y un sentimiento ubicuo de ser inadecuados. La nube de palabras de abajo, es el resultado de un ejercicio de la clase, y muestra algunas de las respuestas a los complejos y a los pensamientos negativos que no los dejan ser felices. Sus ideas de la pobreza, belleza, inteligencia, o las actitudes que se esperan de ellos, son las que, en parte, subyacen a su habilidad de ser felices.

¿CUÁLES SON TUS COMPLEJOS O LO NEGATIVO QUE NO TE DEJA SER FELIZ?

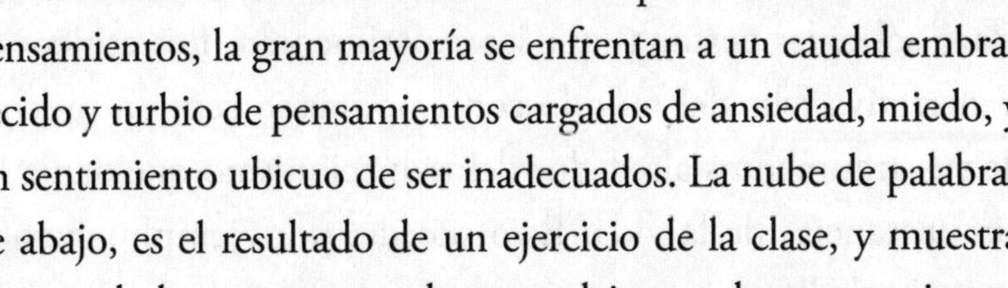

La tercera conclusión sobre los factores que explican la felicidad se refiere a que las circunstancias de la vida solo explican el 10 % de la felicidad. Esa porción la componen los factores externos como el lugar de nacimiento, los privilegios de una lotería genética, la pobreza, las discriminaciones y las múltiples adversidades y perversiones propias de un mundo inequitativo. Este pedazo de las conclusiones son las que han generado mayores críticas ya que pueden ser lapidarias desde un contexto social y político. Cualquiera que haya vivido o se haya acercado al estudio de la pobreza o la inequidad, así sea desde la asepsia de los estudios económicos, sabe que vivir en la pobreza o vivir en condiciones inequitativas tiene consecuencias a muy largo plazo sobre las personas que las experimentan. Los críticos de la narrativa feliz del mundo contemporáneo centran muchos de sus argumentos alrededor del reduccionismo que dan a las circunstancias de la vida. Esto sucede, por ejemplo, cuando aparecen hallazgos que muestran que las personas pobres son felices. Los críticos aducen que la felicidad termina siendo un asunto de eslóganes y de ideas livianas de que la felicidad está en la actitud, escondiendo las profundas inequidades sociales[52].

Pocas cosas en el conocimiento son categóricamente falsas o verdaderas. Exceptuando las leyes físicas o naturales, todo lo demás en el mundo del conocimiento de las humanidades se mueve en una infinita escala de grises. En las rutas que estudian la felicidad se encuentra lo mismo. Hay suficiente evidencia que indica que las condiciones materiales son importantes para explicar la felicidad, pero no tienen tanto peso como en algunas circunstancias se aduce. También hay evidencia de que los hábitos, las narrativas y las actitudes frente a lo que cada individuo puede hacer tienen un peso importante en la felicidad individual. Desde cada orilla hay argumentos válidos. En los siguientes capítulos, se ahondará sobre algunos de estos factores.

La filosofía contemporánea: la tiranía de la felicidad

En 1932 se publicó la novela de ciencia ficción de Aldous Huxley traducida al español como *Un mundo feliz*. En el escenario que crea Huxley no hay guerras, hambrunas, enfermedades o conflictos. Es un mundo futurista hedónico, tecnológico, desenfrenado, que controla con fármacos las emociones y donde el valor supremo es la felicidad. Este mundo ordenado por castas, obediente y feliz, se consigue gracias a la renuncia de la diversidad, la familia, la religión y el pensamiento subversivo. El relato de Huxley pone a prueba la idea de la realidad, el poder, la verdad, la belleza, el fin de la vida. Es decir, es una novela que se construye con el material de las elucubraciones filosóficas.

En el mundo futurista de Huxley, los fármacos son protagonistas. En la novela, *soma* es el fármaco cotidiano que toman los ciudadanos del mundo feliz de forma reiterada para adormecer cualquier tipo de malestar físico y emocional. Quienes no toman los fármacos son los salvajes que siguen haciendo un uso peligroso del pensamiento contrario. Vista en perspectiva, la obra de Huxley suena como una campana de alerta de un pensamiento anticipado sobre las discusiones actuales de la felicidad.

Byung-Chul Han, uno de los filósofos contemporáneos más prolíficos, propone reflexiones tan provocadoras como las de Huxley y refresca la discusión de los fármacos y su papel en la vida feliz. Han afirma que el mundo contemporáneo es una sociedad paliativa, una que le tiene miedo al dolor, miedo a sufrir y menor tolerancia al conflicto. Es una sociedad donde no hay espacio para el sufrimiento, pero sí un culto a la felicidad y a todo lo que ella representa. Para paliar el dolor, se recurre a la narrativa de la felicidad porque genera una anestesia colectiva. En el mundo actual hay eliminación de negatividad y de dolor en una cultura de la complacencia catalizada por el consumo. Se combate el dolor a toda costa, el dolor social o el dolor individual con analgésicos, con narrativas sociales o dispositivos mediáticos para olvidar el efecto social transmisor del dolor. Incluso señala Han que el sufrimiento y el dolor vienen con un tufo de fracaso. Quien sufre, es quien ha fracasado en el proyecto neoliberal.

La felicidad actual está centrada en la eliminación del dolor y las emociones negativas. Pero la felicidad sin dolor es un confort apático, porque la felicidad y el dolor son hermanos gemelos que crecen juntos. Según Han, la felicidad es un dispositivo neoliberal que desvía la mirada de los problemas sociales y los lleva a los estados anímicos; el sufrimiento se convierte en un asunto de la esfera privada psicológica y las inequidades se disfrazan en el discurso de no esforzarse lo suficiente.

La felicidad como dispositivo del capitalismo es un hilo transversal en las discusiones modernas. Para Zygmunt Bauman, de acuerdo con sus ideas de sociedad líquida y sociedad fluida, la felicidad es un dispositivo del consumo. Bauman recalca la relación entre la felicidad y el consumo, donde los mercados se encargan de hacer que este nunca termine. La felicidad aumenta de acuerdo con la exclusividad y el monto del consumo, y la identidad se construye a través del uso de marcas. En la sociedad líquida hay una idea universalista de la felicidad, a pesar de las profundas inequidades sociales de accesos disímiles a educación, oportunidades o poder. La sociedad líquida promete libertades y felicidad para todos, pero en las profundas inequidades de las sociedades modernas, la realización de esas promesas, el «todos» se reduce a un círculo parvo.

En buena parte de la filosofía clásica, la felicidad es un estado del alma y del espíritu, es el resultado de la vida virtuosa. En la filosofía contemporánea, el estado de felicidad es reemplazado por la *búsqueda de la felicidad,* como lo señala Bauman. Y en esa búsqueda, el capitalismo y el consumo son los vehículos que permiten el desplazamiento fácil y eficiente. La felicidad universalista y su relato accesible se han instaurado en la psique del mundo occidental. Se ha convertido en el objetivo final de cada individuo, hasta el punto que se habla de una sociedad tiránica que impone los estándares de la felicidad como un imperativo cultural, donde lo que no cumpla con los ideales felices se desacopla y está por fuera de los estándares deseados, es la *Happycracia* de la que hablan Cabanas e Illouz, en su libro del mismo nombre.

Por su parte, Harari, en una reflexión sobre las narrativas modernas, habla de un *orden imaginado*, el que explica la construcción colectiva de un ideal social. La igualdad de derechos, el capitalismo, los credos religiosos, el Estado, la democracia, son un orden imaginado y colectivamente se juega bajo las reglas del orden. En la India, el orden imaginado organiza a su sociedad por castas, en Afganistán el orden social permite casar a las mujeres cuando aún son unas niñas y les niega igualdad de derechos. La vida feliz, el placer y la ausencia de dolor pueden ser el orden imaginado de la sociedad contemporánea.

La crítica de la filosofía moderna a la expansión de la narrativa de la felicidad radica en su universalismo: todos tenemos que ser felices. En su individualismo: yo debo ser feliz. En su consumismo: tener más me hace feliz. En su dogmatismo: la felicidad es el fin superior. La búsqueda moderna de la felicidad se ha volcado a un mundo paliativo del dolor que busca eliminar cualquier atisbo de incomodidad. Pero la vida así no existe, y la eliminación de todo lo que fastidia, sería perder el vértigo de estar en el filo del precipicio. Es perder parte de la condición humana. Incluso hasta el más negativo de los psicólogos positivistas enfatizaría en la necesidad de la adversidad, el dolor o la experiencia de emociones incómodas para forjar el carácter. La felicidad en todo, en cada experiencia, en cada emoción, significa una artificialidad que es contraria a la naturaleza humana.

***

Uno de los debates filosóficos más estudiados en la filosofía moderna tuvo lugar en 1965 en el Coloquio Internacional sobre Filosofía de la Ciencia entre Karl Popper y Thomas Kuhn. Para los epistemólogos (filósofos de la ciencia), este debate es tan memorable como lo es para los apasionados del fútbol la final del Mundial de Qatar en el 2022. Kuhn y Popper se jugaron un partidazo debatiendo sobre el progreso científico. Popper sumó puntos y pasó a la historia al argumentar que el progreso científico es el repetido derrocamiento de teorías científicas que son reemplazadas por otras teorías mejores o más satisfactorias. El proceso por el que se tumban y se reemplazan teorías lo denominó «falsación», que es el proceso donde se pone a prueba una teoría. Se usa todo el arsenal lógico, matemático o empírico para falsar una teoría; entre más pruebas supere, significa que la teoría; tiene mayor cantidad de información o contenido empírico, lo que la hace más fuerte. Falsar es como poner a un arquero a tapar goles. Entre más tiros al arco pueda atajar, mejor es el arquero. Cuando aparezca un arquero que ataje más tiros, hay un derrocamiento de arqueros.

Kuhn, por su parte, introdujo el concepto de *paradigma*. Un paradigma, en su versión más reduccionista, se puede definir como los esquemas conceptuales que son universalmente reconocidos y que, durante un tiempo, proporcionan modelos y soluciones a una comunidad científica. Los paradigmas son los lentes con los que mejor se puede ver el mundo en un tiempo determinado. Como lo fue el modelo geocéntrico de Ptolomeo, luego reemplazado por la astronomía heliocéntrica de Copérnico. La ciencia es una sucesión de cambios de paradigmas, es decir, de unos lentes más agudos y nítidos para ver y explicar fenómenos empíricos.

La narrativa de la felicidad contemporánea pareciera estar gestándose en la forma que Popper y Kuhn argumentan que se dan las revoluciones científicas. La felicidad resiste más pruebas de falsación. ¿Qué quiere para la vida? Ser feliz. ¿Qué es lo mejor para la sociedad? Personas felices. ¿Cómo debe ser la crianza de las siguientes generaciones? Centrada en su felicidad. Si la felicidad siempre es la respuesta, entonces ¿cuál es la naturaleza de las preguntas que se formulan? Cada pregunta donde la felicidad es la respuesta, es un nuevo test de falsación que gana la felicidad. Cuando todas las respuestas conduzcan a la felicidad, se gesta un paradigma. Un paradigma según el cual el relato que le da sentido a la vida es la felicidad.

Las ciencias del comportamiento

¿Por qué no somos felices?

Desde el momento en que uno se levanta, hasta el momento en que pone la cabeza sobre la almohada para dormir, toma decisiones. Escoger qué ropa ponerse, qué comer al almuerzo, qué ruta tomar para ir al trabajo, qué proyectos priorizar, qué palabras usar en una reunión, o qué libro leer, son decisiones que uno toma a diario. El campo donde se estudia el proceso de toma de decisiones se llama *ciencia del comportamiento* y en él trabajan de manera colaborativa psicólogos, psiquiatras, sociólogos, economistas, neurocientíficos y hasta matemáticos y filósofos. Como todas las formas de conocimiento, los hallazgos de una disciplina informan y se traslapan con otras, y enriquecen el conocimiento que se va ganando sobre un objeto de estudio.

La investigación sobre la toma de decisiones informa a un rango muy amplio de sectores. Informa al equipo de marketing de una marca de champú sobre el olor, tamaño y publicidad del producto. A los dueños de supermercados sobre dónde ubicar las promociones 2x1 y a qué hora hornear el pan. A los gobiernos sobre cómo, cuándo y bajo qué circunstancias cobrar impuestos adicionales. A diseñadores de redes sociales para tener a las personas durante horas dando *likes*. La ciencia del comportamiento es una de las áreas de conocimiento más versátiles y solicitadas en un tiempo donde el entendimiento de cómo toman decisiones los individuos y qué emociones detonan cada comportamiento es la moneda de cambio con mayor valorización en el mercado. El fundamento de cada noticia que ha visto sobre la manipulación de los votantes durante campañas electorales, o de cada aviso publicitario que le sale mientras navega en la red, viene de las muchas ramificaciones de las ciencias del comportamiento.

El estudio del comportamiento también ha hecho un aporte significativo al entendimiento de los factores y las predicciones que están asociados a la felicidad. Buena parte de las predicciones afectivas y felices que hace la mente son estudiadas desde las ciencias del comportamiento. Esta parte de la parcela de la felicidad es una de las fronteras científicas de la emocionalidad. En esta parte de la historia se unen preguntas sobre la racionalidad, sobre la temporalidad y variabilidad de los deseos, y sobre las emociones que se experimentan cuando se toman decisiones.

¿Mis decisiones son irracionales?

Por siglos, el estudio de la toma de decisiones hizo parte de la ocupación de los matemáticos y economistas, al calcular la utilidad o probabilidad de escoger X sobre Y. Pero la ciencia de la toma de las decisiones llegó al campo social para sacarla de la camisa estricta de fórmulas precisas, con Daniel Kahneman y Amos Tversky, a finales de la década de 1970, quienes cimentaron las bases de un cuerpo de conocimiento sobre la psicología del juicio y la toma de decisiones. Una de las conclusiones más provocadoras de esta área fue demostrar a partir de diversos experimentos la poca consistencia interna —o irracionalidad— con la que se toman las decisiones.

El indicador más poderoso para demostrar la irracionalidad humana en la toma de decisiones es la forma como se usa el dinero. Muy pocos dirían que toman decisiones irracionales con uno de sus recursos más valiosos, pero la compra de un boleto de lotería, pagar por otra camiseta en promoción, no ahorrar lo suficiente para la vejez, o endeudarse con una tarjeta de crédito, son muestras claras de la irracionalidad sistemática con la que se toman decisiones. La irracionalidad no solo se ha demostrado con el uso del dinero. Las pruebas de la irracionalidad llegan incluso hasta las decisiones que afectan la salud, como fumar, no hacer ejercicio, beber en exceso, o consumir drogas. Racionalmente, nadie quisiera endeudarse, tener sobrepeso o mala salud. Pero el sobrepeso o el endeudamiento son el resultado de la toma sistemática de decisiones que van en contra de cualquier predicción racional.

Una de las razones por las que tendemos a tomar decisiones irracionales es que usamos atajos mentales que facilitan el proceso de decidir: se trata de las *heurísticas*, que identificaron Kahneman y Tversky como responsables de nuestra predecible *irracionalidad*. Una heurística es la asociación, percepción, cálculo, o atajo que se guarda bajo la manga cuando aparece alguna situación compleja que demande tomar una decisión. Las *heurísticas* son útiles porque ayudan a resolver los cálculos complejos y análisis de información para los que no tenemos tiempo, información completa, o recursos cognitivos para tener en cuenta. Por ejemplo, cuando se está en un supermercado haciendo compras, muy pocas personas tienen el tiempo o los recursos cognitivos para comparar los productos revisando el precio por gramo, leer y entender las tablas nutricionales, o buscar si son productos amigables con el medio ambiente. Para hacer el tiempo más efectivo en el supermercado, se recurre a los atajos mentales con los que se está familiarizado para poner los productos en el carrito, dando como resultado una compra basada en productos que le gustan, productos que ha probado así no esté completamente satisfecho (pero no quiere aventurarse con algo nuevo), productos que le dan a probar y productos que están en oferta. Existen varios tipos de *heurísticas*; dentro de las más comunes están las de disponibilidad, representatividad y afecto.

La *heurística de disponibilidad* es la que ayuda a tomar decisiones basados en la facilidad de traer un pedazo de información a la mente. Por ejemplo, los atentados, los accidentes aéreos, o la desaparición de niños, son eventos relativamente infrecuentes cuando se revisan las estadísticas. Pero la excesiva cobertura en los medios y el impacto afectivo que pueden tener estas noticias hacen que cuando alguien piense en un crimen crea que ha sido un atentado, prefiera viajar en automóvil en vez de hacerlo en avión, o tenga una excesiva preocupación porque su hijo puede ser secuestrado. La *heurística de representatividad* se refiere a que se toman decisiones comparando una situación con algún estereotipo disponible. Soy colombiana, y los estereotipos con los que más fácilmente las personas asocian a mi país son las drogas y el fútbol. Gracias a la heurística de representatividad, cuando estoy fuera del país, es usual que el conductor del taxi, después de preguntarme de dónde soy, mencione a Pablo Escobar o al Pibe Valderrama. La *heurística del afecto* se refiere a la capacidad de tomar decisiones basados en estados emocionales. Cuando se está de buen ánimo, es más probable que aumente el gasto; no en vano, las deudas aumentan en la época de Navidad. De igual forma, es más probable que se tomen otras decisiones cuando se está de mal humor. En estas circunstancias, por ejemplo, es posible que se rechace la propuesta de ir a una reunión con amigos que nos habría animado mucho.

Las heurísticas conllevan *sesgos cognitivos,* es decir, desviaciones subconscientes en el juicio, que conducen a una distorsión de la percepción, a un juicio inexacto, o una interpretación ilógica. La relación entre heurística y sesgo cognitivo se puede entender de la siguiente forma. Las *heurísticas* se dan por la capacidad limitada del cerebro para procesar información, o por influencias sociales y morales. Los sesgos cognitivos son las desviaciones en el juicio que se producen como consecuencia de las *heurísticas*; son útiles porque ayudan a ahorrar tiempo en la toma de decisiones en un mundo donde hay que tomarlas constantemente. El estudio de las *heurísticas* y los sesgos cognitivos ha permitido avanzar en múltiples frentes, desde cómo y qué información poner a disposición de las personas para motivar conductas prosociales —ayudar al vecino, promover voluntariados— hasta cómo usar los atajos mentales a los que somos proclives para aumentar nuestras compras.

¿CÓMO SE CONSTRUYEN LAS IRRACIONALIDADES EN LA MENTE?

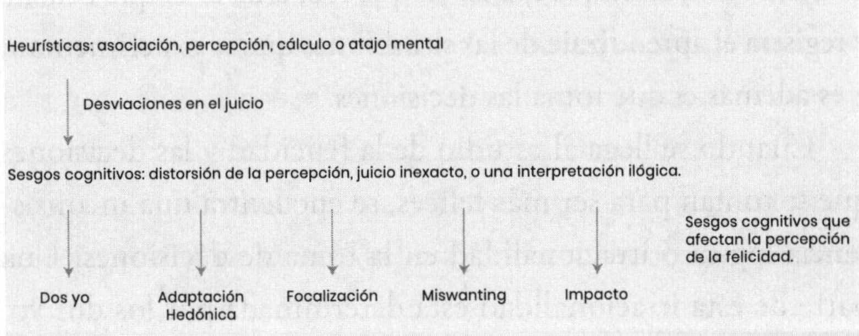

Los sesgos cognitivos también tienen un papel fundamental en la felicidad. La poca consistencia lógica en el juicio hace que seamos bastante malos en predecir qué nos haría felices. A todos nos ha pasado que el viaje de vacaciones, el carro nuevo, o la relación de pareja a la que en algún momento le depositamos tantas expectativas, hacen muy poco por la felicidad. Hay muchos sesgos cognitivos que explican por qué nuestra irracionalidad es una barrera a la felicidad. Este capítulo se enfoca en cinco sesgos cognitivos: dos yo, adaptación hedónica, focalización, *miswanting* e impacto. El gráfico anterior es un sencillo mapa para navegar las posibles fuentes de inconsistencia lógica en las decisiones.

¿Por qué tuve otro hijo?

Uno de los sesgos cognitivos que está relacionado con las decisiones que afectan la felicidad es conocido como «dos yo». Este sesgo parte de reconocer que hay dos yo: uno que experimenta y otro que recuerda. El yo que experimenta es el que va a una cita médica, se enamora, se casa y vive las emociones cotidianas del trabajo, el tráfico, o el que vive la rutina y los conflictos menudos de la vida en pareja. El yo que recuerda es el que ordena y registra el aprendizaje de las situaciones que se experimentan, y es además el que toma las decisiones.

Cuando se llega al estudio de la felicidad y las decisiones que se toman para ser más felices, se encuentra una inconsistencia lógica o irracionalidad en la toma de decisiones. Una parte de esta irracionalidad está determinada por los dos yo. Puede ser que el yo que experimenta tenga una mala experiencia, pero, más adelante, el yo que recuerda no la registrará de la misma forma y se termina repitiendo los mismos errores. Por ejemplo, estar en una mala relación, terminarla y luego volver con la misma persona. El yo que recuerda tal vez traiga a la memoria episodios selectos de la relación que hacen que en la suma de recuerdos no sea tan mala. El yo que recuerda recrea los momentos románticos y los episodios más sensibles a un corazón optimista, así la experiencia de estar en la relación haya sido categóricamente mala. También sucede lo contrario, estar en una buena relación, pero por un episodio que se experimenta negativo, terminarla. El yo que recuerda va a generar una relación afectiva más fuerte con una situación en particular y decide dar por acabada una relación con futuro.

Con mucha frecuencia se confunde la experiencia con la memoria de las experiencias, generando una ilusión cognitiva. El yo que recuerda, que con frecuencia se equivoca, es el que toma las decisiones.

Una forma de entender cómo se procesa la información con los dos yo, son los hijos. Kahneman y su equipo realizaron una investigación usando un método de reconstrucción de los días para recolectar información sobre la manera en que los individuos emplean su tiempo y las emociones (positivas o negativas) que experimentan en cada actividad. Los resultados mostraron que las actividades en que las personas pasan en un estado emocional negativo es cuando se desplazan, trabajan, están con los padres o están con los hijos. En general, la mayoría de las mujeres calificaron negativamente el tiempo que pasan con sus hijos, y el tiempo en las actividades que componen las labores con los niños fue calificado de desagradable, casi al mismo nivel de realizar tareas domésticas[53]. En esta investigación se muestra que el yo que experimenta, el que vive las experiencias cotidianas con los hijos de levantarlos, ducharlos, alimentarlos y llevarlos a la escuela, experimenta emociones negativas. Pero el yo que recuerda en el futuro cuando una madre quiere repetir la experiencia de ser mamá no se va a detener a recordar el enojo que sentía en las mañanas en que su hijo no se levantaba a tiempo para ir a la escuela. El yo que recuerda de una mamá es el que decide tener otro hijo, y va a recordar los aspectos más positivos de la maternidad, no las experiencias cotidianas que la hacen estar en estados emocionales negativos.

¿Cuánto tiempo dura la felicidad de un carro nuevo?

Hay un sesgo cognitivo que es el enemigo para conseguir la felicidad, que se llama «adaptación hedónica». El concepto se refiere a la tendencia de volver a puntos relativamente estables de felicidad. Por ejemplo, un aumento de salario incrementa la felicidad, pero solo por unos cuantos meses. Al cabo de un tiempo relativamente corto, el efecto de aumento del salario en la felicidad se pierde y se vuelve al estado inicial de felicidad, o *nivel de felicidad base*. Este mismo efecto se ha encontrado en casi todo, relaciones de pareja, un carro nuevo, una casa más grande. La adaptación hedónica es la responsable de sentir que nunca se llega al punto que se quiere conseguir. Si lo que se quería era una buena relación, y se consigue, al cabo de un tiempo se siente que ya no es lo mismo, o que han aparecido otros intereses. Cuando la felicidad se asocia a conseguir y acumular bienes materiales, siempre hay algo más grande, o más nuevo. Entre las personas más proclives a asociar la felicidad con la posesión de bienes materiales, la felicidad que causa un carro nuevo dura hasta que se conoce el carro más veloz, cómodo y llamativo del vecino.

La adaptación hedónica tiene su lado amable, ya que es la que ayuda a volver al nivel de felicidad base cuando ocurren episodios negativos. Personas que han sufrido accidentes severos, enfermedades, fuertes depresiones, episodios largos de desempleo, separaciones, o cualquier episodio adverso, después de un tiempo, vuelven a los niveles iniciales de felicidad. Son usuales las historias de un deportista paraolímpico que encontró un nuevo sentido a la vida después de un accidente o enfermedad incapacitante; de personas que se volvieron a enamorar después de un divorcio; o los que inician un nuevo negocio como consecuencia del desempleo. Lo que hace la adaptación hedónica es disminuir la intensidad al cambiar las percepciones de eventos positivos o negativos hasta que se vuelven eventos neutrales.

¿CÓMO OPERA LA ADAPTACIÓN HEDÓNICA?

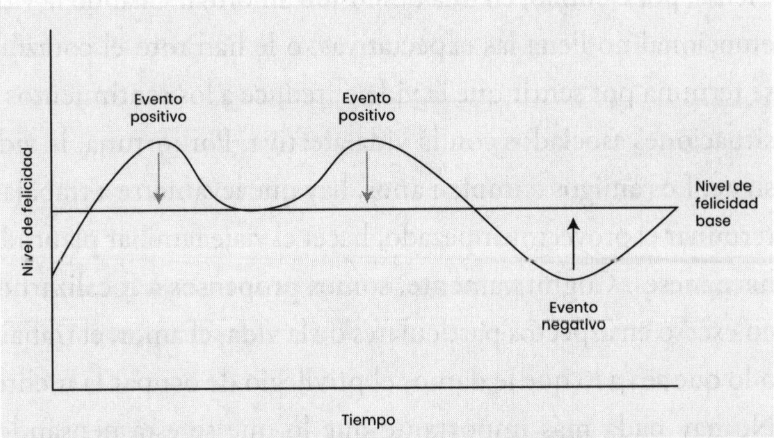

La adaptación hedónica tiene un sabor agridulce, el cual depende de la situación que se afronte. Es dulce, porque se va a recuperar de las circunstancias adversas: accidentes, desempleos, o desilusiones amorosas. Es amargo, porque nunca va a ser suficiente. No importa el monto del salario, las personas se acostumbran a los incrementos y se va a querer más. Una casa más grande, un carro más nuevo, ropa más llamativa y un etcétera infinito que abarca todo lo que es susceptible de tener más nuevo, más llamativo o mejor.

¿Por qué no puedo pensar en otra cosa?

Hay algo que sucede en la mente y parece inevitable. Cuando se está atravesando una situación adversa, parece que el mundo solo gira alrededor de esa circunstancia y el pensamiento se centra en dar vueltas a lo que genera esa situación en particular. Esto se explica por el «sesgo de focalización». Este sesgo se refiere a la tendencia de obsesionarse con un solo evento y olvidar que el paso de los días viene acompañado de múltiples eventos. Piense, por ejemplo, en una desilusión amorosa. Cuando la vida emocional no llena las expectativas, o le han roto el corazón, se termina por sentir que la vida se reduce a los sentimientos y situaciones asociados con la vida afectiva. Por fortuna, la vida sigue. Los amigos cumplen años, hay que levantarse a trabajar, terminar el proyecto empezado, hacer el viaje familiar planeado hace meses. Cognitivamente, somos propensos a focalizarnos en exceso en aspectos particulares de la vida, el amor, el trabajo o lo que sea a lo que le damos el privilegio de ocupar la mente. No hay nada más importante que lo que se está pensando, incluso si la importancia relativa de lo que se piensa es marginal respecto a las demás circunstancias de la vida.

¿Dónde se borran tatuajes?

Miswanting es un sesgo cognitivo que viene de un neologismo americano. La traducción al español no le hace justicia al significado que encierra. *Miswanting* viene del verbo querer en inglés, y se refiere a los errores frecuentes que se cometen al predecir las cosas que se cree que van a aumentar la felicidad. Un ejemplo puede ser un tatuaje o una cirugía estética.

Mientras se imaginan los beneficios que se van a obtener de tener un tatuaje en el brazo o de mejorar algún aspecto físico, se puede sobreestimar la contribución de ese evento a la felicidad. Después de que pasa el efecto inicial del tatuaje o el procedimiento estético, y la nueva adición al aspecto físico pasa a hacer parte del paisaje cotidiano, es posible que la gente invierta tiempo y recursos en eliminar el tatuaje o reversar los resultados de la cirugía. *Miswanting* se alimenta de los efectos de la adaptación hedónica. Una vez se ha obtenido cualquier cosa que se quiera, los efectos de esta en la felicidad van a disolverse a una velocidad que no se equipara con las ansiedades y esperanzas que se pusieron a disposición mientras llegaba el tan anhelado cambio o evento.

¿Cuánto dura el dolor de una ruptura amorosa?

El «sesgo de impacto» es el que genera la tendencia a sobreestimar la duración y la intensidad de los estados emocionales futuros. Si se piensa en perder el trabajo o la muerte de un ser querido, se van a sobreestimar los efectos negativos en el estado emocional. Perder el trabajo es una situación a la que nadie se quiere exponer, y seguramente generará emociones negativas, pero la vida sigue, llegarán otras oportunidades, y como en las demás circunstancias, se terminará por adaptar. Igual sucede con las rupturas amorosas, son difíciles, pero pasan. Hay investigaciones que sugieren que, en promedio, después de once semanas ya no se siente el dolor de una ruptura amorosa. Otras investigaciones van más lejos y llegan hasta los dos años, pero, invariablemente, la gente supera las rupturas amorosas, y lo que en algún momento fue difícil se convierte en una experiencia más en la vida. El sesgo de impacto también nubla el juicio en las circunstancias positivas. Las expectativas que se tienen al iniciar una relación, o todos los beneficios que se imagina que va a traer un nuevo trabajo. El sesgo del impacto, en cualquier dirección (positiva o negativa), hace pensar que los efectos de X circunstancia van a tener efectos de mayor alcance.

***

Todo está en la cabeza, incluida la felicidad. Lo que se conoce de la mente, y cómo toma decisiones, indica que la felicidad es subjetiva, una construcción muy personal, y está basada en las irracionalidades, narrativas y ficciones que se crean sobre la vida. *Synthetic happiness* o la felicidad sintética es un término acuñado por Daniel Gilbert y se refiere al poder que tiene la narrativa con la que se construye la vida. A dos personas las pueden dejar esperando en el altar el día del matrimonio. Una de ellas va a construir la narrativa de que quedarse en el altar fue lo peor que le pudo pasar, mientras que otra persona va a construir un relato donde la vida es mejor gracias al desplante. La felicidad sintética también es una prueba de que somos capaces de crear felicidad, incluso en condiciones que en principio se consideran adversas. La evidencia muestra que se tiene una capacidad de resiliencia altísima ante las adversidades y que se falla constantemente cuando se intenta predecir qué nos haría felices[54]. Las investigaciones con personas con enfermedades incapacitantes y complejas, encarceladas injustamente, individuos que vivieron y sufrieron guerras, o que perdieron parte de su integridad y capacidad física por accidentes, reportan que estos individuos consiguen ser felices. Qué hace que algunos puedan sobreponerse e incluso encontrar el aspecto positivo de las situaciones difíciles, mientras que otros no encuentran el camino de salida a una decepción amorosa o a rencores empolvados, es la materia prima con la que se estudia la mente y las decisiones que se toman con respecto a la felicidad. Los sesgos cognitivos dan una pista de lo perverso que se puede ser cuando se predice lo que genera felicidad, pero también explican que la narrativa con la que se construye la vida es una herramienta a la que tal vez no se le da el uso que se merece. Un bocadito de felicidad sintética todos los días es un chocolate que merece masticarse y dejar en la boca por un rato.

El gobierno y las políticas públicas

¿Alguna vez ha escuchado que vive en el país más feliz del mundo? Tal vez usted se ha quedado perplejo con la noticia, sin entender cómo llegan a esa conclusión, y le parece absurdo que estén midiendo esa información irrelevante con recursos públicos. Todo eso se lo debemos a las políticas públicas que buscan promover el bienestar, la conexión menos conocida de la felicidad.

Las políticas públicas son el conjunto de decisiones y acciones que toma un gobierno para solucionar los problemas de una sociedad o algún grupo social. Estas acciones se financian con los impuestos que pagan los ciudadanos. Las decisiones que toma el gobierno son, en su gran mayoría, complejas, difíciles de ejecutar, y los problemas son más grandes que los recursos disponibles.

Hacer políticas públicas es una tarea de gran complejidad. Piense en un problema como la pobreza, ¿qué hacer para ayudarle a alguien a salir de esta condición? Hay que brindarle educación, alimento, acceso a un sistema de salud, oportunidades laborales. Además de garantizar todo lo que se acaba de enumerar, se necesita que el individuo quiera acceder al sistema educativo y permanecer en él, ir a tiempo al médico cuando se enferma, comer alimentos saludables en vez de comida rápida y hacer ejercicio para mantener un buen estado de salud. Solo en este ejemplo reduccionista se encuentran dos complejidades de las políticas públicas. Primero, de dónde salen recursos para tantos frentes y, segundo, asumiendo que hay los recursos y se entregan los servicios, si los beneficiarios efectivamente hacen un buen uso de ellos. En medio de los recursos y la respuesta de los individuos están la corrupción, los malos manejos, las decisiones políticas mal tomadas y el escaso control de la gestión del gobierno. Ahora se le puede agregar otra complejidad: la dimensión de los problemas. Multiplique a la persona a la que hay que ayudarle a salir de su condición de pobreza por el tamaño de la población que presenta el problema. Dependiendo de la región del mundo en el que se encuentre, esto puede variar, desde cuatrocientos veinte millones de personas en África a ciento ochenta y cuatro millones en América Latina[55].

Las políticas públicas son la disciplina que se dedica a estudiar las acciones del gobierno y las herramientas de planeación para dar respuesta a problemas de la población. Hacia 1970 se consolidó como una disciplina separada de la ciencia política y de la administración pública, que son sus hermanas en el estudio de la gestión del gobierno. El arsenal metodológico de las políticas públicas viene en su mayor parte de la estadística y la economía, y ahora se van introduciendo la modelación matemática y la analítica de datos para entender mejor los problemas públicos.

Llegué al estudio de la felicidad por esta disciplina. Realicé estudios doctorales en políticas públicas, con especialización en políticas educativas, y trabajé durante un tiempo en organizaciones multilaterales investigando qué aumentaba —o disminuía— la calidad educativa en algunos países en América Latina. Hacia el 2010 escuché a un economista hablar de las mediciones de felicidad y bienestar en Latinoamérica y cómo incidían en la formulación de políticas públicas. Esa nueva corriente estaba inspirada en lo que estaba pasando en los países desarrollados, donde la felicidad y el bienestar se estaban colando en el discurso político. Era un tema de vanguardia en la gestión pública y se estaba comprobando que el bienestar y la felicidad tienen incidencia en una gran cantidad de indicadores relevantes para la sociedad. Por ejemplo, las personas más felices son más productivas, tienen mejor estado de salud, incluso participan más en procesos que consolidan las democracias, como votar o participar en proyectos colectivos. Me capturó la idea de investigar cómo los gobiernos pueden promover el bienestar en la población, pero sabía que estudiar la felicidad en un contexto tan complejo como el latinoamericano suponía muy poco interés por parte de los gobernadores y políticos. Tal vez en los países desarrollados era apropiado y relevante estudiar la felicidad porque ya habían superado muchos problemas que nosotros, en los países de ingresos bajos y medios, teníamos en plena ebullición.

En el 2013 leí en un titular de un periódico que América Latina era la región más feliz del mundo y que Colombia —mi país— era el más feliz de la región. Una redundancia de felicidad difícil de creer. Ese mismo año volví al interés por estudiar la felicidad, revisé las métricas, encuestas y conclusiones de los estudios de tanta felicidad en América Latina. En el 2014, con el apoyo de la Universidad Icesi, empecé un proyecto de investigación con un grupo de estudiantes para medir la felicidad en la tercera ciudad más grande de Colombia. Cali es una ciudad de verano eterno, exuberante, colorida, anárquica y muy violenta. Desde los años noventa ha estado en el podio infame de ser una de las ciudades con las mayores tasas de homicidios del mundo. Las múltiples series y películas basadas en el apogeo del narcotráfico colombiano dan una idea —sesgada e imperfecta, pero ilustrativa— de lo que ha se ha cocinado y vivido en la ciudad. Las cifras suben y bajan, las series de televisión se acaban, pero la ubicuidad y violencia del narcotráfico y de otras formas de conflicto son un legado infame que la ciudad y su gente sufrimos todos los días. Cali se convirtió para el equipo de investigación en el laboratorio para estudiar la felicidad y falsear tantos titulares absurdos. Así nació un interés personal por estudiar desde la academia la felicidad y sus implicaciones en la formulación de políticas públicas.

Después de diez años estudiando la felicidad y el gobierno, lo que empezó como un tema de investigación secundario para marinar otras investigaciones más áridas, se convirtió en el tema del que más gusta leer y en la clase que más me gusta enseñar. Junto con un equipo de estudiantes y otros investigadores recolectamos anualmente una encuesta poblacional que se aplica en Cali y, durante la pandemia, la replicamos en otras ciudades en Colombia. Es una encuesta larga que llamamos CaliBRANDO, haciendo alusión a la calibración en las medidas en la ciudad. Las personas que responden la encuesta —más de mil doscientas cada año—, dan respuestas a sus percepciones sobre la vida, sus estados emocionales el día anterior, qué tan satisfechos se encuentran con la vida, y una lista larga de otras preguntas que permiten vincular su felicidad con la gestión gubernamental, la confianza en las instituciones públicas y los vecinos, su salud física y emocional, y su calidad de vida.

Cuando digo que enseño e investigo sobre la felicidad, la gente cree que soy una *coach* motivacional o que lo mío es la autoayuda, pues vincular la felicidad y el gobierno es la conexión que resulta más extraña para la gente.

Permítame explicarle esta conexión en los siguientes párrafos. Intento ser breve.

¿Cómo se sabe cuáles son los países más felices?

La segunda mitad del siglo XX fue caracterizada por un mejoramiento sin precedentes en la calidad de vida y el bienestar de la población. Paz, fortalecimiento de la democracia, reducción de la pobreza, y crecimiento económico se tradujeron en mejores condiciones objetivas para el bienestar y la calidad de vida de la población en el mundo. En América Latina, por ejemplo, desde finales de la década de los noventa hasta el 2018, la clase media pasó de representar menos del 25 % de la población a más del 70 %[56].

El mejoramiento en la calidad de vida objetiva de la población, medida a través de ingreso o empleo, les permite a la población y a sus gobiernos perseguir otros objetivos. Gracias al crecimiento económico de las últimas décadas se abrió un interés de los gobiernos y de la sociedad en general de perseguir objetivos más positivos como el bienestar e intervenir en la imbricada red de factores que afectan la salud mental de la población. Muchas de las mediaciones gubernamentales que aumentan la disponibilidad de parques y zonas verdes, movilidad sostenible, programas para reducir segregación o los programas culturales gratuitos vienen de la intención de promover el bienestar en la población. Esta nueva época de las políticas públicas también marca la aceptación de las libertades individuales y la posibilidad de escoger la forma de vivir de una forma que genere mayor satisfacción a los individuos, desplazando cargas ideológicas y religiosas del aparato público y social. A pesar de que su implementación es disímil dependiendo del país, las leyes y políticas que promueven la disminución de brechas de género, el aborto, o los derechos igualitarios, son una tendencia muy contemporánea del uso de las políticas públicas.

El caso más destacado de la inserción de la felicidad y el bienestar a los objetivos de un gobierno es Bután, uno de los países más pequeños del mundo, con menos de ochocientos mil habitantes, ubicado en el Himalaya, entre China e India. En Bután, la principal medida de progreso es el «Índice de

Felicidad Nacional Bruta». En los demás países, el principal indicador es el ingreso promedio de la población, la tasa de desempleo, o el recaudo fiscal. En Bután se implementan los programas de bienestar a escala nacional. Por ejemplo, el sistema educativo está sustentado en los pilares de la educación positiva, donde el principal propósito es enseñarles a los niños habilidades para aumentar su bienestar y felicidad.

A Bután le han seguido otras iniciativas, ninguna con el mismo alcance político o ideológico, pero que muestran un cambio en los valores políticos. El acto más simbólico en el mundo occidental sucedió en 2009, cuando el entonces presidente de Francia, Nicolas Sarkozy, nombró una comisión para el desarrollo, encabezada por dos laureados con el premio Nobel en economía, Amartya Sen y Joseph Stiglitz. La principal conclusión de la comisión fue que los indicadores de desarrollo y progreso que se usan en los países desarrollados miden todo, menos lo que merece ser medido. El ingreso promedio per cápita no dice nada de la felicidad de los individuos, de la calidad de sus relaciones afectivas, del gusto por el trabajo, o de la satisfacción de los bienes y servicios que recibe del gobierno.

Los resultados de la comisión, además de ser provocadores, generaron gran interés en instituciones multilaterales como la Organización para la Cooperación y el Desarrollo Económicos (OCDE) y el Banco Mundial. Estas organizaciones crearon los protocolos para realizar una medición sistemática de la felicidad y la satisfacción con la vida en los países a través de los sistemas estadísticos nacionales. Hoy, todos los países de la OCDE miden anualmente la felicidad y el bienestar subjetivo.

Parte de esa información (además de encuestas globales, como la de Gallup) es la que usan para nutrir las clasificaciones de los países más felices y los que promueven mayor bienestar en la población. La inserción en los sistemas estadísticos de preguntas sobre felicidad, depresión, preocupación o satisfacción con la vida ha dado paso a un nuevo tipo de indicadores sociales que amplían el terreno de los indicadores del progreso social más allá del ingreso[57].

La información de la felicidad y el bienestar de la población se toma de encuestas. Cuando se piensa en encuestas, hay tres preguntas para entender la información que recogen y su propósito: quién realiza la encuesta, cómo recolecta los datos y qué pregunta.

¿Quién realiza las encuestas? Las encuestas de felicidad y bienestar las realizan las agencias estadísticas de cada país. Estas encuestas son las de mejor calidad por los controles con las que se realizan y por el número de personas que participan. Las encuestas de felicidad también las realizan las universidades, como en el caso del proyecto CaliBRANDO, o firmas encuestadoras.

¿Cómo recolectan los datos? Las formas de recolección de datos varían. En algunos casos las encuestas se realizan en hogares, es decir, llega un encuestador y toca la puerta de su casa y le pide el favor de colaborar con su tiempo. En otras circunstancias, pueden abordar a las personas en parques, estaciones de buses o lugares públicos, y en otras ocasiones pueden llamar al teléfono de su casa para realizar la encuesta.

¿Qué preguntan en esas encuestas? Hay un menú amplio de medidas y preguntas para estimar la felicidad y el bienestar. Pueden variar dependiendo del país, la encuestadora, o el propósito de la investigación, pero la medición más estándar de felicidad la componen cinco preguntas[58] medidas en una escala de cero a diez (cero significa nada; diez, totalmente):

1. En general, ¿qué tan satisfecho se encuentra con todos los aspectos de su vida?
2. En general, ¿en qué medida piensa que lo que hace con su vida vale la pena?

Las siguientes preguntas son sobre «cómo se sintió usted ayer», en una escala de cero a diez. Cero significa que no experimentó estos sentimientos en ningún momento y diez significa que usted experimentó estos sentimientos todo el tiempo.

3. ¿Qué tan feliz se sintió ayer?
4. ¿Qué tan preocupado se sintió ayer?
5. ¿Qué tan deprimido se sintió ayer?

Las preguntas uno y dos permiten hacer una evaluación general sobre el bienestar percibido de las personas. Cuando alguien responde esta pregunta, usualmente hace una valoración del camino que ha recorrido y el punto donde se encuentra en el momento en que le hacen la pregunta. La pregunta dos añade una dimensión de propósito de la vida. Preguntar si la gente considera que lo que hace en su vida vale la pena busca indagar sobre aspectos de gratificación e importancia. Las preguntas tres, cuatro y cinco miden la prevalencia de emociones y miden el estado afectivo de las personas el día anterior. Usando las preguntas de felicidad, preocupación y depresión, se puede medir el balance afectivo de una persona, es decir, si experimenta en promedio más emociones positivas que emociones negativas. Hay una asociación positiva entre estar satisfecho con la vida y experimentar con más frecuencia la felicidad. Al igual que menores valores en la satisfacción con la vida están asociados con experimentar con mayor frecuencia depresión o preocupación.

Estas son las preguntas que se incluyen en las encuestas nacionales para medir felicidad. Las noticias sobre *rankings* mundiales de felicidad se toman del resultado de este tipo de preguntas y son usadas a esta escala porque hay consenso entre académicos, gobiernos, e instituciones multilaterales en que estas medidas son válidas, son fáciles de entender y responder para cualquier persona y, en todos los países donde se han usado, las personas las entienden de la misma forma[59]. También hay un consenso en que la felicidad es una valoración subjetiva y el único que puede dar cuenta de una vida feliz es el individuo en las valoraciones individuales que hace de sus circunstancias. Esta valoración puede cambiar debido a factores sociales, culturales o económicos, pero la felicidad es un concepto familiar y es la emoción que más fácilmente identifican los individuos en ellos mismos y en otras personas[60]. Lo que hace posible realizar comparaciones válidas entre países.

¿Cuál es el país más feliz del mundo?

El *ranking* de los países felices viene de varias fuentes. Tal vez la más conocida en el mundo académico y gubernamental es el *World Happiness Report* (reporte mundial de felicidad) que se publica anualmente. Este reporte, que lo hacen académicos reconocidos en el campo del estudio de la felicidad, toma datos de grandes encuestadoras como Gallup o Ipsos que realizan encuestas globales que incluyen las preguntas de felicidad. Este reporte también usa información de las agencias estadísticas de diferentes países que recogen la información de la población a través de encuestas de hogares. Otra fuente es el reporte *How is Life* (cómo está la vida) que realiza la OCDE cada año. Esta clasificación es más restringida porque solo usa información de países que pertenecen a la OCDE, que en su mayoría son desarrollados (desde 2018 incluye a Colombia que, junto con Chile y México, son los únicos países latinoamericanos representados). El Banco Mundial también realiza reportes, aunque no lo hace de manera sistemática como los dos anteriores. De ahí en adelante hay una multitud de clasificaciones, unos con mejores datos y alcance que otros. Los medios de comunicación no son muy cuidadosos ni con la calidad de los datos que usa cada *ranking*, ni con las conclusiones que extrapolan; es por eso que hay una probabilidad muy alta que usted haya escuchado que su país es muy feliz, porque debe haber alguna clasificación en el mundo que usa evidencia que permite llegar a esas conclusiones.

Según el *World Happiness Report,* en la lista de los países más felices del mundo, constantemente, aparecen los escandinavos: Finlandia, Dinamarca, Noruega, Islandia y Suecia. Si no son los países escandinavos los más felices, les siguen los que están cerca y con niveles de desarrollo muy altos.

Hay muchas variables que inciden en la felicidad. La investigación ha mostrado que las variables que contribuyen a que la población de un país sea más feliz son: el nivel de ingreso, el apoyo social, la expectativa de vida, la libertad para tomar decisiones, la generosidad, la baja percepción de corrupción, la experiencia de emociones positivas y la experiencia de emociones negativas[61]. En los países desarrollados, la percepción de los individuos sobre la transparencia del gobierno y la vida colectiva, manifestada en la confianza hacia los demás, tiene un peso muy alto en cuanto se refiere a la felicidad individual. El modelo político e ideológico de los países escandinavos y sus vecinos más desarrollados coloca al individuo en el centro de la función pública. El gobierno está para la gente, no para resolver los intereses particulares de terceros —o no por lo menos con el cinismo que lo hacen los gobiernos de muchos países en vías de desarrollo—. Y esa ideología y forma de hacer política pública permean cada esquina de los países escandinavos en su cotidianidad: niños de meses que se dejan solos en sus cochecitos en la puerta del supermercado mientras los papás hacen la compra, bicicletas en la calle sin candados, bibliotecas con baños y duchas públicas en caso de que algún ciudadano no tenga un baño para bañarse, comida caliente y gratis en caso de que alguien no reciba los subsidios, los seguros y la mano extendida del Estado de bienestar. En Escandinavia muchos de los más importantes problemas de bienestar y calidad de vida de la población son resueltos por el Estado, gracias a la contribución generosa de los impuestos que la gran mayoría de la gente paga con gusto.

Una característica recurrente en los países más felices son los altos niveles de confianza. Hacia el gobierno, los vecinos, el otro que pasa al frente y no se conoce. La confianza permite la cooperación, el funcionamiento eficiente de los mercados, el pago de impuestos y menores niveles de crimen. Los gobiernos de los países más desarrollados —y más pequeños en términos de población—, han estructurado un modelo de vida ciudadana centrado en una profunda confianza colectiva, libertades individuales, transparencia gubernamental, participación política y alta calidad de vida. Incluso las políticas públicas están diseñadas explícitamente para promover la felicidad y el bienestar de la población. Para un visitante que viva en medio de la desconfianza y el desinterés del gobierno por la felicidad de la población, como el mío, los países escandinavos se leen como la tierra de los cuentos de hadas. Es como si Papá Noel, con sus renitos y duendes hiciera las políticas públicas. El Estado provee las condiciones necesarias para promover el bienestar de la población y todos participan en proporciones relativamente justas del pastel de distribución social.

En los países más desarrollados, la felicidad está asociada a un proyecto colectivo y, si se quiere, político. Pero este modelo de población feliz no es el que existe en otras latitudes. Hay un dicho popular en Rusia según el cual una persona que sonríe mucho es un tonto o un americano. Esto muestra las diferencias significativas en cómo la felicidad se experimenta de manera diferente en distintas regiones del mundo y no en todos los casos la felicidad se asocia a un proyecto colectivo de bienestar, como en los países escandinavos.

América Latina es la región más violenta del mundo: vive el 8 % de la población mundial, pero ocurre el 30 % de los homicidios que se reportan globalmente[62]. Pese a esto, los niveles de felicidad individual están entre los más altos. En las encuestas de felicidad, un danés típicamente reporta 7,5[63] de satisfacción con la vida (en la escala de 0-10), y algo similar de felicidad el día de ayer. A las mismas preguntas, un latinoamericano típico reporta 8,5 de satisfacción[64]. América Latina es feliz en sus propios términos y dando más valor a otros factores. La fiesta y el carnaval, el optimismo contagioso, las mesas grandes que comparten comida con amigos y familia, la naturaleza exuberante y la generosidad de la tierra hacen de esta parte del mundo un lugar colorido y feliz. Una de las conclusiones que me aventuro a hacer después de los años investigando la felicidad en Colombia y América Latina es que los latinos no piensan en el gobierno o la corrupción cuando les preguntan por su felicidad en una encuesta. Un latino piensa en su familia, su pareja, su trabajo y las condiciones de su esfera privada, no en los incontables casos de corrupción en los que se ve envuelto el gobierno. Sin embargo, a pesar de los altos niveles de felicidad individual, hay un claro descontento con la gestión gubernamental y la esfera pública. Esto se traduce en una felicidad individual que no llega a la esfera colectiva. Un latino es feliz a pesar de su gobierno, no gracias a la buena gestión pública.

En países desarrollados occidentales como el Reino Unido, Estados Unidos, Francia o España, la felicidad está más asociada a los logros personales que a un proyecto colectivo. Es más importante el desarrollo de la autoestima o la autonomía personal en las valoraciones de la felicidad. En las culturas asiáticas la felicidad depende más de la conexión e interdependencia con otros. La familia, la autoridad, el orden social y encajar de manera armoniosa dentro de los constructos colectivos tiene una relación más alta con la felicidad[65].

¿Cómo entiende la felicidad un gobierno?

Cada país tiene una lista interminable de problemas, y no todos los problemas públicos se intervienen. Unos países tienen más recursos y problemas menos complejos. Otros países tienen problemas muy difíciles de solucionar y muy pocos recursos disponibles. Solo piense en los problemas y recursos que puede tener Dinamarca y los problemas y recursos que puede tener Afganistán. Un problema llega a la agenda pública y recibe recursos cuando afecta a muchas personas, le genera un costo muy alto al gobierno, o existe una presión social muy alta por atenderlo.

La felicidad y el bienestar de la población son temas que suelen ocupar una posición muy baja en la lista de problemas que acaparan la atención de los gobiernos. Siempre van a estar por delante la inseguridad, la falta de transporte, la pobreza y el desempleo. Solo en los países escandinavos, Bután, Nueva Zelanda, Suiza, y en los Países Bajos, el discurso de la felicidad se ha vuelto parte del proyecto político de los gobiernos. En políticas públicas —como en muchos otros frentes— uno conoce la importancia de un problema por la destinación de recursos. La gran mayoría de los países ni sabía que podía existir un rubro para la felicidad y el bienestar, hasta que llegó la pandemia.

La felicidad y el bienestar como objetivos gubernamentales ganaron un protagonismo inusitado con la pandemia generada por la COVID-19. Elke Van Hoof, una profesora de psicología de la Universidad de Bruselas, llamó a la cuarentena el *mayor experimento psicológico* que alguna vez se haya implementado a escala global[66]. Al inicio de la pandemia, el mundo estuvo confinado a los límites de las paredes de los hogares y la gente se quedó enclaustrada en los problemas domésticos y el miedo que acompañaba cada comida. Nunca habíamos estado expuestos a un estresor que generara tanta incertidumbre y ansiedad, y que además la produjera en todos a la vez. Las medidas para contener la pandemia, en particular el distanciamiento social y el confinamiento, tuvieron un efecto nefasto en todos los indicadores que miden la felicidad y el bienestar. Las tasas de depresión, ansiedad, estrés y preocupación, que venían subiendo en todos lados, escalaron peldaños de grueso calibre durante el tiempo de la pandemia. La crisis generada por la pandemia dejó la lección de que, en la otra cara de la moneda de la felicidad, están los problemas de salud mental. En el siguiente capítulo se discute con más profundidad sobre este tema.

La pandemia dejó un balance social que retrocedió décadas de progreso económico pero el asunto de más largo alcance que dejó fue la prevalencia de problemas de salud mental en la población. La Organización Mundial de la Salud (OMS) reportó en el 2022 un incremento global del 25 % en trastornos de ansiedad y depresión[67]. En América Latina la situación es aún más acentuada, con incrementos del 35 % en trastornos depresivos mayores y 32 % en trastornos de ansiedad[68]. Los efectos a largo plazo que dejan no poder acompañar a un ser querido mientras padece una enfermedad terminal, la interrupción de la socialización tan necesaria para el desarrollo cognitivo y social de niños y adolescentes, el hambre y la pobreza en la que dejó a tantos millones de personas, o las altísimas tasas de suicidio en Japón, pasaron una factura abultada en los problemas de salud mental que todos, de algún modo y en intensidades distintas, experimentamos.

Los problemas de salud mental son muy costosos para cualquier país. El estrés, la ansiedad, la depresión y otras formas de trastornos mentales son la causa del 50 % de las incapacidades, y tienen un costo económico que equivale al 2 % del Producto Interno Bruto (PIB). Los problemas de salud mental también reducen los días efectivos en que las personas trabajan y, en caso de que logren llegar a su lugar de trabajo, la productividad se ve menguada. A su vez, los problemas de salud mental afectan la salud física, lo que genera un costo extra al sistema de salud y una disminución adicional al PIB de 1 %. En total, se estima que solo la carga de enfermedad de la salud mental genera una reducción del 5 % del PIB de los países de la OCDE[69]. El Banco Mundial reporta que la carga de enfermedad (el efecto en términos monetarios) de los trastornos mentales, neurológicos y epilepsia es igual a la generada por las enfermedades crónicas como la diabetes o la hipertensión.

Durante y después de la pandemia, muchos gobiernos hicieron inversiones cuantiosas en sus sistemas de salud y en su aparato gubernamental para promover el bienestar y la buena salud mental de sus habitantes. En el mundo se implementaron líneas telefónicas para atender a las personas que experimentaran abusos domésticos, episodios de ansiedad y depresión, o simplemente para que tuvieran con quien hablar. En Japón se creó el Ministerio de la Soledad, para contener las cifras de suicidio que llegaron a niveles impensables en el país. La pandemia hizo que la promoción de la felicidad y el bienestar se convirtiera en un tema prioritario de la agenda gubernamental.

Antes de la pandemia, varios países habían tomado diversas medidas para promover la felicidad y el bienestar. Arabia Saudita y Venezuela habían creado ministerios de la felicidad. En el 2018 el Reino Unido había constituido el Ministerio de la Soledad para atender la depresión y reducir las tasas de suicidio que generan la soledad y la falta de redes de apoyo. A estos esfuerzos se suman de manera masiva muchos gobiernos que vieron las consecuencias de largo alcance que deja la disminución en el bienestar de la población. Puesto en términos económicos, la disminución del bienestar durante la pandemia tuvo efectos adversos mucho mayores que las caídas en el producto interno bruto[70].

En resumen, la felicidad y el bienestar ahora están llegando a la agenda pública por dos vías. La primera es como consecuencia de la pandemia y los altos costos que representan los problemas de salud mental en la productividad y en el sistema de salud. La otra vía por la que llegan la felicidad y el bienestar a la agenda pública es a través de nuevos indicadores sociales que desde 2010 habían promovido diversos organismos multilaterales. En políticas públicas, lo que no se mide no se interviene. Se miden el desempleo, la pobreza, el acceso a educación, y eso es lo que se interviene. En el Reino Unido, por ejemplo, gracias a la medición sistemática de la felicidad, el bienestar y los problemas de salud mental, se pudo establecer la alta prevalencia de la soledad en la población y la asociación de la soledad con las tasas de suicidio. En el 2021, el Ministerio de la Soledad destinó cuatro millones de libras esterlinas para financiar proyectos de organizaciones comunitarias que realizaran programas que dieran la oportunidad a las personas de participar en actividades colectivas. También se destinaron recursos para una línea de chat y telefónica para ayudar a las personas que se sientan solas[71].

Hay otros países desarrollados, como muchos en vías de desarrollo, donde la felicidad y el bienestar se están empezando a medir, pero no se sabe qué hacer con esa información y cómo traducirla en la implementación de políticas. Recuerdo que, en el 2017, escuché una entrevista en la radio a un alto funcionario público de Colombia que hablaba de la primera medición de felicidad y bienestar en el país. Explicaba la necesidad de medir esas dimensiones porque Colombia estaba en la lista de países que buscaban ser admitidos a la OCDE, y al hacer parte del grupo de países que pertenecen a la organización, hay que realizar medidas estandarizadas que permitan comparaciones entre países. Esta explicación técnica la entienden pocos y no dice nada de la utilidad de efectuar esta medición, ni los propósitos prácticos del esfuerzo. Los periodistas terminaron la entrevista con una pregunta lapidaria: ¿por qué gastarse recursos públicos en saber si la gente es feliz? ¿Eso le importa al gobierno? En los países y sociedades donde el tema de la felicidad y el bienestar es nuevo, esta discusión no se entiende y se trivializa la pregunta de si la población es feliz o no. Y esa trivialización parte del desconocimiento de que la felicidad y el bienestar conviven con los problemas de salud mental, y que la función pública debe estar encaminada a mejorar la calidad de vida de la población, incluyendo la salud mental y emocional de las personas.

***

La información que se produce sobre la felicidad es vasta y en expansión. La felicidad es un tema que está de moda, aunque dudo que sea una moda pasajera. Incluso se ha catalogado como parte de la agenda global del siglo XXI. En el mundo del conocimiento, muy pocos temas dan el salto del mundo poético al mundo científico, y ese salto con garrocha lo dio la felicidad al pasar de ser un tema filosófico, luego del dominio de la autoayuda, y, desde las últimas dos décadas, un jugador popular en el patio de recreo del campo científico.

Uno de los mensajes más salientes de la investigación científica es que la felicidad es el otro lado de la moneda de los problemas de salud mental. Los psicólogos positivistas llegaron a la felicidad cuando se interesaron por los atributos de las personas que florecen, son resilientes y optimistas. El gobierno puso al bienestar y la felicidad en la agenda cuando los costos en el diagnóstico y tratamiento de los problemas de salud mental —agravados por la pandemia— empezaron a hacer un hueco en el erario. La felicidad y los problemas de salud mental son compañeros de habitación, cohabitan en un espacio liminar donde a ratos la felicidad sube el volumen, y a ratos la salud mental grita más fuerte. Es como tener a dos adolescentes compitiendo por atención, haciéndose compañía en los días buenos, madurando en el proceso de crecer, e intentando llevar la fiesta en paz porque saben que van a envejecer juntos.

4

Lo que aumenta y disminuye la felicidad

La felicidad está en todas partes. Es el deseo que sustenta las ambiciones, lo que se quiere para los hijos, la plataforma de campañas políticas, el sustrato del gasto público y privado, lo que venden en cada comercial publicitario, el lugar más recurrente del eslogan de las camisetas de moda.

Todos queremos la felicidad, pero es poco lo que sabemos de ella. El conocimiento que tenemos de la felicidad puede ser tan reducido como el conocimiento que tenemos de la gravedad, de lo que hacen la política y el poder en la práctica, o de los productos que consumimos. Sabemos que la gente que va al espacio flota, que votamos y los que escogemos deciden por nosotros, y todo lo que compramos nos produce un beneficio, pero es un conocimiento limitado, casi exiguo y que no se mueve de los contornos de los aspectos prácticos. Sucede lo mismo con la felicidad. La queremos, la perseguimos, es el final último de la vida y la emoción deseada de los días, pero sabemos poco de los mecanismos en los que opera.

En esta parte del libro, nos ocupamos de los factores que explican la felicidad. Lo que la disminuye, la aumenta, lo que la esconde, y las formas de cultivarla.

La salud física y mental

No hay un factor más importante para una vida feliz que la salud. Cuando se llega a un campo tan abierto como el de salud, esta discusión se puede dividir en dos caminos: la salud física y la salud mental. La salud física se refiere al óptimo funcionamiento del cuerpo y sus órganos. La fractura de un brazo, un dolor de estómago, o una enfermedad en los ojos, caen en el ámbito de la salud física. La salud mental tiene una definición más compleja. Según la Organización Mundial de la Salud, la salud mental incluye el bienestar emocional y psicológico; es un estado de bienestar donde los individuos identifican sus habilidades, pueden sortear el estrés diario, son productivos, y contribuyen a su comunidad. En el campo de la salud mental caen condiciones que son complejas de identificar, definir, y diagnosticar, como la depresión, la ansiedad, o un desorden alimenticio. En términos conceptuales, las aproximaciones con las que se trata a los pacientes en los sistemas de salud están enfocadas a tratar la mente y al cuerpo de una forma holística. Pero en la vida práctica, la medicina se ha fragmentado tanto que hay un médico para cada cosa, y los problemas de salud física y mental se tratan de manera aislada.

Una buena salud mental es el factor más importante para el bienestar y la felicidad de las personas. Incluso más importante que la salud física. Una investigación realizada en Europa después de la pandemia ilustra este punto. En los cálculos de los investigadores —que cambian de acuerdo a la muestra, el país y otras variables de contexto— el 36 % del bienestar de las personas se explica por una buena salud mental, mientras que la salud física explica el 12 % del bienestar individual[72]. En parte, la razón puede estar en que las lesiones físicas y las mentales actúan de formas distintas en el cuerpo, duelen e incomodan en geografías segmentadas. Una lesión física puede incapacitar a alguien para caminar, mover sus manos, o hacer ejercicio. Pero una mala salud mental incapacita a las personas para tomar decisiones diarias, estudiar, trabajar, ser productivas, encontrar placer, ver el lado positivo en la vida, tener buenas relaciones afectivas, y limita la capacidad de los individuos de manejar sus pensamientos, emociones y comportamientos. Los problemas de salud mental crean una atmósfera muy gris en el interior de las personas que dificulta cada aspecto de la vida cotidiana y su relacionamiento con los demás.

A pesar del peso que tiene la salud mental en la calidad de vida de las personas, se sabe poco. Es más probable que una mamá sepa cómo identificar y curar una fiebre, que cómo identificar y curar un estado ansioso de su hijo. En este capítulo se aborda la interdependencia de la salud física con la emocional, haciendo un mayor énfasis en los problemas de salud mental. Una vida feliz parte de los pensamientos y emociones que se escogen y se cultiven, y esa escogencia pasa por el tamiz fino de una buena salud mental.

¿Qué son los problemas de salud mental y cómo se tratan?

Los problemas de salud mental son tan antiguos como los hombres que han tenido la capacidad de razonar sobre ellos mismos y los demás. Desde los griegos, los problemas de salud mental estaban a la orden del día. Pero, a diferencia de cómo se tratan y abordan los problemas de salud mental en la actualidad, existía menos estigma.

La vida cotidiana de los griegos estaba mediada por una intromisión de los dioses en los asuntos domésticos. A Ulises le cantaban las sirenas mientras navegaba, a Sísifo lo castigaron subiendo una roca por una montaña por toda la eternidad, y a Narciso lo hicieron enamorarse de su propia imagen. Con esos antecedentes, cualquier forma de locura era fácilmente atribuida a la intervención o posesión de los dioses y nadie consideraba que era una obligación del Estado o incluso de la familia cuidar de los que la padecían.

Las palabras con las que se empezaron a bautizar los síntomas relacionados con la pérdida de la salud mental vienen del latín *insania,* que se traduce como locura; los griegos utilizaban *manía* y *melancolía.* Estas palabras denotaban un rango muy amplio de síntomas que van desde un comportamiento errático hasta la depresión. Pero la palabra latina *insania* o locura fue la que ganó más adeptos y se popularizó para catalogar a cualquiera que no se le entendiera su comportamiento. Hasta hoy, la palabra locura se usa con desparpajo cuando se refiere a los problemas de salud mental y sin mucha atención al calibre que tiene.

En algún momento en la historia, la intromisión de los dioses en el comportamiento humano dejó de ser un asunto cotidiano y los problemas de salud mental empezaron a causar vergüenza social. Tener a alguien en la familia con algún tipo de locura (en ausencia de un mejor término para describir algo que nadie entendía) era un inconveniente. Se sabe que desde la época victoriana los enfermos de salud mental eran, en su gran mayoría, tratados en hospitales psiquiátricos o asilos. Recluir a las personas con problemas de salud mental era una forma de ignorar un problema que no se sabía qué lo causaba, cómo se trataba y que se creía sin cura. Hay un capítulo en la serie de Netflix *The Crown* —que nos alimenta las ganas de husmear en la privacidad de la reina Isabel—, en el que se muestra a familiares lejanos a la reina que habían sido enviados a un reclusorio por la vergüenza que generaban sus enfermedades mentales.

Solo fue hasta el inicio del siglo xx, cuando los expertos iniciaron la tarea de entender por qué algunas personas tenían comportamientos erráticos o pensamientos que hicieran que otros los consideraran *locos*. En ese tiempo se crearon terapias psiquiátricas para ayudar a las personas con problemas de salud mental sin recurrir a técnicas tradicionales de la época como los electrochoques, lobotomías, o el encierro en hospitales psiquiátricos.

La categorización y definición de las diferentes formas de los problemas de salud mental datan de los griegos, con Hipócrates. A lo largo de la historia, médicos y colectivos de expertos han propuesto definiciones y categorías para entender un fenómeno que ha probado ser complejo por su intrincada relación entre la salud física y los estados emocionales. En la actualidad, la Asociación Americana de Psicología y la OMS son las organizaciones que clasifican y dan un orden al complejo mundo de los problemas de salud mental. En su definición más amplia, los problemas de salud mental están referidos a las condiciones de salud que involucran cambios emocionales, de pensamiento, o de comportamiento. Los problemas de salud mental afectan las relaciones con los demás e impiden el funcionamiento normal en el trabajo, el estudio, o en cualquier actividad cotidiana. Existen más de doscientas condiciones reconocidas como enfermedades de salud mental, que se agrupan en ocho categorías:

1. **Desórdenes de ansiedad**
2. **Desórdenes alimenticios**
3. **Desórdenes de estados anímicos**
4. **Desórdenes de personalidad**
5. **Desórdenes psicóticos**
6. **Desórdenes por abuso de sustancias**
7. **Desórdenes asociados a un trauma**
8. **Desórdenes en desarrollo cognitivo**

Hacia 1950 aparece uno de los hitos más importantes para entender el tratamiento de los problemas de salud mental: los fármacos. Por esta época, se empezó a tratar a los pacientes con problemas de salud mental por fuera de centros psiquiátricos que requerían reclusión. El desarrollo de fármacos es el catalizador de un tratamiento distinto a los problemas de salud mental, ya que probaron ser más eficientes que un reclusorio al controlar problemas de casos severos de bipolaridad y esquizofrenia. Entre 1950 y 1980, en Estados Unidos, los pacientes de reclusorios psiquiátricos se redujeron de quinientos sesenta mil a ciento treinta mil[73] gracias a la penetración y uso extensivo de los fármacos. Desde entonces, la industria farmacológica ha hecho de los problemas de salud mental su patio de recreo. Hacia finales del 1970 había más de sesenta drogas psicotrópicas disponibles para uso clínico y en los últimos veinte años hay más de ochenta aprobadas. En el mercado se encuentran medicamentos neurolépticos para tratar síntomas psicóticos (como alucinaciones), delirios y demencias, antidepresivos, medicamentos hipnóticos-sedantes, ansiolíticos, estabilizantes de ánimo y estimulantes[74]. Los fármacos creados para tratar los problemas de salud mental son una despensa infinita para cualquier cosa que ocurra —o que se quiera que ocurra— en la cabeza.

Al sistema de salud primero llegaron los fármacos y después la terapia. En 1963 la terapia psicológica fue introducida al sistema de salud en Estados Unidos. Fue la respuesta al número de soldados y excombatientes que llegaban de las guerras y necesitaban tratamiento adicional para lidiar con el estrés postraumático, así como una guía para reinsertarse a la vida cotidiana después de la guerra[75]. Los fármacos por sí solos probaron no ser suficientes, generaban dependencias, resistencias, y los umbrales de efectividad rápidamente se modificaron requiriendo dosis más altas o complejizando los problemas existentes.

***

Los problemas de salud mental son muy comunes y representan el 30 % de las enfermedades no fatales y el 10 % de todas las enfermedades en el mundo[76]. La Asociación Americana de Psiquiatría estima que para el 2019 alrededor del 19 % de los adultos en Estados Unidos tenía algún tipo de diagnóstico de salud mental y 12 % tenía un dictamen de desorden de abuso de sustancias psicoactivas[77]. El diagnóstico de las enfermedades de salud mental ha ido creciendo de manera sostenida en las últimas décadas. La OMS en el 2011 estimaba que la carga de la enfermedad (pérdida de salud por muerte o incapacidad) de las enfermedades de salud mental era del 13 % a nivel global y proyectaba que para el 2030 la depresión y los problemas de salud mental serían la condición con mayor carga de enfermedad a nivel global[78].

Los tratamientos más usados para los problemas de salud mental son las terapias psicológicas o psiquiátricas y los fármacos. Dentro de los dos tratamientos, los fármacos son los más usados, porque son más baratos y eficientes para el sistema de salud. Dada la baja destinación presupuestal a los problemas de salud mental, es difícil acceder de manera regular a algún tipo de terapia con un experto. Incluso en los países desarrollados es difícil acceder a una consulta psicológica o psiquiátrica financiada por el sistema de salud o los seguros médicos. Adicional a las barreras de acceso y a los costos asociados a la terapia, hay otros factores, o bien culturales o bien de conocimiento, que hacen que muchas personas ni siquiera consideren la opción de la terapia.

El uso de los fármacos para el tratamiento de los problemas de salud mental ha crecido de manera importante. En

Estados Unidos, en el 2018, uno de cada cinco adultos y uno de cada veinte adolescentes estaban medicados con fármacos psiquiátricos de consumo diario[79]. Los países desarrollados son los que han experimentado un mayor incremento en el consumo de fármacos, en particular de antidepresivos, a pesar de la evidencia que indica que los consumos permanentes de este tipo de medicamentos pueden agravar los síntomas por los que inicialmente fueron recetados. El poder de la industria farmacéutica no es menor. Es posible que parte de la prescripción constante de medicinas sea una respuesta a la fuerza comercial de las farmacéuticas que introducen drogas para ser recetadas a sectores más amplios o para diagnósticos y síntomas que pueden tener tratamientos alternos.

¿Cuál es la mayor epidemia del siglo XXI?

La salud física y mental vienen juntas, y el dolor es lo que subyace a las valoraciones de una buena o mala salud física y mental. El sistema de salud (al menos en el planteamiento técnico) es el dueño del monopolio del tratamiento del dolor y su principal función es eliminarlo o disminuirlo. Ha dispuesto un arsenal de estrategias para diagnosticar, tratar y, cuando se puede, curar las dolencias físicas, pero ha destinado muy poco para diagnosticar y tratar las dolencias de la salud mental. En los países desarrollados, la inversión en el sistema de salud por paciente está entre los cuatro y diez mil dólares anuales[80] pero solo entre el 5 % y 18 % está destinado a la salud mental y es todavía menor en los países en vías de desarrollo, donde se invierte menos del 3 % en salud mental[81].

La salud mental y física vienen juntas y tienen una alta asociación: mente sana en cuerpo sano, reza el adagio popular de milenios. Usualmente, las personas que sufren de enfermedades crónicas también sufren de algún tipo de condición asociada a la salud mental como depresión o ansiedad. Sin embargo, en la práctica se tiende a disociar los problemas físicos de los mentales. La relación entre la salud física y la mental es intrincada y compleja, y no hay luces claras de qué síntomas aparecen primero. A veces se inicia con la sensación ubicua de una preocupación constante, luego llega un dolor o un problema gástrico, los exámenes muestran que los marcadores de salud están bien y diagnostican estrés crónico. En otras ocasiones, primero llegan los síntomas al cuerpo. Los exámenes identifican una diabetes o un problema en el corazón, y luego llegan los problemas a la cabeza. La ansiedad y la tristeza de saberse enfermo multiplican el poder de la enfermedad y abren la puerta a los primos, hermanos, tíos y toda la parentela de las enfermedades físicas que acompañan el diagnóstico.

Es posible que usted conozca a alguien a quien le duele todo, aunque los reportes médicos no indiquen enfermedad. En el mundo de la medicina este tipo de casos los llaman *síntomas inexplicados de enfermedades físicas* que se manifiestan con una variedad amplia de dolencias y a veces muestran indicaciones erráticas que no permiten un diagnóstico claro. Usualmente, los síntomas inexplicados tienen sus raíces en problemas de salud mental, siendo la ansiedad y la depresión los más prevalentes. En el Reino Unido, el costo del tratamiento de los síntomas físicos inexplicados tiene un costo de tres mil millones de libras anuales[82], en Holanda se estima que los costos directos (al sistema de salud) y los costos indirectos (productividad laboral) del tratamiento de síntomas inexplicados son de más de seis mil euros por año por paciente[83].

Uno de los puentes por los que transitan con mayor frecuencia los problemas físicos y los problemas mentales es el estrés. El estrés es un puente de doble vía por el que pasan los dolores y las preocupaciones de la mente al cuerpo y del cuerpo a la mente. El estrés es difícil de definir. No es una enfermedad física, tampoco es una enfermedad mental, pero tiene la capacidad de intensificar cualquier enfermedad. El estrés es tan maleable y flexible como el uso que permite en el lenguaje. Es un verbo: me estoy estresando. Es un calificativo: mi jefe es estresado. Es un sustantivo: el estrés me estresa. Y este mismo ejercicio se puede hacer en cualquier persona: yo me estreso, tú te estresas, ella se estresa, todos nos estresamos. Y se puede conjugar en cualquier tiempo: estaba estresada, estoy estresada, estaré estresada.

La palabra «estrés» viene de la física, y el concepto se refiere a la fuerza que produce tensión en un cuerpo físico, como doblar una pieza de metal hasta que la fuerza o estrés que se ejerce hace que se rompa. El término fue introducido por Hans Selye, un médico húngaro-canadiense que hacia 1900 identificó el estrés como los signos o síntomas inespecíficos del cuerpo a cualquier demanda. A pesar de que el concepto data de varias centurias atrás, solo hasta 1970 se incorporó al arsenal de palabras cotidianas que tienen el poder de describir muchas cosas. Desde que llegó al lenguaje de masas, el estrés se volvió viral. Del anonimato pasó a ser la epidemia del siglo xxi para la Organización Mundial de la Salud.

El uso viral del estrés en el lenguaje cotidiano tiene parte de sus raíces en el mundo laboral. Los estudios indican que el trabajo es la mayor fuente de estrés de las personas, y su incidencia ha escalado de manera progresiva en las últimas décadas[84]. El estrés laboral se desencadena por la percepción de tener poco control sobre las demandas que se multiplican. Es difícil saber cuándo el estrés y el trabajo fueron los ingredientes de uno de los platos más comunes en la cultura de la aldea global, pero sí sabemos qué fenómenos lo han impulsado. La incursión de las mujeres en el mercado laboral, la penetración de la tecnología que localiza veinticuatro horas al día siete días a la semana a los trabajadores, el aumento en los costos de vida, las métricas de crecimiento y cumplimiento de metas. Estos fenómenos generaron conceptos que fueron apareciendo solo unas décadas atrás, como el balance vida-trabajo, la adicción al trabajo (*workaholic*), o el *ethos* de que estar ocupado es un símbolo de estatus y prestigio.

Haciendo la investigación para este capítulo encontré los archivos de estudios de estrés laboral en Estados Unidos que guarda el centro de control y prevención de enfermedades (CDC, por sus siglas en inglés). Eran reportes de los años noventa, con fotos en blanco y negro de gente parada en una línea de producción, contadores haciendo reportes a mano y calculadora, y secretarias sentadas en escritorios con teléfonos abultados y cableados al frente. Había historias de la vida cotidiana de los trabajadores. La narrativa giraba alrededor de las demandas crecientes del trabajo. Empleados que estaban haciendo las tareas que debían realizar dos o tres personas, el poco tiempo para la familia, la sensación de que lo único que se hace en el día es trabajar y los reportes de migrañas, dolores de espalda o problemas gástricos que aparecían por el estrés laboral.

Luego busqué cifras. Me encontré los reportes de la encuesta global de Gallup sobre el lugar de trabajo. Hay cifras desde 1989 hasta el 2021 en múltiples indicadores que conectan la vida laboral, el estrés y la satisfacción con el trabajo[85]. Las cifras muestran una tendencia positiva en muchos factores. Hay una mayor percepción de ascenso laboral, la flexibilidad en el horario ha aumentado, la satisfacción con los planes de retiro y beneficios de las compañías ha mejorado a lo largo de tiempo, y las horas de trabajo semanal se han mantenido estables en cuarenta y tres horas semanales. Sin embargo, los testimonios de los empleados siguen siendo los mismos desde los años noventa.

Los trabajadores de dicha década no conocieron Teams, Zoom, el chat, el correo electrónico, el celular como herramienta de trabajo, las redes sociales y todos los dispositivos que localizan a la gente. Las notificaciones de un correo electrónico llegando a la bandeja de entrada debían ser un suceso feliz en la vida de los trabajadores de los noventa, pero son un fastidio para los trabajadores del 2023. Eso no lo capturan los números, pero la narrativa de una carga excesiva de trabajo, el poco tiempo para la familia, o la sensación de que lo único que se hace en la vida es trabajar, sigue intacta después de treinta años.

El estrés y el trabajo son, dentro de muchos factores, unos de los que explican la relación compleja entre enfermedades físicas y salud mental. Esos síntomas inexplicados que aparecen, se agudizan, desparecen, y tiempo después vuelven a repetir el ciclo, afectan el cuerpo y la mente. Las historias de los trabajadores, en algunos casos las cifras de las encuestas, y los costos que el sistema de salud destina al tratamiento de síntomas inexplicados, permiten hacer un cuadro imperfecto pero ilustrativo de cómo la salud física y la mental están conectadas.

¿Por qué me preocupo todo el tiempo?

Dentro de los problemas de salud mental, la ansiedad y la depresión son las más prevalentes. Afectan a cerca del 11 % de la población mundial y lo hacen en todos los países, sin importar su nivel de desarrollo. Entre la población de niños y adolescentes son una de las condiciones más diagnosticadas[86]. La pandemia agudizó la prevalencia de la ansiedad, llegando a reportes de más del 40 % entre la población adulta en Estados Unidos y con indicadores similares en los países con información disponible[87]. La Organización Mundial de la Salud estima un incremento mundial del 25 % en las tasas de depresión y ansiedad después de la pandemia[88].

La ansiedad se puede describir como una preocupación constante o un excesivo miedo a diferentes circunstancias. La ansiedad es un aspecto positivo y protector, en la medida que ayuda a reconocer posibles amenazas. El problema aparece cuando el sistema de alarma es demasiado sensible, en aquellas circunstancias en que las personas se preocupan permanentemente sin necesidad, o cuando el nivel de preocupación no se corresponde con la dimensión de los problemas. Cuando la ansiedad se convierte en un problema de salud mental, se escala y puede manifestarse en casos extremos como fobias o ataques de pánico.

La ansiedad se desprende del miedo y se manifiesta como una preocupación incontrolable a la que no se le encuentra una causa clara, a los incontables escenarios de qué pasaría si algo malo sucede. El miedo se puede causar porque hay un ladrón entrando a la casa. La ansiedad es tener el mismo miedo, pero sin señales de un ladrón. Incluso antes de la pandemia, la ansiedad estaba haciendo todos los méritos para convertirse en uno de los principales trastornos de salud mental, pero la pandemia agudizó su prevalencia. En el 2020 los niveles de ansiedad llegaron a niveles mucho más altos que los reportes históricos. De acuerdo con los datos registrados en el Centro de Control y Prevención de Enfermedades (CDC) de Estados Unidos, entre enero y junio del 2019, el 11 % de la población adulta reportó algún síntoma asociado a ansiedad. Para diciembre del 2020, los reportes llegaron al 42 %[89]. Un incremento de 31 % es una cifra alarmante y con implicaciones importantes para la calidad de vida de quienes la experimentan.

¿Qué es el Sunday blues?

Un fenómeno que se va expandiendo y virilizando en los temas de salud, como en algún momento lo hizo el estrés, es la depresión. Si antes se usaba el estrés para nombrarlo todo, ahora esto se hace con la depresión. Y la depresión tiene la misma flexibilidad lingüística que el estrés. Mis estudiantes usan la depresión como un comodín. Dicen cosas como: el final de la película es redepresivo, no salí con mis amigos porque me entró la depresión, no entré a clase porque me levanté deprimido, la universidad me deprime, el futuro es superdepresivo. La depresión entra y sale de su organismo, daña las películas, obstaculiza el rendimiento académico y ensombrece el futuro.

Hace varios años, cuando estaba aprendiendo inglés, la profesora nos enseñó una expresión: *Sunday blues*, escribió en el tablero. Se refiere a la nostalgia que se siente al final de la tarde de un domingo cuando la tiranía de la rutina del lunes se siente tan cerca. El *Sunday blues* me supuso la expresión más bonita y profunda que había aprendido hasta entonces y, a mis veinticinco años, era la primera vez que escuchaba que la melancolía tenía un lugar específico en el lenguaje y en el horario de la semana. Al poco tiempo de conocer del *Sunday Blues* leí un artículo sobre las tasas de suicidio los domingos al finalizar la tarde. El autor hacía el puente entre la nostalgia del domingo con la depresión que, en casos muy extremos y afortunadamente escasos, llevaban al suicidio.

Hace quince años la depresión y el suicidio eran temas que no tenían el protagonismo del que gozan hoy en los análisis de salud pública. No se conocía mucho y se hablaba poco de la depresión y, en la esfera privada, eran escasas las personas que uno identificaba con un problema de depresión (así la tuvieran). Sin embargo, después de muchas estadísticas alarmantes del incremento de la depresión en todos los grupos etarios, la depresión es una conversación que está en la mesa, en el lenguaje cotidiano y en la agenda de los gobiernos.

La depresión viene desde la melancolía que usaron los griegos para describir una condición asociada a la tristeza y el miedo. Desde el siglo XVI se empezó a considerar como un tipo de locura, de esas de las que se conocía poco, pero llevaba a las personas a los reclusorios psiquiátricos. En el siglo XIX, en el Reino Unido, además del diagnóstico de melancolía, se incluían otros síntomas para recluir a una persona en un hospital psiquiátrico, como hablar sobre la muerte, tener pensamientos suicidas, o hacerse daño físico[90]. Desde el tiempo de los reclusorios hasta la actualidad, se ha avanzado en la identificación y diagnóstico de la depresión. Y gracias a ese conocimiento, hoy se recolecta información a nivel poblacional (aunque mayoritariamente en países desarrollados) sobre la prevalencia de la depresión en la población.

La Organización Mundial de la Salud estima que para el 2021 el 5 % de la población mundial sufría de depresión[91]. Aunque es muy probable que las cifras estén sesgadas y el número sea más alto. En los países pobres o en vías de desarrollo no se tienen sistemas que permitan el diagnóstico en toda la población y el conteo se realiza con la minoría que visita un médico. En los países con una población mayoritariamente pobre (y sin acceso al sistema de salud) es altamente probable que no entren en las estadísticas nacionales del diagnóstico de depresión.

La depresión es una condición compleja, tiene varios síntomas que se ocultan con otras enfermedades, y varía en rangos de intensidad que permiten esconderse y hasta escapar al diagnóstico de un médico. Distinto a las enfermedades físicas, los marcadores de las enfermedades de salud mental y la depresión no son claros. Si usted va al médico y le hacen un examen de sangre, los marcadores de hipoglicemia o colesterol le van a dar una idea clara al médico sobre el diagnóstico y, si es necesario, del tratamiento a seguir. Con la depresión, los marcadores no son claros y no hay exámenes precisos para realizar el diagnóstico. Sin embargo, existe un consenso entre los expertos en cuanto a que los síntomas que se asocian con una mayor frecuencia a los estados depresivos son tener baja energía, problemas para conciliar el sueño, pérdida de interés, cambios en el apetito, estados anímicos melancólicos, baja autoestima, poco optimismo en el futuro, y en los casos más agudos, pensamientos suicidas. Este menú de síntomas crea diferentes combinaciones que varían de acuerdo con la persona que los experimenta, y también varían en intensidad en el tiempo. Es como la marea, a veces el agua del mar llega con fuerza y se queda por un largo tiempo el mar picado, para un día cualquiera volver a ver el mar tranquilo. Los episodios depresivos, al igual que el mar, cambian, pero repiten ciclos. Los episodios depresivos pueden llegar a durar hasta tres años[92], para un día recuperarse, y en otro momento volver a experimentarlos.

La depresión es una enfermedad incapacitante. El que la sufre, difícilmente puede ver el camino para dar el siguiente paso, o peor aún, puede no ver la necesidad de dar otro paso. Creo que la fracción más difícil de la depresión es el aspecto social. La necesidad de impostar una buena disposición, de fingir una sonrisa, de vender la imagen de estar bien. Y esto lo tiene que hacer una persona con depresión, porque verbalizar lo que le pasa no es fácil y la mayor parte de las personas no lo entienden. A los que sufren de depresión la gente les pregunta qué está mal en sus vidas. Y es posible que todo esté bien, no falta el dinero, ni la comida, ni el apoyo familiar. Pero hay algo por dentro que hace que todo se vea cenizo.

No me categorizaría como una persona depresiva, pero sí he tenido episodios arduos. Si la vida fue difícil en esos momentos, no imagino lo que sería vivir la vida con un mar embravecido la mayor parte de los días, donde el sol es escaso y dosificado. Las cifras son claras en el crecimiento de la depresión, pero lo que no crece a la misma velocidad es la empatía para entender, para ayudar al otro sin hacerlo sentir mal, o sin desestimar lo que siente.

Durante la investigación para escribir este capítulo, lo que más me gustó fue leer las historias de las personas que un día de sol se sentaron a escribir sobre su depresión, de la posibilidad de salir del sopor de los tranquilizantes y antidepresivos y tener la lucidez de escribir lo que pasa en una cabeza convulsa y gris. Las historias sonaban con la melancolía que aún me suena el *Sunday blues*, una canción pausada, bella, y escrita con mucho sufrimiento. Otro pedazo de información que leía para documentarme venía de lo que escriben los psiquiatras que tratan a pacientes depresivos. La volatilidad del tratamiento, lo rápido que llegan las personas a un umbral donde la medicación ya no les sirve, lo difícil que es para un paciente articular lo que siente y lo difícil que es la vida para quien sufre de depresión.

Esa información que viene del que sufre y de quien trata la depresión fue lo que me motivó a incluir una sección de depresión y salud mental en un libro de felicidad. Esto lo hago por las personas que tengo cerca, que viven y han vivido en episodios depresivos, algunos que felizmente fueron parte de la vida, como los que me han tocado a mí, y para otros que cualquier día vuelven y se levantan con la inefable certeza de que el mar picado vuelve a determinar el clima interior. Por ellos escribo las noventa y cuatro mil palabras de este libro, porque la felicidad no es ajena a ellos.

¿A QUIÉNES AFECTAN MÁS LOS PROBLEMAS DE SALUD MENTAL?

Mujeres

En el estudio de la prevalencia de enfermedades de salud mental hay tres grupos poblacionales donde la ansiedad, la depresión y muchos otros trastornos crecen como en suelo fertilizado: las mujeres, los jóvenes y los adultos mayores. En 2017 se estimaba que alrededor de setecientos noventa y dos millones de personas en el mundo vivían con algún tipo de enfermedad de salud mental. El 9,3 % de los afectados son hombres y 11,9 % son mujeres. La depresión, la ansiedad, los desórdenes alimenticios y la bipolaridad son más prevalentes entre las mujeres[93].

Las mujeres, en buena parte de la historia, hemos sido consideradas *desbalanceadas*, usando un término que viene de la época victoriana. Los cambios en temperamento asociados al periodo menstrual, o a los episodios depresivos asociados a los embarazos y el postparto, son algunas de las condiciones que se asociaban a los *desbalances* mentales femeninos. Las mujeres podían ser recluidas por histeria en manicomios que hacían la función de cárceles, debido a *desequilibrios* mentales[94].

Hay muchas razones que se pueden aducir a la prevalencia de trastornos mentales entre las mujeres; una de esas razones viene de la herencia que nos dan solo por el género. Las mujeres seguimos ganando menos, aun con las mismas capacidades y carga laboral de los hombres. Muy pocas mujeres se sientan en las mesas donde se toman decisiones y seguimos excluidas del acceso al poder. Las mujeres también estamos expuestas a violencias de género como abusos sexuales, feminicidios y violencia doméstica. En la vida cotidiana, y gracias a los roles que la sociedad ha considerado propios de las mujeres, la carga doméstica, el cuidado de los niños y los adultos, no siempre es compartida en el hogar. Hay otros factores que también impactan la salud mental de la mujer relacionada con etapas de la vida o con aspectos biológicos. La bomba hormonal que explota una vez al mes con el periodo, la menopausia y el embarazo. El menú es variopinto y cada factor impacta de una forma distinta.

Otra herencia histórica que nos ha dejado el legado cultural, y que encontró suelo fértil en el internet y las redes para crecer como vegetación selvática, es la idea de que parte de la valía de las mujeres reside en los atributos físicos. Al leer sobre el peso cultural de la belleza femenina, me encontré con un test que felizmente no conocía, pero que, según leí, es bastante conocido por las mujeres. «El test del lápiz», se llama. La instrucción científica para el test es sencilla: tome un lápiz y póngalo debajo de sus senos. Si el lápiz se cae, felicitaciones. Si el lápiz no se cae, el peso de la gravedad y de cultura de ideales de belleza recae sobre la feminidad. Este test, en su trivialidad, guarda una de las muchas métricas por las que somos juzgadas, y peor aún, autojuzgadas. Los ideales de belleza femeninos, que cambian como van pasando las modas y los gustos, han sido ampliamente estudiados, pero poco entendidos. El consumismo y las métricas absurdas, como la del lápiz, han exacerbado la confusión. Entre maquillaje, piel perfecta y tratamientos para perder peso, la belleza se ha vuelto una carrera ansiosa e interminable de la que no se conoce el punto de llegada.

El ideal de belleza de redes, modelos y vitrinas, es un bombardeo constante que es difícil ignorar. No importa lo educada, bonita, o millonaria que sea una mujer, lo que sea que se asocie con la belleza, es una búsqueda interminable que afecta la autoestima y la salud mental. La bulimia y la anorexia no son fenómenos menores y aislados. Se necesitan muchos ingredientes y fuego muy lento para que los trastornos alimenticios lleguen a las estadísticas de los sistemas de salud y a los problemas cotidianos de muchas personas.

Los hombres, la cultura, y sobre todo nosotras como mujeres, desconocemos a veces lo lesivo que es el discurso de la belleza física que nos dan en cada comida. Y creo, sin caer en hipérboles, que todas las mujeres, en algún momento, hemos sentido que somos valoradas, deseadas, rechazadas o premiadas, basadas exclusivamente en nuestro aspecto. La belleza física ha sido un diferenciador y un premio que está en la psique de las mujeres desde niñas. Los reinados, las popularidades deseadas, han sido instrumentos para educar en la sutil competencia por la mirada masculina, por gustarle a un hombre, por encajar en los moldes de las creaciones patriarcales. El empoderamiento femenino, el *girl power* y, más importante, la solidaridad de género, son ideas que nacieron ayer en la línea temporal en la morfología del rol femenino.

Jóvenes

Los *centennials* son la generación más sola, ansiosa y deprimida. En el 2015 el 31 % de estudiantes de secundaria en Estados Unidos declaraban sentirse solos y en el 2011 la proporción era del 22 %. En 1991 los factores asociados a depresión, como el porcentaje de jóvenes que declararon que no podían hacer nada bien, estaban en 26 % y en el 2015 alcanzaron el 37 %. A su vez, los registros de jóvenes que declararon que «la vida no es útil», o que «no disfrutan la vida», han ido en aumento sostenido. En las redes los comentarios de los jóvenes sobre sentirse deprimidos, solos o inadecuados incrementaron en 248 % entre el 2013 y 2016[95].

Jean Twenge atribuye este tsunami estadístico a las redes sociales y el constante uso de pantallas. Según su análisis, el rápido aumento de los síntomas depresivos de los jóvenes ocurrió al mismo tiempo que la introducción de los teléfonos inteligentes como un producto de consumo de masas (alrededor del 2009–2010). La relación entre más tiempo al frente de una pantalla y mayor prevalencia de depresión proviene de varios canales. Por un lado, entre más uso se haga de una pantalla, menos tiempo se dedica a actividades de socialización e interacción cara a cara, alimentando la soledad y el aislamiento. Por otro lado, está la ansiedad asociada a la comunicación por medio de un chat o redes: la no respuesta, la demora en responder, el *dejarlo en visto* y desconocer las razones asociadas a X o Y respuesta (cuando hay respuesta). Esto aunado a lo ambivalente y poco clara que es la comunicación por medio de un chat. Otro factor que incide en mayores tasas de depresión y ansiedad entre los jóvenes, y su uso de pantallas constante, es la reducción en horas de sueño. Un adolescente puede gastar mucho tiempo en videojuegos y dejar solo un par de horas de descanso antes de llegar al colegio.

Todo lo que promueven las redes sociales, las fotos perfectas, la belleza irrealista, los logros de los demás, también contribuyen a las estadísticas. Adicionalmente, los jóvenes y adolescentes están expuestos al ciberacoso. Antes de las redes, el acoso estaba restringido a los espacios de interacción (la escuela o el barrio), pero con las redes, los acosadores tienen una plataforma abierta 24/7 para acosar a sus víctimas sin importar dónde estén.

Adultos mayores

Según la Organización Panamericana de la Salud, uno de cada cuatro adultos mayores vive con una enfermedad de salud mental; la depresión, ansiedad y demencia son las más prevalentes. Dado el continuo envejecimiento de la población, se proyecta que las cifras se doblen para el 2030.

Gracias a los avances en la medicina, los años de vida se están extendiendo, pero los años extra que permite la ciencia no vienen de la mano con los cambios económicos que más años de vida demandan. Los adultos mayores están viviendo más años, pero algunos de ellos los viven más empobrecidos por falta de ahorros y un sistema de protección social que garantice una pensión digna. Con los años también llegan dependencias para resolver actividades cotidianas y el deterioro continuo en la movilidad. Para el 2017, uno de cada tres adultos mayores en Estados Unidos presentaba limitaciones al realizar actividades cotidianas como prepararse algo de comer u ordenar la casa[96].

Al tiempo que la ciencia permite vivir más años, y hay menos muertes y tratamientos para enfermedades que hace quince años eran mortales, las que prevalecen son las de salud mental asociadas al deterioro cognitivo como el alzhéimer y la demencia. Estas enfermedades impactan de manera directa y negativa la calidad de vida de quienes las padecen y de sus cuidadores.

La mayor parte de los problemas de salud mental de esta población están asociados con desórdenes afectivos y, más importante, con la soledad.

La soledad está asociada con un incremento del 50 % en demencia[97]. A medida que se va envejeciendo y perdiendo la conexión con actividades productivas que introducen a los individuos a otros círculos y nuevos lazos sociales, los adultos mayores van perdiendo las conexiones que son centrales para una buena salud mental. La muerte de los amigos y sus contemporáneos también reduce el número de personas alrededor. Los adultos terminan dependiendo, en gran medida, de su círculo familiar, y el tamaño de las familias también se ha reducido, lo que disminuye la red de apoyo en los años de vejez.

En los países desarrollados, la vejez de los adultos mayores es muy solitaria. En Europa y América del Norte, alrededor del 26 % de las personas mayores de sesenta años viven solas. En los países desarrollados, el tamaño promedio del hogar es casi unipersonal. En Dinamarca viven en promedio 1,7 personas por hogar, en el Reino Unido 1,9 y en Corea del Sur 2,2 personas por hogar[98]. Esto refleja la tendencia actual de tener menos hijos y solo vivir con la pareja.

Para los grupos minoritarios y culturalmente excluidos como la población LGTBI o los inmigrantes, la soledad en la vejez es más pronunciada. Las mujeres en promedio también viven una mayor proporción de años en soledad, en comparación con los hombres; en Estados Unidos el 20 % de las mujeres mayores de sesenta y cinco años viven solas, en contraste con el 11 % de los hombres[99]. Esto, en parte, se explica porque las mujeres en promedio viven más años y se casan con hombres mayores.

Este tipo de estadísticas son las que promovieron la creación del Ministerio de la Soledad en el Reino Unido, como se mostró en el capítulo anterior. El aumento en los años de vida de la población es un tema sensible para la elaboración de políticas que promuevan una vejez activa, productiva y con lazos renovables con actividades comunitarias.

¿Qué pasa en Japón?

Japón es uno de esos países que usamos como ejemplo cuando buscamos casos donde la riqueza y el crecimiento económico no vienen de la mano con la felicidad de las personas. Japón es próspero, pero, en promedio, las personas son más infelices que habitantes de países pobres, y eso se refleja en las estadísticas y fenómenos de la salud mental.

En la década de los noventa, se presentó en Japón un fenómeno llamado *hikikomori*. Se refiere a cuando las personas —en particular los jóvenes— se abstraen del mundo. Desertan de la escuela y del trabajo, no vuelven a socializar, no vuelven a hablar, y se internan en su mundo interior. En el 2016, el Gobierno reportó quinientos cuarenta y un mil casos en la población entre los quince y los treinta y nueve años[100]. El diagnóstico se hace después de seis meses de interrumpir cualquier contacto con el mundo exterior. Hay reportes de casos de *hikikomori* en Omán, Hong Kong, España, India, Estados Unidos y Corea.

Los habitantes de Japón también conviven con *kodokushi*, que se refiere al fenómeno de la gente que muere sola y sus cuerpos son encontrados por los vecinos o las compañías de servicios públicos, por reportes de mal olor o falta de pago de servicios públicos. Usualmente encuentran el cuerpo meses o años después de la muerte. Las estadísticas no son oficiales, pero, según un artículo de *The New York Times*, podrían llegan a cuatro mil cuerpos encontrados a la semana en 2017[101]. Lo que hizo famoso el fenómeno fue un caso en el 2000, cuando encontraron el cuerpo de un hombre tres años después de su muerte, luego de que la cuenta de ahorros se quedara sin fondos para el pago automático de la renta y los servicios públicos. A falta de pago, la empresa de servicios públicos llegó a la residencia y encontró el cadáver de alguien que murió en la indiferencia de la soledad. El *kodukushi* es un fenómeno tan usual que incluso hay una industria dedicada la limpieza de los apartamentos después de encontrar los cuerpos. Este es un ejemplo extremo pero ilustrativo de las implicaciones de la soledad y de la desconexión con estructuras sociales.

Igual de extraño es otro fenómeno llamado *karoshi*, que traduce muerte por exceso de trabajo. Hay historias documentadas desde 1970 que siguen una línea narrativa similar. Miwa Sado era una joven periodista de una cadena de noticias del Estado. En el 2013 estaba cubriendo las elecciones y en el curso de tan solo un mes trabajó ciento cincuenta y nueve horas extras; esos son diecinueve días de jornada laboral completa trabajados en las noches y los fines de semana. Un mes después de trabajar hasta quedar exhausta, murió a los treinta y un años de un ataque al corazón.

Trabajar hasta el agotamiento es un signo de diligencia y es lo que explica el milagro económico de la posguerra, pues después de dos bombas atómicas, Japón pasó a convertirse en una de las naciones más desarrolladas. La ética laboriosa de los japoneses hace que trabajar en exceso, así implique acumular fatigas o una privación crónica de sueño, sea lo culturalmente esperado. En Japón, al igual que en todas las naciones desarrolladas, existen las vacaciones y los horarios de trabajo que permiten un balance entre trabajar y tener una vida, pero los trabajadores no los aprovechan. En el 2018 solo el 52 % de la fuerza laboral tomó los días de vacaciones que le corresponden por ley[102]. El Gobierno ha tomado medidas implementando políticas para que los empleados reduzcan la carga laboral autoimpuesta, pero la culpa, el sentido comunitario, y la presión de décadas de trabajo hacen que trabajar en exceso sea una marca distintiva de una cultura diligente.

No se sabe cuál es la relación entre *hikikomori*, *kodokushi* y *karoshi*. Lo que sí se sabe es que están asociados con problemas de trastornos de salud mental, y la manifestación más extrema de estos es el suicidio. En el mes de octubre de 2020, solo en Japón, se reportaron más de dos mil cien suicidios, una cifra más alta que las muertes por COVID-19 desde el inicio de la pandemia hasta el mismo mes[103] en ese mismo país. Pero más preocupante es la cifra de mujeres que se quitaron la vida durante 2020: 6976[104].

***

En diez años de trabajo con jóvenes universitarios veo cómo los aspectos emocionales —de los que antes hablaban poco— van ganando terreno en la conversación. En esa avanzada, llegó la pandemia y dejó como aspecto positivo la posibilidad de tener conversaciones más abiertas y compasivas sobre la salud mental. También obligó a los colegios, universidades y en alguna medida al aparato productivo, a equiparse para hablar de ello. Veinte años atrás, cuando yo era una estudiante universitaria, ni sabía que la salud mental existía. El dolor del cuerpo lo curaba un médico, pero el dolor de las otras cosas a las que no se les podía poner un dedo encima hacía parte de una esfera muy íntima que no tenía un reportorio lingüístico para ser articulado. Tal vez mis estudiantes tampoco tengan un reportorio lingüístico para hablar del dolor o la incomodidad de las cosas que no pasan en el cuerpo, pero hoy tienen una categoría: salud mental. Este es un avance en una discusión tapada a la fuerza, por desconocimiento, por la vergüenza, por la locura con la que se ha etiquetado lo que no se entiende.

Relaciones afectivas

La investigación más conocida y extensa sobre la felicidad es *The Grant Study,* o el estudio de las becas. Empezó durante la gran depresión económica con una cohorte de graduados de Harvard compuesta por 268 egresados entre 1942 y 1944 que han sido evaluados a lo largo de su vida. Además de los estudiantes de Harvard, la investigación incluyó a 456 jóvenes sin antecedentes criminales de los barrios de Boston. El estudio lo realizó la escuela de Medicina de Harvard con el objetivo de establecer los factores que contribuyen a una vejez saludable. Dentro de los resultados más notables se incluyen los efectos adversos del tabaquismo y el consumo del alcohol que se traducen en serias enfermedades físicas en el caso del cigarrillo, y diagnóstico reservado en divorcios y salud mental en el caso del alcohol. Como dato curioso, el estudio concluye que los hombres liberales son sexualmente activos por más años que los conservadores. Dejo el dato científico en caso de que el lector lo encuentre relevante y lo quiera agregar a una lista. Pero el hallazgo que ha hecho que este estudio llegue a muchos titulares, conferencias TED, y se ha vuelto de referencia obligada cuando se habla de felicidad a lo largo de la vida, es porque encontró que el factor más importante para una buena vida, feliz y satisfecha, es la calidez de las relaciones afectivas. Las buenas relaciones incluso tienen mayor poder predictivo en el ingreso económico que la capacidad intelectual. Dicho de otra forma, las personas que tienen mejores relaciones, en promedio, ganan mejores salarios así tengan un menor puntaje en las pruebas que miden inteligencia. George Vaillant, uno de los directores del estudio, afirma, sin espacio a dudas científicas, que lo único que realmente importa en la vida son las relaciones afectivas que las personas cultivan.

No pretendo llegar con consejos no solicitados sobre la felicidad —a menos que la vida sexual de los liberales sea de su interés—, pero la acumulación de evidencia hace inevitable que escriba la siguiente línea: si usted, estimado lector, tiene problemas con sus papás, su pareja, sus hijos, sus amigos, o sus colegas, haga lo que le sea posible para resolverlos. No hay nada que contribuya más a su felicidad presente y futura que la capacidad de crear relaciones sanas y cálidas con otros.

El éxito de la vida en cualquier ciclo etario está determinado por la capacidad de construir buenas relaciones. En la vida adulta, bajo cualquier indicador que se quiera usar para el éxito como el dinero, ascenso laboral, o la construcción de una familia, está mediado por los afectos que constituyen las relaciones como la empatía, el amor, la escucha, la disposición a estar presente. Nadie recuerda ni aprecia a las personas por su currículo o sus posesiones materiales. Las personas ganan cercanía y entran al podio de los afectos gracias a las relaciones que se construyen con ellas.

Las buenas relaciones dan grandes réditos y son ese tipo de inversiones que se valorizan de muchas formas. Las personas que declaran tener mejores relaciones tienen mejor estado de salud tanto físico como mental, viven más años y les va mejor en el trabajo.

¿Pensando en dar el sí?

El amor. No hay nada más deseable que el amor. Buscar, encontrar, perder y disfrutar-sufrir el proceso de las relaciones amorosas es el tema más usual de cualquier forma de producción de arte. Es la forma en que volvemos arte las emociones. Un beso con devoción al ser amado evoca *El beso* de Klimt. El pasaje de Neruda *mientras ibas conmigo te toqué y se detuvo mi vida* construye las memorias que se extrañan en los momentos de nostalgia. Hasta el amor maltrecho se eleva a pieza de arte en la voz de Adele.

Las relaciones afectivas, en cualquiera que sea su forma (matrimonio, unión libre, o relaciones estables), son uno de los temas centrales del estudio de la felicidad. Una de las conclusiones más robustas, constantes, y testeadas en los laboratorios felices, es que las personas casadas —o en algún sustituto que haga sus veces— son más felices. La satisfacción marital tiene incluso efectos protectores en la salud. Las personas que reportan estar en una relación estable reportan sentir con menos frecuencia dolor físico y emocional, incluso durante episodios de enfermedad[105].

La felicidad y el amor varían en función de la edad. La trayectoria feliz que entrega el amor es un despeñadero donde todo va cuesta abajo entre los veinte y cuarenta años[106]. Esa tendencia a la baja está explicada en mayor medida por las insatisfacciones propias y expectativas que por la otra persona. Alguien puede estar en una buena relación, pero las perspectivas de encontrar una mejor oferta amorosa conducen a la insatisfacción producto de mayores expectativas. Acá aplica un *no eres tú, son mis expectativas.* Es un fenómeno que yo llamaría el amor de Netflix; ante tantas opciones de consumo, es difícil escoger y terminar una serie o una película. Mientras se le da la oportunidad a algún título que llame la atención, se está pensando en las otras películas que se veían más interesantes en el menú de la página principal. Después de diez minutos, descarta la primera opción y vuelve al menú principal. Tres horas más tarde, van cinco películas a medio probar y una terminada por no dejar la jornada en blanco y por no pasar por alguien con problemas con el compromiso. Creo que sucede lo mismo con las relaciones de pareja. Las plataformas amorosas como Tinder y las muchas otras que cazan amor en la pantalla del celular hacen el favor social de filtrar por edad, intereses y cercanía. Después de determinar las preferencias, en la pantalla se abre un océano de posibilidades. Esa ilusión de tantas opciones es la que alimenta las insatisfacciones de la relación.

De los cuarenta en adelante, la satisfacción con las relaciones afectivas y la felicidad aumentan. Los científicos reportan que, pasados los cuarenta, muchos aspectos de la vida mejoran. El estrés se reduce, hay mayor regulación emocional, y la vida se vive con menos arrepentimientos. Hay razones que explican los beneficios de la vida adulta, la estabilidad laboral —para quienes la consiguen—, ganar perspectiva, madurez, y aprender a resolver mejor los problemas en la vida. La pareja, que es una pata fundamental para la estabilidad de la adultez, se convierte en la serie de televisión clásica que se puede repetir sin cansarse, el *playlist* que puede sonar todos los días y el té de la mañana que se espera con tantas ganas. La vida afectiva, según los reportes que vienen con datos y números, mejora. La intimidad se fortalece y se ha madurado lo suficiente para entender con sensatez hasta dónde llegan las expectativas.

La vida que se comparte entre dos es más feliz por varias razones. Están los aspectos románticos, la intimidad, el contacto físico con un cuerpo familiar y amoldado, los domingos de Netflix con gustos compartidos. También están las razones prácticas. Hacer el mercado entre dos es más fácil, barato y divertido. Las cargas se distribuyen, uno cocina, otro lava los platos, los dos escriben en la lista de pendientes. También están las razones emocionales. Sentirse acompañado y apoyado en el tránsito de la vida, articular lo que se siente y ser ayudado mientras se sortean las emociones difíciles. La certeza —así sea transitoria— de que hay alguien que va a llegar en la noche a cenar, se van a dar un beso antes de dormir y la vida al día siguiente va a conservar un orden predecible y confiable.

Lo más preciado de la vida en pareja es la posibilidad de crear la mejor versión de uno mismo y del otro. Caryl Rusbult lo llamó «el efecto de Miguel Ángel», haciendo referencia al escultor; se refiere a la forma en que una buena pareja tiene la habilidad de esculpirse mutuamente para obtener los logros que cada uno busca mientras se crea la mejor versión de cada uno.

La gente posiblemente es más feliz en la vida en pareja —cuando están en una buena relación— porque la vida en compañía demanda las mejores habilidades interpersonales que se han acumulado. Una buena comunicación, empatía, y autorregulación emocional entran en juego todos los días en la vida compartida. La ciencia informa que se es más feliz cuando se usan las habilidades cognitivas y afectivas. Una relación de pareja es eso, una demanda constante de la mejor versión propia y del otro.

El campo de la investigación de la vida en pareja es un suelo fértil. Una de las investigaciones más conocidas es una que reporta sobre los aspectos que predicen la separación[107]. El primer factor que muestra el rumbo certero de un descalabro amoroso es la desidia o desprecio hacia el otro. Esto se traduce en ver a su pareja y no sentirse orgulloso de quién es, lo que representa y los valores que persigue. Para querer hay que admirar. Es difícil pensar que alguien entra en una relación sin sentir un mínimo de admiración por el otro, pero el juego del amor estable es un juego largo y las circunstancias de la vida cambian. Si a lo largo del tiempo mantener la admiración por el otro, de sus logros, o de sus atributos, se va desvaneciendo, es posible que el amor se esfume. El día en que alguien vea a su pareja y le quede la imagen de que la persona que tiene al frente es un pálido recuerdo de lo que algún día tuvo, por dentro se empieza a cocinar la idea insalvable de quererse ir. El segundo factor de las malas noticias afectivas es la crítica excesiva. Criticar al otro, lo que hace, lo que dice, y ser incapaz de ver y verbalizar el valor de lo que hace el otro. Esta es la versión de estar en una relación con el enemigo. El tercer ingrediente venenoso viene con cerrarse a conversaciones. Cuando alguien dice: eso ya la hablamos y no necesitamos revisitar las incomodidades. Esto es cerrarse a las necesidades del otro, y más importante, es reducir e ignorar problemas. En caso de que necesite más, hay un cuarto factor apocalíptico de las relaciones y es estar a la defensiva con el otro. Entrar a cualquier conversación como si se resolviera en un cuadrilátero donde hay que ganar, y para ganar hay que noquear al otro.

El promedio de las personas solteras en el mundo va en aumento. Una métrica para medir la soltería, son los hogares donde vive solo una persona (hogares unipersonales). Desde 1950 la tendencia va en aumento y ha alcanzado los picos más altos en los países desarrollados. En Estocolmo, más del 60 % de los hogares son unipersonales[108]. Pero hasta donde las estadísticas lo muestran, las personas siguen escogiendo el deporte emocionalmente riesgoso, pero gratificante, de entregarse a la vida con otro. Hasta en Escandinavia las canciones se siguen escribiendo con los versos amorosos y no con la soledad del hogar unipersonal.

Los hijos

Esta es la época donde nacen menos niños. Las tasas de fecundidad en el mundo desarrollado y en vías de desarrollo se han contraído. Para el 2019, la tasa global de fertilidad era alrededor de dos niños por mujer, mientras que en 1950 era de cinco[109]. Tener hijos es una decisión cada vez más calculada y menos deseada. La inserción al mercado laboral de las mujeres y los métodos anticonceptivos han dado el poder de escoger si la maternidad es una opción deseable, y el peso cultural de tener una familia como piedra angular para el funcionamiento social suena como el recuerdo de un tren que dejó la estación temprano en la mañana.

La disminución en el nacimiento de niños es uno de los temas de primer renglón en algunos países desarrollados. Los países dependen de la *tasa de reemplazo generacional* (balance entre nacimientos y fallecimientos) para mantener el pago del estado de bienestar. En el momento en que un país empiece a tener una población envejecida y muy pocos nacimientos, se queda sin una población que pague impuestos y contribuya al mantenimiento de un sistema de salud y pensiones requerido por una amplia población mayor y retirada. En los países desarrollados con bajas tasas de fecundidad —la mayoría europeos y asiáticos—, los gobiernos implementan un amplio rango de políticas para incentivar que sus ciudadanos tengan hijos: bonos económicos, licencias de maternidad y paternidad que alcanzan hasta un año, guarderías, etcétera. Cuando sus nacionales no responden, abren programas de migración contralada para recibir familias o personas de países en vías de desarrollo que lleguen a parir las generaciones futuras.

Dado que el asunto de procrearse no es solo privado, sino que tiene implicaciones públicas y sociales, muchos aspectos de la fecundidad son ampliamente estudiados desde las políticas públicas. ¿Cuándo toman las mujeres la decisión de tener hijos?, ¿a qué programa público responden más para decidir ser mamás?, son algunas de las preguntas que asaltan a los gobiernos y académicos interesados en los cambios demográficos. En esa intersección aparecen los estudiosos de la felicidad y se preguntan, ¿tener hijos contribuye a la felicidad? Hoy, como nunca antes, se tiene la posibilidad de contestar ampliamente a esa pregunta. Hace décadas, cuando casi todos los adultos se casaban y tenían hijos, era difícil responderla, mientras que hoy existe un laboratorio con muchos adultos sin hijos que permite una exploración detallada de la felicidad que produce tener o no hijos.

¿Un hijo me hace más feliz?

El hogar es uno de los escenarios favoritos de una discusión académica que estudia la relación y contribución de la herencia genética (*nature*, como le dicen los académicos anglosajones), y el contexto donde crecen las personas (*nurture*). La relación *nature* y *nurture* es lo que estudian los científicos cuando intentan establecer qué tanto explican los genes y qué tanto explica el contexto sobre el desarrollo de una persona. En cuanto a bienestar y felicidad, sabemos que entre el 30 % y el 50 % lo explican los genes y el otro porcentaje lo explica la interacción compleja de circunstancias y pensamientos[110]. Puesto en blanco y negro, los padres tienen una contribución muy alta en la felicidad. Dan la carga genética, y luego son los responsables del contexto y la crianza de los niños. Visto así, es difícil eximir a los padres de cualquier responsabilidad directa en la felicidad o infelicidad de sus hijos. Tal vez por esto una de las respuestas más usuales de los padres sobre qué quieren para sus hijos, es que sean felices.

Los niños aprenden de sus padres a través de la emulación de comportamientos. Los niños felices y que muestran emociones positivas en la mayor parte del tiempo, vienen de hogares y padres felices. La felicidad y las emociones positivas son contagiosas y virales. Estar cerca de personas felices hace que otros sean felices hasta en tres grados de separación (el amigo del amigo, del amigo)[111]. Si la felicidad de los amigos, vecinos y todas las redes que se forman es contagiosa, la felicidad del hogar y sus miembros es determinante para la felicidad de los niños. Los niños imitan las emociones de sus padres desde los primeros días de nacimiento[112], y esto es lo que los expertos llaman *convergencia emocional*. La convergencia emocional es cuando usted y su pareja actúan de la misma forma; cuando estar alrededor de una persona depresiva y triste le baja el ánimo; o cuando grita gol al mismo tiempo que cientos de espectadores en un partido de fútbol.

La felicidad parental viene acompañada de ciertas características que derivan en una mayor satisfacción (o insatisfacción) en el proceso de criar hijos. La edad es una de esas características que importan. Según relata la ciencia, las personas que llegan al mundo de los hijos después de los treinta, en promedio, son más felices[113]. Llegan a la maternidad/paternidad con mayor madurez emocional y, en teoría, han logrado una acumulación de bienes materiales que ayudan a resolver los aspectos económicos que demanda la crianza de los hijos. Las personas menores experimentan con mayor frecuencia presiones económicas y la frustración de sentirse aisladas o sin las mismas oportunidades de hacer actividades o perseguir otros logros.

El género también importa. En promedio, parece que los hombres disfrutan más de tener hijos[114]. Esto puede estar explicado porque ellos no asumen el proceso del embarazo, la posible depresión postparto, ni la lactancia, y tampoco participan en la misma proporción en las actividades de cuidado de los hijos como lo hacen las madres. La mayoría del tiempo que pasan los hombres con sus hijos es principalmente en actividades de juego. Las mujeres, por su lado, experimentan de otra forma la llegada de los hijos. Ellas asumen la mayor porción de las actividades de crianza y de cuidado, en particular cuando los niños están pequeños. Uno de los aspectos que más afecta a las mujeres en el proceso de la maternidad está asociado con el deterioro en la salud mental. Entre las mujeres que son madres, las tasas de ansiedad, depresión y estrés son más altas[115]. La maternidad también tiene implicaciones en el mercado laboral para las mujeres, conocidas como la *penalización de la maternidad*. En esa categoría entran varios factores. Uno de ellos es el salario, que para las madres es en promedio más bajo porque en muchos casos deben buscar trabajos con tiempos parciales, empleos temporales, o en algunos casos quedan del todo excluidas del mercado laboral. Los trabajos parciales y la baja remuneración luego se ven reflejados en la ausencia o la cuantía del cheque de jubilación, lo que hace a las mujeres más dependientes en la vejez. Otra de las penalizaciones laborales es el tipo de empleo. Hay trabajos y ocupaciones que están restringidos a las mujeres para evitar los inconvenientes de tener una empleada que debe salir a recoger el niño en el colegio, quedarse un día en casa por la enfermedad del hijo, o los sobrecostos de la maternidad en los seguros médicos. Si usted, estimada lectora, está considerando la posibilidad de tener hijos, acérquese con mucha cautela a la literatura de la economía laboral, a menos que quiera convencerse de que la maternidad no es lo suyo.

En términos socioeconómicos, la intuición es suficiente para concluir que es mejor tener mayores recursos que ser pobre cuando llegan los hijos. Hay un dicho en mi cultura que afirma que *los hijos vienen con el pan debajo del brazo,* lo que significa que los niños traen bienestar y fortuna. Una revisión ligera a las cifras de malnutrición y pobreza fácilmente puede rebatir los adagios populares. Pero más allá de todo esto, los hijos son una empresa que demanda muchos recursos económicos. Al sumar los costos de educación, cuidado, vestido, alimentación, transporte, entretenimiento, clases extracurriculares, seguro médico, y la terapia psicológica, los hijos se comen el pan que traen debajo del brazo y siguen con el pan del papá y la mamá con apetito voraz. Los costos estimados de cuánto vale educar y mantener un hijo hasta los veinte años cambian de acuerdo con el país y la condición económica de los padres, pero un acuerdo al que llegan los que hacen los cálculos es que los hijos son posiblemente la mayor inversión económica que hace un padre a lo largo de su vida; y para un ciudadano promedio, el costo de la educación de sus hijos puede ser mayor que el costo de los bienes durables que posee (como la casa en la que vive).

La edad de los hijos también parece incidir en la felicidad parental y se mueve en ondas de felicidad y menos felicidad a lo largo del tiempo. Los padres experimentan un pico de felicidad durante el embarazo y después del nacimiento. El pico de felicidad va bajando con las demandas de un bebé, que incluyen horas de sueño restringidas, incremento en las tareas domésticas, y poco tiempo libre. La felicidad vuelve después de un tiempo; algunos ubican el retorno de la felicidad en algún punto entre los tres y siete años del infante. La luna de miel de satisfacción parental parece caer estrepitosamente con la adolescencia. No creo necesario argumentar ampliamente este punto. Y la felicidad vuelve una vez los hijos dejan el hogar[116].

La evidencia disponible sobre la felicidad y los padres muestra resultados mixtos y bastante debatidos. Una parte sugiere que los hijos contribuyen muy poco o nada a la felicidad de los padres. Cuando se restan las ansiedades, las limitaciones, los problemas y los costes directos de la crianza de los hijos, el resultado a favor de la felicidad es muy bajo, o inexistente. Esta información también muestra que los hijos no proveen felicidad a los divorciados, a los padres/madres solteros o a los viudos[117]. Otras investigaciones muestran que, en promedio, los padres son más felices a lo largo de la vida[118]. Una buena relación con los hijos en la adultez, la relación con los nietos y el sentido de propósito a lo largo de su existencia contribuyen a una mayor satisfacción entre quienes deciden tener hijos. Uno de los aspectos que inciden en los cambios de la felicidad en lo parental es que los hijos exponen a sus padres a un rango emocional más amplio. Desde el amor, el orgullo, la ternura, hasta la ansiedad, la rabia y la frustración. Una persona sin hijos está menos expuesta a este rango emocional y tal vez por eso decide tener mascotas que, en la mayor parte, proveen solo emociones felices.

Si los hijos producen o no felicidad es un tema abierto en la investigación académica. Con frecuencia, los que sostienen que los hijos hacen felices a los padres revisan estudios con las bondades emocionales de traer niños al mundo. Los que estudian la insatisfacción parental, también publican otros estudios donde muestran el costo económico de tener hijos, y además los asocian con el asedio de los males contemporáneos: el divorcio y las enfermedades de salud mental. Este es un tema académico tan agitado, como lo es la conversación abierta entre personas que tienen y no tienen hijos. A mis amigos que son padres, les da escozor escuchar cualquier atisbo de evidencia que sugiera que la paternidad/maternidad no da felicidad. A ellos les gusta la evidencia de que la felicidad viene a lo largo de la vida con los nietos y los almuerzos en familia. El otro grupo de amigos que escogieron no ser padres celebran cada pieza de evidencia del costo desproporcionado de la crianza de los hijos, les gusta escoger las fuentes de sus problemas de salud mental y considerar la opción del divorcio con más desparpajo que los que se quedan en las relaciones por mantener la cohesión familiar.

***

Estamos en el tiempo donde la narrativa de hacer felices a los hijos es el eslogan cultural del progreso en la crianza de las nuevas generaciones. El 86 % de los padres franceses ubican la felicidad como el objetivo más importante en la crianza de sus hijos; el 78 % de los padres canadienses y el 73 % de los padres norteamericanos son guiados por el mismo principio[119]. Los padres actuales dedican mucho más tiempo, recursos y esfuerzos en criar a su descendencia, y la escuela refuerza los principios y objetivos que los padres promueven. Sin embrago, hay más reportes de niños y adolescentes con síntomas depresivos o con problemas de salud mental; las tasas de suicidio en la población joven incrementan, y la insidia y alevosía del *bullying* no corresponden a los principios de una generación criada para ser feliz. Esto puede ser un indicativo de la complejidad de educar en un contexto donde la gratificación inmediata y el individualismo que promueve la supremacía de la felicidad particular son las reglas que dictan las condiciones del juego. El principio de buscar la felicidad, reducir los fracasos, y dar todo a lo que se puede tener acceso, hace que sea mucho más complejo lidiar con la frustración o el sufrimiento propio de la vida.

Los amigos

Los amigos son la especie más solidaria del mundo de las relaciones afectivas. Son el círculo escogido para realizar las actividades que se disfrutan y generan placer. Los amigos son la materialización de la felicidad en el mundo afectivo. Se puede pasar la vida sin hijos, sin pareja, sin hermanos, posiblemente se sobreviva a los padres. Pero la vida sin amigos sería la más difícil de todas.

Con los amigos cercanos se comparten los valores y la intimidad. Estos son los amigos que siempre están, de los que se aprende, los que dan consejo, los que sirven de confesionario, con los que el tiempo pasa sin darse cuenta, y las personas que reflejan las cosas a las que se aspira. Los amigos son el reflejo de los valores que identifican a un individuo y popularmente se dice que una persona es el promedio de los amigos cercanos. La investigación de Robin Dunbar[120], uno de los académicos más reconocidos en el estudio de las relaciones con los amigos, ilustra su importancia cognitiva y social. También informa sobre la restricción y exclusividad de las relaciones con el círculo de amigos más cercanos. Los números de Dunbar muestran que, en promedio, el número máximo de relaciones significativas que una persona crea oscila alrededor de ciento cincuenta. Piense en la lista de invitados a una boda. Ciento cincuenta es el número promedio del círculo más extenso de las relaciones con los amigos o conocidos por los que se siente un interés genuino y se comparte al menos veinte minutos al mes. Dentro de ese grupo, el círculo se reduce a quince amigos cuando se trata de las personas con las que se va al cine, se va a la cena del viernes y se invita a los eventos privados. Con esas quince personas se comparten en promedio dos horas al mes que se traducen en el almuerzo o la cena con un amigo habitual. El círculo se reduce a cinco personas para compartir la esfera íntima. Esos cinco son los amigos con los que se sortean las vicisitudes emocionales y con quienes se comparten en promedio ocho horas mensuales. Con los amigos más cercanos, además de compartir intereses y gustos, también se comparten genes. La investigación de Dunbar muestra que se tiene el doble de probabilidad de tener los mismos genes con un amigo que con un vecino.

Comparado con las relaciones de pareja y las relaciones familiares, los amigos tienen la virtud de demandar y exigir menos. Los padres, los hijos, la pareja, son relaciones mediadas por los juicios y expectativas de lo que se puede hacer mejor o lo que se dejó de hacer. También vienen con algo de obligación y culpa las cosas que se deben hacer pero que no dan ganas. Es posible llamar a un amigo y decirle que esta noche no puede ir a la cena programada hace meses. No hay que dar mayores explicaciones, no hay drama, y en la próxima llamada posiblemente todo va a estar igual. Intente hacer lo mismo con la pareja.

Los beneficios de tener amigos son múltiples. Ayudan a disminuir el estrés, la tensión y el peso de las circunstancias cotidianas. Varias investigaciones informan que cuando se debe realizar una actividad difícil como cargar peso, hacer problemas de matemáticas, o llegar a un contexto nuevo —como cambiarse de ciudad—, los amigos ayudan a disminuir la presión. Un círculo amplio de amigos tiene asociaciones positivas con la buena salud y la longevidad. Con los amigos más escogidos y de mejor comportamiento se logra generar presión social positiva en hábitos y conductas como el ejercicio o una dieta más saludable.

Las relaciones con los amigos son importantes y difíciles de crear. Si fuera fácil construir relaciones con los amigos, se tendría muchos, pero los amigos son sujetos a un proceso de curaduría constante. En cada etapa de la vida las necesidades afectivas y de apoyo son distintas y el círculo de amigos va cambiando. Los amigos del colegio, los de la universidad, los del trabajo, los vecinos, las parejas de amigos cuando se une la vida a otra persona, los amigos con hijos cuando la familia crece. Solo se van quedando unos pocos.

Los que se quedan en la vida son las personas con las que se crea intimidad y con quienes se puede ser vulnerable. Son esas escasas personas con las que no hay pretensiones. No hay nada que esconder y mentir sería mentirse a uno mismo. Los amigos más cercanos son los que completan lo que uno no ve. Ellos son los dueños de la mirada externa compasiva que entiende mejor que uno lo que pasa en la vida y las reacciones que nos caracterizan.

Snapchat, en el 2019, comisionó un reporte global de la amistad[121]. Las conclusiones cuentan que, en promedio, las personas tienen unos siete amigos cercanos, y solo cuatro suben al podio de *mejores amigos*. Las principales características que buscan las personas en sus amigos son la honestidad y la autenticidad. La principal actividad que se hace con los amigos es conversar y las principales emociones que genera estar con los amigos es sentirse amado, apoyado y feliz. Hay diferencias generacionales en lo que se habla con los amigos; los *boomers* son los más abiertos a hablar de su vida amorosa y los problemas de salud mental; los jóvenes *centennials* se caracterizan por esa introversión emocional en la que incluso con sus mejores amigos poco hablan de su salud mental o su vida amorosa. De acuerdo con el estudio, solo el 16 % de los *centennials* habla con sus amigos de su vida sentimental, y el 23 %, de su salud mental. ¿Si no es con sus amigos, con quién hablan?

La edad promedio en la que se crean las relaciones con los mejores amigos es durante los veinte, esa etapa en que se tienen menos aprensiones, se alcanza la madurez lingüística de poner dos frases juntas sobre las emociones y se tiene tiempo en las manos. Crear relaciones con los amigos demanda tiempo, recurso que va escaseando con los años. Cuentan los estudios que se necesitan entre cincuenta[122] y doscientas[123] horas de interacción para pasar de ser un conocido a un amigo, y una vida para ser mejor amigo. Esa es una de las razones por las que hacer amigos es una tarea difícil cuando se suman años.

A pesar de que el tiempo va dando madurez emocional y mayor capacidad de socializar, sumar amigos en la vida adulta es una tarea difícil. Además de la barrera de separar unos veinticinco días hábiles —un cálculo laboral de las doscientas horas—, están otros atributos de la personalidad que complejizan la tarea. Uno de ellos es la confianza. Parece que la adultez viene con la desconfianza, y es más aguda entre las mujeres. La investigación de la vida afectiva muestra, sin muchas ambigüedades, que los amigos son una de las piedras angulares para la estabilidad emocional, que el número de amigos se va disminuyendo con los años, y que en la vida adulta es más difícil hacer nuevos amigos. Si lo suyo es hacer listas o leer libros con consejos prácticos para la felicidad, acá le dejo uno: conservar a sus amigos.

***

Las buenas relaciones están mediadas por los atributos emocionales y sociales. Las personas más amables, compasivas, optimistas o tolerantes son las que tienen mejores relaciones en todas las esferas afectivas. La misma racionalidad aplica para las personas que traen a las relaciones inseguridades, hostilidades o temperamentos volátiles. Esos atributos se van a ver reflejados en las relaciones que cultivan. La cuenta de las relaciones afectivas se divide por mitades, y los atributos que uno pone sobre la mesa son determinantes para lo que resulte de la relación.

Las buenas relaciones familiares o con amigos comparten un atributo: el apoyo. Las relaciones afectivas cercanas se basan en el dar y recibir apoyo ante necesidades afectivas, sociales, logísticas o económicas. Es la incondicionalidad de saber que hay otro que ayuda. Cuando el otro que puede ayudar no lo hace, se desaparece la certeza de la red de seguridad que amortigua la caída.

Diferente a otros aspectos que las personas asocian a la felicidad, como el dinero, las relaciones afectivas no sufren de la necesidad de aumentarlas, agrandarlas, y exhibirlas. Las personas que han construido la narrativa de la felicidad basada en el consumo y la acumulación monetaria siempre van a estar persiguiendo el olor esquivo de lo nuevo y lo más grande. No sucede lo mismo con las relaciones afectivas. Pocos van por el mundo buscando una mamá nueva o renovando los amigos que hizo en el colegio.

Satisfacción con el trabajo

Es la historia de la vida. Se estudia, se encuentra el primer trabajo, se emancipa y llegan las ganas de acumulación de las cosas que significan progreso e independencia. Un vehículo, los enseres de la casa, viajes a lugares nuevos. Los más afortunados encuentran la forma de comprar un lugar donde puedan instalar de manera permanente el televisor, la cama *queen*, el sofá con dos cojines y la nevera *no frost* que se fueron adquiriendo en el camino de la emancipación. Lo que sigue es la historia que contamos los adultos.

—¿Qué tal tu semana? —le pregunta un adulto a otro.

—Bien, con mucho trabajo —contesta el otro.

Esa pregunta es el lubricante social de los adultos. Pero, ¿de qué hablan? La conclusión a la que he llegado, es que uno habla del trabajo en gran parte, porque ahí se invierte la mayor cantidad del tiempo del mundo adulto. Tal vez por esa razón la esfera laboral produce ambivalencias. El trabajo es el sinónimo de que la vida pasa estática, pero ahí también están los logros diarios y las posibilidades de realización de las metas personales. Esa labor es lo que se lleva la mayor y mejor parte de la vida adulta. Los episodios más novedosos de la historia personal suceden antes de la década de los treinta a cuarenta años: enamorarse, salir de la casa, terminar la universidad, empezar el primer trabajo. Después de un tiempo, y en medio de la adultez, la vida y sus sucesos se van aplanando y van quedando el trabajo y lo que permite el tiempo por fuera de este.

***

El día empieza temprano. Desde la ducha se van hilando en la mente los correos electrónicos, llamadas y reuniones que se enfilan en la lista de espera. Se llega al trabajo y luego de ocho horas, en el mejor de los casos, se termina la jornada laboral y se quedan los pensamientos de lo que hizo falta y los pendientes de mañana. Llega a la casa de noche y se hace lo que el tiempo permite. Se va a la cama para empezar otro ciclo igual al siguiente día. ¿Qué hizo durante el día? Trabajar. Treinta días de esos pagan las cuentas. Un año dan dos semanas de vacaciones (en Colombia, al menos). Treinta años de lo mismo, para los más afortunados, dan una pensión.

Parece una historia pintada con monotonía y desgano creativo. Pero solo es la composición general de la cotidianidad laboral puesta en blanco y negro. Sin embargo, por debajo se cuecen otros elementos. El trabajo da sentido, identidad, pertenencia. Muchos se apasionan con lo que hacen y lo harían incluso por un menor salario. En el trabajo es donde se dignifica la labor diaria, se ayuda a otros, se ahorra para los sueños y se crean nuevos proyectos que dan ganas de volver a iniciar el día. En el trabajo está la vida.

¿Quién trabaja por un salario mínimo?

Lo que se conoce como *trabajo* es la interacción de todo lo que se da entre empleados, empleadores, organizaciones y el ambiente laboral. Una de sus mayores transformaciones se dio en el marco de la Revolución Industrial, entre finales del siglo XVIII y la primera mitad del XIX. Se gestó en Gran Bretaña y el punto de quiebre fue el paso de una producción basada en trabajos manuales a utilizar métodos industriales, máquinas y producción en serie. Esta evolución creó la maqueta del mundo moderno. Emergieron las ciudades, las estructuras capitalistas, el comercio a gran escala, y la discusión política y social del crecimiento del ingreso promedio de la población. En ese punto de la historia aparecieron palabras que se volvieron invitadas habituales en el léxico: salario, estándar de vida, jornada laboral.

Con la Revolución Industrial, también aparecen los intrusos incómodos para los que dictan las reglas del mundo laboral. Los sindicatos, la unión de trabajadores, los revoltosos que piden salarios justos, horas de trabajo decentes, pago igualitario para las mujeres, erradicación del trabajo infantil. Estos intrusos, gracias a sus renuncias y los costos personales que asumieron, fueron introduciendo buena parte de los avances políticos y económicos del mundo laboral moderno a través de leyes y regulaciones que han logrado ciertos parámetros entre países. Por ejemplo, la jornada laboral de cuarenta y ocho horas semanales (ocho horas por seis días) llega en la década de 1920, cuando los países se acogen a las regulaciones de la recién creada Organización Internacional del Trabajo. Desde 1930, y en las décadas posteriores, varios países fueron reduciendo su jornada laboral a cuarenta horas semanales, mayoritariamente en Europa.

La principal recompensa de cualquier trabajo se reduce a un indicador: el salario. Es lo que permite que la gente se arriende para luchar en guerras ajenas. Al igual que la jornada laboral, existen parámetros para determinar la retribución salarial. El salario mínimo, el infame salario mínimo, es el piso de todas las negociaciones salariales. Un ingreso mínimo es el resultado de regulaciones políticas para proteger a los más pobres y vulnerables. El salario mínimo indica qué es lo mínimo por lo que un trabajador puede trabajar dignamente. Desde 1894 se implementa en Nueva Zelanda, hacia 1900 llega al Reino Unido, pero la propagación de la discusión política de un mínimo salarial solo se da hasta 1970–1980, cuando la mayor parte de los países se acoge a esta condición. El salario mínimo es una muestra de anacronismo. Desde las civilizaciones antiguas, desde que los faraones hacían pirámides, existen el trabajo y el salario. Pero el «mínimo» por el que alguien puede trabajar es tan nuevo en el léxico laboral que incluso en China, uno de los países con la fuerza laboral más grande del mundo, solo se adoptó en 1994[124]; hace tan solo unas décadas la dignidad llegó al léxico laboral.

Una transformación tan importante como la Revolución Industrial llegó en la segunda mitad del siglo XX con la revolución digital. El internet, la domesticación de los computadores, el uso ubicuo de los celulares, y toda la fauna y flora que creció en el ecosistema de las redes, crearon nuevas interacciones laborales. Al igual que la Revolución Industrial, la digital transformó la relación laboral, y ese vínculo entre empleados, empleadores y organizaciones empezó a dar nuevas especies.

La era digital permitió la sofisticación del trabajo, que a su vez creó nuevas parcelas laborales y otro tipo de divisiones sociales. La falta de educación y de alfabetismo digital fue relegando a los trabajadores menos educados a labores con una remuneración que colinda con la cerca del mínimo. Los ungidos con el privilegio de los años de educación fueron fundando un nuevo ecosistema donde prosperan las industrias del conocimiento, que vienen con remuneraciones altas y lejos del cerco social del salario mínimo.

En otra parcela, muy lejos de los límites del trabajo bien remunerado, se fundó la tierra de la excepcionalidad. Deportistas, artistas, diseñadores, músicos, emprendedores, que tienen fortunas donde los ceros a la derecha se pierden. Los contratos llegan a sumas que superan la inversión social de un país pobre. En esta aldea no existen los mínimos, pero cualquiera que nazca en la parcela donde viven los del mínimo puede dar un salto con garrocha si es premiado con la excepcionalidad. Esta viene en muchos empaques: puede ser física, artística, intelectual o manual; la obtiene el que sea capaz de superar el umbral de lo que ya se ha visto. La excepcionalidad no solo es un atributo que se distribuye genéticamente, también se construye con el talento inusual de la disciplina. Sin lugar a dudas, Rafael Nadal, Lady Gaga o Mark Zuckerberg fueron ungidos con la excepcionalidad al nacer, pero se necesita una disciplina olímpica para conseguir los logros que obtienen. Los excepcionales son el 1 % que acumula la riqueza que nunca se producirá en el cerco del salario mínimo. La parcela de la excepcionalidad es muy democrática. Personas de todas las razas, clases sociales y niveles educativos conviven pacífica y amorosamente en ese ecosistema; basta con ver la entrega de alguno de los premios de la excepcionalidad como los Grammy, los Oscar, o los premios a deportistas.

En medio de las incontables transformaciones que ha promovido la era digital, apareció un nuevo discurso en el mundo laboral, el de la felicidad. El trabajo se ha empezado a disolver en la tinta feliz que va dando color a todo lo que toca. El salario ya no es suficiente, la gente trabaja para usar sus habilidades, para darle una estructura satisfactoria al orden de los días, para inspirar, motivar, cambiar. El trabajo no solo es el arrendamiento del tiempo de otros. ¿Cuándo se juntan en una misma frase la felicidad y el trabajo? No lo sé, pero es algo que tiene el tufo de las cosas que se acaban de inventar.

A las empresas y las organizaciones les llegó otro inquilino. Los derechos laborales, la jornada laboral, y el mínimo, ya tenían su habitación amoblada, pintada y decorada. Ahora es el turno de abrir espacio a la felicidad y la satisfacción laboral. El grueso de las empresas tiene a esos nuevos intrusos parqueados en la puerta de la compañía estrictamente vigilados por el guardia de seguridad esperando la orden de poder ingresar. Otras empresas más vanguardistas les dieron una bienvenida cauta y acomodaron a la felicidad y la satisfacción laboral en una cafetería con galletas gratis para los empleados. Otros introdujeron la satisfacción laboral en forma de bonos por desempeño, en un par de días al año de vacaciones extra, en espacios para hacer ejercicio en la compañía. Las organizaciones no tienen claro qué hacer con la felicidad y la satisfacción laboral, pero les llegan noticias —en especial después de la pandemia— de que los empleados quieren más flexibilidad, trabajar desde la casa, ganar más, trabajar menos horas o menos días, si es posible. La noticia que corre a un volumen más alto en el interior de las compañías y las oficinas de recursos humanos es que los empleados buscan trabajos que los hagan felices; ¿desde cuándo el trabajo está para hacer feliz a la gente?, se preguntan con genuina preocupación en el interior de las compañías. La dificultad de retener a sus mejores empleados, el nacimiento y expansión de trabajos flexibles, virtuales, y un mercado laboral global, son las bases de la preocupación. Los tiempos en que las empresas fidelizaban a los empleados con la promesa de una pensión se fueron, y pasó sin que nos diéramos cuenta.

¿Dónde encuentro un gran lugar para trabajar?

Great Place to Work (un gran lugar para trabajar) nació en 1981 en Estados Unidos con dos periodistas que se pusieron en la tarea de encontrar las mejores cien compañías para trabajar en el país. Desde finales de los noventa se expandieron por fuera de Estados Unidos llevando sus modelos a organizaciones para crear ambientes de trabajo donde la satisfacción laboral es central. *Great Place to Work* realiza valoraciones en las compañías, las certifica en sus buenas prácticas y crea listas de los mejores lugares para trabajar. Estas listas se han convertido en uno de los principales insumos de búsqueda para las personas que están en el mercado laboral y se quieren incorporar a una compañía que entienda la relevancia del bienestar de sus trabajadores. Para las compañías, este tipo de certificaciones son instrumentales porque con ellas atraen a los mejores candidatos. Un ejemplo de esto es Google. Según un portal de búsqueda de empleo, Google emplea menos del 1 % de las personas que aplican a la compañía. Con una base tan alta de aplicaciones, se puede escoger a empleados excepcionalmente capacitados en su área. Esto es como si en un equipo de fútbol, un entrenador pudiera escoger al Messi de cada posición.

Un gran lugar para trabajar no es el que paga un salario justo a tiempo, respeta las ocho horas de jornada laboral y otorga las vacaciones designadas por la ley. Un gran lugar para trabajar hace todo lo anterior, y más. De acuerdo con Indeed, una de las mayores plataformas de búsqueda de empleo global, una gran compañía apoya a los empleados para que crezcan en la organización, se construyen relaciones de confianza, existe un compromiso de buscar el éxito individual y de la compañía, y la construcción de relaciones de calidad es central en los valores organizacionales. Por supuesto, también incluye buenos salarios, más días de vacaciones que los otorgados por ley o bonificaciones por desempeño. Estas compañías también ponen especial atención al «salario emocional», que es como se conoce a todos los beneficios no económicos que recibe en su trabajo. Por ejemplo, tomarse un día libre en la semana de su cumpleaños, tener dos días al año que puede usar por asuntos personales sin tener que dar explicaciones a su jefe, o un par de días a la semana en trabajo remoto.

Por muchos años, los negocios crecieron al calor de la idea de que el cliente es el principal actor en el mundo comercial; ahora hay un entendimiento más amplio de que los empleados están en el centro del crecimiento de cualquier negocio. Sin buenos empleados, no se puede tener clientes satisfechos. La evidencia soporta esta idea, las personas más felices son más productivas y muestran un mayor compromiso con su trabajo[125]. En las organizaciones donde se promueve el bienestar hay menos tasas de rotación de empleados, se atrae mejor talento humano, y esas compañías tienen un mayor valor accionario[126]. Las grandes empresas, particularmente en el sector tecnológico, llevan años capitalizando en el potencial de sus empleados. De ahí es de donde vienen las imágenes de las salas de juego para empleados, las instalaciones para hacer deporte, los cafetines acogedores, o las tardes de tiempo creativo.

Después de la pandemia, el mundo laboral se ha visto en la necesidad de entrar a una narrativa de bienestar y felicidad de los empleados que por mucho tiempo supuso ajena y distante. Los empleados, con expectativas de emplearse en mercados globales o diversificarse con todas las posibilidades del mundo digital, buscan grandes lugares para trabajar que den mucho más que un salario mínimo.

El grueso de las publicaciones relevantes en el mundo de la gestión corporativa como *Harvard Business Review,* y los reportes de tendencias laborales de Gallup, McKinsey y Deloitte, coinciden en que el bienestar de los empleados es el centro de las nuevas estrategias corporativas.

¿Qué es la satisfacción laboral?

Empecemos con una pregunta: ¿se encuentra satisfecho con su trabajo?

Al responder, ¿qué se le vino a la cabeza para llegar a una conclusión?

La satisfacción con el trabajo es la combinación de muchos ingredientes. Es como el mole mexicano. Solo por curiosidad busque la receta en Google. En la receta de la satisfacción laboral se cocinan aspectos personales como las emociones que sienten los empleados cuando realizan su trabajo. El apasionamiento de un entrenador de fútbol, la conexión de un profesor con un alumno, la vocación de servicio de un médico con un paciente, o el tedio de hacer algo que no despierta ninguna emoción. La satisfacción laboral también refleja las expectativas y las aspiraciones de las personas. No hay campo en la vida que mejor refleje el ascenso, superación y éxito personales que los logros laborales. Un ascenso, cambiar de trabajo, ser solicitado en otro lugar en el que valoren y remuneren lo que uno sabe, es el premio gratificante del esfuerzo.

La satisfacción laboral también está mediada por las habilidades sociales y cognitivas que demanda. La gente que trabaja en empleos donde hay más autonomía, flexibilidad, y pueden poner en uso otras facultades, son más felices. Los *managers* o trabajadores profesionales, que se involucran en trabajos más creativos y que piden más de sus capacidades, reportan tener una vida más feliz. Al final de la escala de felicidad de la vida profesional están los trabajadores con menos autonomía, con trabajos más repetitivos y, en promedio, con menor salario[127].

Los daneses, los dueños del podio de la felicidad cuando se cuenta por países, tienen una palabra para la felicidad laboral: *arbedjsglæde* (ah-bites-gleh-he). Significa la felicidad que se obtiene de hacer algo y el bienestar que produce estar involucrado con algo satisfactorio y que genere compromiso en la vida profesional. La felicidad laboral involucra muchos aspectos, incluidos disfrutar de las tareas relacionadas con el trabajo, estar satisfecho con la remuneración, sentirse reconocido, y trabajar en un ambiente que permita buenas relaciones interpersonales. Algunas de las transformacionales laborales de las compañías en la frontera de los ambientes laborales positivos están encaminadas a generar algo de *arbedjsglæde* en el trabajo. De ahí salen las compañías que reportan los mejores ambientes laborales y lideran los podios de mayor número de aplicaciones por vacante.

La búsqueda de la felicidad en el trabajo es un refresco del que más compañías quieren poner en la nevera para servir a diario en los cafetines de las oficinas. La gente feliz tiene impactos directos y muy altos en factores que el mercado recompensa de forma generosa. Los trabajadores felices son entre 13 % y 20 % más productivos[128], y las compañías con trabajadores más productivos venden más y tienen mayor rendimiento. La felicidad de los empleados incluso se refleja en un aumento del 37 % en ventas, y las compañías que son catalogadas como *los mejores lugares para trabajar* han subido su valor en el mercado accionario[129]. La felicidad en el trabajo no es un factor meramente personal, es un factor que está detrás del santo grial empresarial: el crecimiento. Un gerente o un empleador que considere que la felicidad de sus empleados es un tema aislado, o que el trabajo no está para hacer feliz a la gente, está perdiendo el objetivo al que le está disparando, al tiempo que está perdiendo plata en su negocio.

El cúmulo de estudios de la felicidad en el ambiente laboral muestra varios factores que promueven una mayor satisfacción con el empleo. El propósito, la esperanza de un mejor futuro, y las relaciones y los amigos que se cultivan en el trabajo, son unos de los elementos que se señalan con mayor fuerza en la satisfacción laboral[130]. Un aspecto que parece contraintuitivo en la ecuación de felicidad y trabajo es el poco peso que tiene la remuneración en la valoración de la satisfacción laboral. Muy por encima de la remuneración, las personas valoran hacer algo que contribuya a un propósito mayor, sentirse valoradas, incluidas, y las relaciones que se construyen en el trabajo.

Los factores más asociados a la satisfacción laboral son:

Propósito y trabajos significativos. El propósito es el impulso para levantarse de la cama, y no necesariamente se refiere a acumular dinero. En términos laborales, este se materializa cuando lo que hace cada empleado aporta a los objetivos superiores de una organización. La industria en la que tengo la fortuna de trabajar es uno de los sectores que mejor traducen los objetivos superiores en trabajos significativos. Mi trabajo es dar clases en una universidad, pero el propósito final es educar a los estudiantes, a la sociedad, contribuir a un mejor futuro. Todas las posiciones del sector educativo y las ocupaciones en el sector salud (desde las personas en los departamentos de aseo hasta los cirujanos) son los grupos laborales donde los empleados encuentran una mayor contribución a un propósito superior. Les siguen las profesiones y sectores que tienen como fin último aportar a una mejor sociedad, como trabajadores sociales, funcionarios públicos, artistas, periodistas. Los empleos donde es más fácil construir narrativas sobre el propósito, o su contribución social, es donde la gente encuentra trabajos significativos. Las facultades de humanidades, educación o ciencias básicas se siguen llenando de alumnos porque buscan un propósito más grande que ellos mismos. Un profesor de primaria difícilmente llegaría a los límites superiores de remuneración, pero educar es su objetivo. Trabajar con propósito es lo que provee el vínculo entre los valores personales y las actividades que demanda la ocupación.

Construir el propósito es también una labor artesanal para tejer una narrativa sobre el trabajo. Es difícil pensar en el propósito de trabajos pobremente remunerados y con poco prestigio social, como recolectar basura o limpiar los ductos de alcantarillado, pero son trabajos que tienen un objeto social. La narrativa del propósito se puede construir bajo dos premisas: a quién servir y para quién trabajar. Se trabaja para servir a alguien o algo, y los frutos del trabajo se comparten o tienen destinos diferentes al beneficio individual, como el futuro de los hijos o el bienestar de la familia.

Esperanza. Tan poderosa como el propósito es la esperanza en un futuro mejor. En las redes circulan memes que muestran la historia diaria de millones: levantarse, ir a un trabajo pesado, pagar deudas y morir. Es la síntesis de la versión más desconsoladora de la vida laboral. La esperanza es el combustible que alimenta el deseo de un futuro donde el pasto es más verde, el sol es más brillante y el trabajo sirve para algo más que pagar deudas. El efecto de la esperanza es poderoso. Las películas que se pegan con el adhesivo de encontrar el amor, salir de la pobreza, superarse, son populares porque cuentan la historias que se quieren contar en primera persona. Obama, por ejemplo, logró lo impensable para un hombre negro a través de la construcción magistral de un discurso esperanzador. Si la esperanza transforma el mundo, no es descabellado esperar un poquito para paliar los días en el trabajo.

Una vez vi en YouTube un video de un hombre que vendía motos. Se dirigía a la clase trabajadora colombiana y animaba a las personas a comprar una moto para materializar el ascenso social que se merecían para tener libertad, independencia de escoger su ruta; para sentir las manos de su mujer mientras se sujetaban a su espalada. Casi me compro una moto ese día por la esperanza que transmitía su discurso. La esperanza da optimismo, ayuda a navegar los aspectos más tediosos de un trabajo y es el vínculo entre mantenerse en un trabajo y encontrar propósito en lo que se hace. Encontrar coincidencias en la forma que se ve el futuro y el trabajo es uno de los aspectos más complejos de la narrativa laboral. El trabajo que hago, ¿en qué me beneficia a largo plazo? Si esa narrativa no se construye, el trabajo se quedará en el intercambio cínico de un salario que paga las facturas a cambio del tiempo.

Relaciones interpersonales y amigos. Mi primer trabajo fue de vendedora, aún estaba en el colegio. Había una empresa que vendía planes de televisión digital. Llegaba a la ciudad donde vivía, que es pequeña y con una población de ingresos medios, pero aspiracional. El costo mensual del paquete televisivo era casi el 30 % de un salario mínimo, muy pocos podían darse el lujo de la nitidez en la televisión. La misión era vender el paquete de televisión digital. Un contrato a un año proporcionaba, además de una deuda importante, fútbol ilimitado, caricaturas para los niños y una antena para instalar en el techo como símbolo visible de los privilegios de la casa. Trabajaba los fines de semana, jornada continua, y repetía la historia de la televisión digital varias veces en el día. Vendí un paquete de televisión y disfruté cada peso de la comisión. Lo mío no eran las ventas de servicios de lujo, ni la televisión satelital, ni ver las dificultades que impedían a los clientes pagar una factura tan alta. Pero me encantó el trabajo. Me gustaba por los amigos que hice y el ambiente de una sala de ventas que vendía poco. El jefe de los vendedores era un tipo conversador, agradable y mantenía la moral alta ante las pocas ventas. Luego llegaron otros trabajos más glamurosos, como asistente de investigación. Pagaban más y no había que vender nada. Pero no estaba el jefe conversador, ni los demás colegas para reírse de cualquier cosa. Uno va al trabajo a hacer amigos, a reírse, a conversar, a ser vulnerable con sus logros menguados, y a pedir ayuda —y encontrarla— para mejorar. Pero pocos ambientes de trabajo cultivan esos atributos. Hay muchas personas que piensan que en el trabajo no se hacen amigos y los jefes mantienen distancia o hacen sentir su poder. Con buenos amigos y jefes cercanos el trabajo se hace con gusto. De hecho, ante una nueva oferta laboral, un potencial empleador puede mejorar todos los aspectos objetivos de un trabajo: remuneración, horas de trabajo, flexibilidad, beneficios. Lo único que no puede mejorar una nueva oferta son los amigos y las buenas relaciones que se han construido con los colegas.

La conexión entre la felicidad y el trabajo es difícil de poner en la práctica en el mundo empresarial. Es más fácil articular una narrativa convincente de la pérdida de productividad por los problemas de salud mental de los trabajadores que las posibles ganancias que se derivan de una fuerza laboral satisfecha y feliz. Esto en parte es el resultado de la idea de que la gente trabaja por un único incentivo, que se reduce a la remuneración que llega al final de mes. El salario importa, e importa más cuando se está en los linderos del salario mínimo, pero una vez la remuneración le permite a la gente vivir dignamente, ahorrar, y no llegar ahogado al fin de mes, la remuneración va perdiendo peso. Otra razón por la que este discurso de empleados satisfechos solo ha calado en un segmento reducido del mundo empresarial es la idea de que la vida privada y laboral no se mezclan. En teoría, a un jefe no le debería interesar, o al menos importarle muy poco, la felicidad de sus empleados. La felicidad siempre se ha construido, validado y disfrutado en la esfera privada. Pero en realidad el trabajo es el lugar donde se pasa la mayor parte de la vida. Si la felicidad y la satisfacción no están presentes en la actividad que ocupa el tiempo de los adultos, se dejaría el tiempo feliz para las contadas horas al final del día fuera de la oficina. Esa es una imagen desconsoladora y desmoralizante.

¿Quiere renunciar a su empleo?

Volvamos a la pregunta del apartado anterior, ¿se encuentra satisfecho con su trabajo? Si la respuesta es un *no* categórico, usted qué preferiría, ¿quedarse en un trabajo que no le gusta o estar desempleado?

Quedarse en un empleo que no satisfaga sus preferencias, que sea demandante y con un mal jefe es, sin duda, un pésimo escenario. Es más, relata la investigación científica que un mal trabajo puede conducir a desórdenes psiquiátricos y por ende a una pobre salud mental[131].

Al igual que un mal empleo, no tenerlo es un caldero que cocina una variedad de insatisfacciones personales. Uno de los peores estados para el bienestar emocional es el desempleo, y esto es cierto para hombres, mujeres, chinos y argentinos. Las personas desempleadas experimentan alrededor de un 30 % más de emociones negativas en el día que las personas empleadas[132].

El desempleo deja incapacitada a la salud emocional por varios canales. El primero y más obvio es la falta de recursos. No tener un salario significa vulnerar la supervivencia, pero hay otros factores que tienen un peso mayor. El efecto más adverso del desempleo es la cantidad de sentimientos negativos que produce. Nadie está lo suficientemente preparado para el rechazo sistemático y saberse desorientado, sin un lugar al que pertenece. Si bien la vida es mucho más que el trabajo, este tiene la habilidad de envolverlo todo en la vida, y no tener un empleo es eliminar una conexión con las relaciones que se construyen por fuera del hogar.

El peso emocional del empleo es la prueba de que se trabaja por mucho más que un salario. Los aspectos no monetarios del trabajo son los que dan un lugar en el mundo: estatus social, rutina, una estructura que permite contribuir a la sociedad, interacción con otros, acceso a nuevas redes, objetivos diarios. Estar desempleado tiene asociaciones más negativas con la salud emocional que un divorcio. Incluso en medio de un divorcio, el trabajo está para ayudar a disminuir la desorientación de perder la estructura cotidiana.

Buscar empleo y no encontrarlo, puesto en los términos más livianos que se me ocurren, es moralmente devastador. Estar desempleado, en nuestra sociedad, deriva en un mensaje de no esforzarse lo suficiente, de no ser lo suficientemente bueno, de no ser competitivo en un mercado. La literatura dice que, en promedio, las personas experimentan bienestar y satisfacción justo después de perder el trabajo o renunciar a él, pero ese sentimiento tiene un tiempo de vida muy corto. La satisfacción inicial puede reversarse y convertirse en un problema serio de salud mental si después de diez o doce semanas no se encuentra trabajo[133] y, si llega a los seis meses, se incrementa la posibilidad de necesitar un tratamiento por un problema de salud mental como depresión[134].

Quedarse todo el día en pijama, ver Netflix a las diez de la mañana y extenderse hasta la tarde, gastar horas en las redes, o prescindir del estrés laboral, pueden sonar como escenarios deseables, pero después de un tiempo, Netflix y la vida en pijama pierden su atractivo. El desempleo significa desconectarse de las estructuras en las que se mueve la sociedad. Mientras un desempleado tiene tiempo, los amigos y la familia están ocupados, los hijos están en el colegio, y los días se van sin objetivos claros. En esta sociedad, el empleo es una recompensa al esfuerzo y los méritos personales.

¿En qué nos cambió la pandemia?

Durante y después de la pandemia tomó fuerza un movimiento antitrabajo. En las redes circulaban fotos de chats y memes de los abusos del sistema capitalista. Personas obligadas a trabajar en lugares donde se exponían al virus, días sometidos a la tiranía de reuniones virtuales que se extendían fuera de las horas permitidas de trabajo, reducción de salarios sin posibilidad de negociación. De manera masiva se publicaron los mensajes de los trabajadores que renunciaban; los comentarios venían con emojis felices que paladean por instantes cualquier decisión difícil. El movimiento antitrabajo se documentó con mayor fuerza en el mundo desarrollado. Posiblemente promovido por el estado de bienestar que tiene seguros y ayudas para los desempleados. El antitrabajo fue tomando forma en medio de la rabia de la pérdida masiva de empleos que se documentaron al inicio de la pandemia, pero llegó a un punto que vaticina problemas, cuando la gente no volvió al trabajo meses después de ser despedida. En diciembre del 2021, la oficina de estadísticas laborales de Estados Unidos publicó que había 10,9 millones de trabajos vacantes[135]. En ese mismo país se reporta que el salario de reserva (por lo que un individuo está dispuesto a trabajar) subió 19 % en trabajos profesionales[136]. La flexibilidad laboral, el teletrabajo y un aumento de salario son las palabras postpandémicas clave en el léxico de los empleados.

Al igual que Estados Unidos, muchos otros países del mundo desarrollado se fueron quedando sin quien aplicara a los empleos que mueven la economía, como conductores de camión o personal de servicio. Incluso, en Australia el Gobierno lanzó un paquete de beneficios económicos para incentivar que los mochileros volvieran a viajar por el país, pues son ellos los que ayudan a la recolección de frutas en tiempos de cosecha. Algunos expertos afirman que, por primera vez, los empleados tienen el sartén por el mango. Estos son los tiempos en que los empleadores compiten por mejor talento y están dispuestos a ofrecer mejores beneficios.

En China también se vio el movimiento antitrabajo. Los chinos tienen una expresión para su jornada laboral, dicen que trabajan 996 semanas: de 9 a. m. a 9 p. m. por seis días a la semana. Un estilo de trabajo y productividad promovido por los grandes capitalistas en China. Con China a bordo, y los otros países que fueron dejando los trazos del movimiento antitrabajo, nació poco a poco entre *millennials* y *centennials* un llamado a un estilo de vida lento (*slow lifestyle*). Con la posibilidad tan cercana de morir, como lo fue en los tiempos del COVID, cuál era la necesidad de acumular y vivir esclavizado en un trabajo como lo hace la clase trabajadora china.

La pandemia también trajo otra tendencia que en las redes llaman «lo que realmente importa», *what really matters*. Este movimiento es adornado por fotos de parejas abrazadas bajo una cobija de lana, la familia en el comedor y las mascotas. Bajo esta etiqueta no hay publicaciones de personas aplicando a uno de los diez millones de trabajos vacantes en Estados Unidos. La pandemia, como lo hizo en muchos otros frentes, cambió la vida. Tal vez, solo el tiempo lo dirá, también cambió las relaciones laborales.

***

Siglos atrás, una característica inequívoca de riqueza era no tener que trabajar. Dedicar los días a leer poesía, escribir cartas y enviarlas con un mensajero que salía en su caballo, dar cenas de gala, o pasear por los jardines del castillo, eran las actividades de los ricos. En la actualidad hay una narrativa distinta: gracias al trabajo es que se construye la riqueza. Steve Jobs, Elon Musk, o cualquier otro multimillonario mediático, crearon su riqueza a través de la cultura laboriosa, no por la benevolencia de la lotería de nacer en cuna de oro. Trabajar es un signo distintivo de la vida, de la cultura, de la identidad. Incluso trabajar mucho, llevar una agenda apretada y dedicar los fines de semana a viajes de trabajo son un símbolo de estatus. El empleo es una nueva forma de riqueza y de acceder a círculos y oportunidades negados a los desempleados.

A la gente le gusta trabajar. Y ese gusto por el trabajo se adquirió a medida que las opciones se fueron diversificando y alejando de cadenas de producción de trabajos repetitivos, se crearon industrias sofisticadas que buscan talentos, y cambian «empleos» por «carreras», para dotar de sentido y propósito los días. El empleo es también el club de una élite, el de los empleados. Con las políticas que han disminuido la calidad del trabajo, tenerlo es un símbolo de estatus. El trabajo, la remuneración y las redes a las que este da acceso son una forma de casta que parcela a las personas y las ubica en una pirámide de ingresos y prestigio.

Los cambios que introdujo la era digital, la narrativa que deja la pandemia, y las actitudes de las nuevas generaciones hacia el trabajo y los estilos de vida que persiguen, tienen el potencial de transformar las relaciones laborales y la forma en que se trabaja. Es muy pronto para saberlo, pero se vaticinan los tiempos donde los empleados van a reclamar el derecho de instalar la felicidad en la actividad en la que pasan la mayor parte de la vida.

Money, money, money

El dinero es una métrica poderosa. Tal vez es la es la única medida que de forma inequívoca puede categorizar a las personas en escalas cuantificables y medibles. Quién tiene más, quién tiene menos. En cualquier otra métrica, o en el caso que nos compete, en las métricas de la felicidad, no es posible categorizar a las personas con el orden y la precisión que lo hace el dinero. Se puede intentar jerarquizar a los que tienen mejores relaciones con su familia, los que están más satisfechos con su trabajo, o los que están más enamorados, pero el resultado siempre estará mediado por cierto grado de subjetividad. El dinero sí permite cuantificar de forma precisa. Es objetivo, visible, medible, deseable.

El dinero impacta cada aspecto de la vida. Determina posibilidades, accesos, consumos, abre puertas y círculos sociales. También es el rasgo del progreso. Entre más recursos y cosas se tienen a disposición, mejor está una persona. El dinero tiene muchas dimensiones que terminan permeando aspectos de la vida que van en un rango amplio, desde la autoestima hasta resolver las urgencias cotidianas.

Una de las ficciones sociales más apremiantes en el tiempo de las redes y del consumo es la promesa de que el dinero es la ruta sin paradas hacia la felicidad. En el discurso caníbal que suena como ruido de fondo imperceptible el dinero provee el placer que dan las posesiones nuevas, permite subir en la escalera del estatus social, da el acceso a lo exclusivo, y permite encontrar el camino prometido a la tierra del pan y la miel donde habita la gente feliz.

Sin duda alguna, el dinero importa y es necesario, pero su relación con la felicidad es ambigua y a veces contradictoria. La relación felicidad y dinero también habla de la condición humana y de la resiliencia de encontrar el lado positivo a las adversidades.

***

A los veinticinco años empecé los estudios doctorales; fueron cinco años maratónicos de lecturas, ensayos, exámenes, trabajos, y un cultivo diario de inseguridades sobre mis capacidades intelectuales. Durante ese tiempo adquirí la costumbre de ver videos en YouTube de los clósets de mujeres millonarias; era el vicio que acompañaba mi hora del almuerzo. Los clósets eran enormes, como las vitrinas de una tienda lujosa con compartimientos para los zapatos, carteras, accesorios, y la ropa se ordenaba con la misma estética con la que se clasifica la ostentación: visible e impúdica. Terminaba el almuerzo, apagaba YouTube, y miraba mi clóset. Chiquito, apretado y lleno de ropa de Old Navy comprada en segundos descuentos. Me quedaba un rato contemplando la idea del día en que tuviera el clóset como una tienda. Si tenía para el clóset, era porque ya tenía para la casa grande. Ya era rica. Al calor de mis inseguridades fui creando la idea de que la métrica de riqueza y felicidad iba a ser el tamaño del clóset. No tengo idea de cómo ni cuándo se me ocurrió que la ropa glamorosa de un clóset de fantasía fuera apropiada para el trabajo deseable de cualquier PhD: ser profesor universitario.

En mi defensa, el vicio de los videos de los clósets surgió al tiempo que los *realities* de los superricos se iban haciendo populares. Empezaron las Kardashian, las *real housewifes* de los distritos más ricos de Estados Unidos, los millonarios asiáticos en California, y todos los demás que iban exhibiendo sus billetes, aviones y joyas. Nunca antes había tenido la tentación de estimar el puesto que me correspondía en la escala económica. La conclusión fue sencilla, en la escala de comparación con los superricos, uno es el más pobre.

Después de un tiempo tuve mi propia versión del clóset que soñaba. Ni de cerca a los videos de YouTube, pero era mi versión, y eso ya era suficiente. No tenía ropa como la de cantantes, ni en la cantidad de las asiáticas, pero con mi modesta emulación de la vida de las mujeres superricas, me di cuenta de que tener tanta ropa es un despropósito categórico. Nunca van a dar las cuentas para ponerse tantas pendejadas. La semana solo tiene siete días, y en las lógicas de la gente común como yo, la ropa que se escoge en la mañana llega hasta la noche. Eso que venden en las redes sociales, que uno necesita varios *outfits* en el día, solo es válido para los que trabajan vendiendo ropa. Para el resto de los mortales, con el pantaloncito y la camisa de la mañana, se llega bien presentado hasta la noche.

Hay otro aspecto que aprendí del mundillo de mucha ropa y clósets grandes: ser una plagiadora malograda del *influencer* de moda requiere mucho tiempo. Toma horas calcular las posibilidades de combinar un jean negro con treinta blusas, cuarenta pares de zapatos, diez carteras y dieciocho pares de aretes. En un atisbo de sensatez, me impuse la regla de regalar lo que no usaba en seis meses y la cumplí. Un día se me ocurrió hacerle el cálculo económico a la bolsa de ropa sin usar que estaba regalando. La sumatoria del tiempo que invertí comprando algo que no me iba a poner, más el dinero que pagué, más el espacio del almacenamiento, más el tiempo de sacarla en seis meses, más el tiempo de encontrarle destinatario, era un precio demasiado alto para seguir con mi insensatez de comprar más ropa.

Esta historia con la ropa es la que cuentan los que asocian la felicidad con el dinero y la posesión de bienes materiales. En esta ecuación la ropa tiene la misma función que cualquier otro bien material: joyas, carros o casas. Se vive en una casa, se usa un carro y no es necesario ponerse tres relojes al tiempo. Pero las ganas de tener más plata en el banco y, sobre todo, exhibirla es un deseo tentador.

Desde hace cerca de una década, junto con mi equipo de POLIS de la Universidad Icesi, medimos la felicidad en Cali. Les preguntamos a las personas encuestadas qué las haría completamente felices y encontramos que el dinero es una respuesta automática. Con mis estudiantes que están cerca de salir al mundo laboral, el patrón automático de querer plata se repite. Con cualquiera que hable de la felicidad, llega la idea del dinero. La métrica universal de clasificación económica está en la psique de la gente. Es como el antojo universal que genera el pan caliente.

Y el dinero importa, por supuesto que importa. Y también ayuda a la felicidad, pero solo hasta un punto.

¿Con cuánto dinero soy feliz?

El dinero y la felicidad van creciendo juntos, pero hay un punto donde la relación más dinero igual a más felicidad desaparece.

La felicidad crece al calor del dinero cuando el dinero es un recurso escaso. Para las personas con mayores limitaciones económicas o en condición de pobreza, el dinero tiene un peso muy alto en la ecuación de la felicidad. Y esto tiene sentido. Las opciones diarias de una persona de bajos recursos están determinadas por el dinero que tiene en el bolsillo. Los recursos económicos disponibles determinan qué puede comer o dónde puede vivir, y la mayor parte de sus recursos cognitivos y su tiempo se centran en conseguir dinero para suplir sus necesidades básicas. Bajo estas circunstancias, cada peso cuenta para ser más feliz.

Una vez se obtienen los recursos económicos necesarios para vivir una vida donde el dinero no sea la preocupación diaria, y los recursos disponibles permitan vivir con holgura, la plata adicional no aporta mucho a la felicidad. El umbral de vivir sin aprietos económicos es una línea subjetiva. Hace unos años, junto con una colega, realizamos un censo socioeconómico de los recicladores de Cali. No creo que exista una labor más asociada a la pobreza que la recolección y separación de la basura, pero a pesar de los niveles de pobreza económica que encontramos entre los recicladores, la gran mayoría reportaba no sentirse pobre. Más aún, sus niveles de satisfacción con la vida son tan altos como los de las personas de mayores recursos económicos en la ciudad[137]. En el otro lado de la subjetividad están mis estudiantes. Cuando llegamos a la sección de la clase donde hablamos sobre la relación del dinero y la felicidad, sus ideas del umbral de holgura económica no se consiguen ni en un país desarrollado. El salario que esperan obtener en un tiempo relativamente corto, que supla todas sus expectativas económicas, está muy arriba en la distribución de ingreso de nuestro país. Parecen estadísticas informadas en la saga de Harry Potter. La forma como ven mis estudiantes la relación del dinero con la felicidad es que, entre más recursos en los bolsillos, más felicidad. No en vano, dentro del promedio, los niveles de satisfacción con la vida de los jóvenes son relativamente más bajos que entre las personas adultas.

La pregunta sobre cuánto dinero se necesita para ser feliz es uno de los recursos académicos más constantes en el estudio de la felicidad. Esta pregunta se saborea con frecuencia y está en el menú investigativo desde la década de los setenta. La respuesta ha sido constante a lo largo de muchas investigaciones, y la mayor parte de la evidencia apunta a un umbral económico que corresponde a los salarios de los profesionales bien remunerados. La buena noticia para mis estudiantes es que no se necesita tanto dinero como ellos piensan, y la buena noticia para el resto que vemos los *realities* de los superricos es que la holgura económica y la felicidad se consiguen con cuentas bancarias más modestas.

Cuando se evalúan los resultados de las encuestas sobre felicidad y dinero es muy frecuente encontrar que, en promedio, la mayoría de las personas piensan como mis estudiantes: entre más dinero, más felicidad. Sin embargo, un hallazgo constante y robusto es que el dinero tiene un punto de inflexión en el que más dinero no necesariamente produce más felicidad. A nivel mundial, y con datos de países desarrollados, se estima que una vez las personas ganan alrededor de $90 000 dólares anuales, la relación entre dinero y felicidad desaparece[138]. Es decir, un ingreso más alto no se traduce en mayor felicidad o satisfacción con la vida.

REALIDAD VS. EXPECTATIVAS EN LA RELACIÓN DINERO Y FELICIDAD

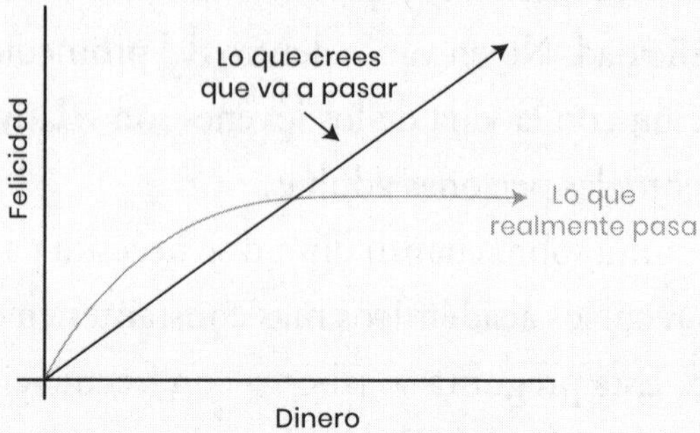

Sin embargo, ese punto donde se obtiene toda la felicidad que pueda dar el dinero es la condición de una casta de escogidos. En Estados Unidos, para el 2021, el salario promedio de un profesional técnico estaba alrededor de $50 000 dólares anuales; un profesor de escuela ganaba al año en promedio $65 000 dólares, y los que llegaban al punto de quiebre feliz son profesionales en áreas de alta demanda en el mercado laboral, como ingenieros de datos o médicos especializados[139].

En países en vías de desarrollo no es distinto. Haciendo los cálculos con los ingresos de un colombiano, el salario feliz anual está entre $19 000 y $20 000 dólares, unos ocho millones de pesos al mes. Pero si en los países desarrollados es un salario restringido para algunos, en un país como Colombia ese sueldo solo lo obtiene un porcentaje muy bajo de la población. En el 2019 se estimaba que solo el 12 % de la población en edad de trabajar tenía una formación profesional que eventualmente le permitiría acceder a salarios en ese rango[140].

El dinero y la felicidad son unos de los temas que generan más titulares de prensa. Usualmente la narrativa gira en torno al punto de inflexión en el que más dinero no da más felicidad. Sin embargo, esa narrativa deja por fuera la profunda inequidad que la cifra esconde. Son muy pocos los que algún día van a saborear la holgura de vivir sin aprietos económicos —al menos bajo los cálculos académicos—. Alcanzar el punto de inflexión entre felicidad y dinero es algo que pocos consiguen, y viene con las características de los privilegios: lo tienen pocos, pero todos lo desean.

Después de abordar por décadas la pregunta de la felicidad y el dinero y encontrar el punto de inflexión feliz, la siguiente pregunta que les llega a los académicos es sobre la felicidad de las personas con menores recursos económicos. Al igual que los hallazgos con los recicladores, la vasta mayoría de la investigación de la felicidad bajo la escasez monetaria concluye que las personas con bajos recursos son igual de felices que las personas con mayor ingreso o, al menos, las diferencias no son sustanciales. La explicación puede ser que las personas con menores recursos derivan su felicidad del significado de la vida, no del dinero. Es la creencia de que la vida tiene un propósito, valor y una dirección clara: sacar adelante sus hijos, estar conectado a la familia, ayudar a otros. Esta conexión de felicidad y significado es consistente en gran parte de los países donde se ha estudiado.

La diferencia entre ricos y pobres y su relación con la felicidad radica en aspectos complejos. Las personas pobres tienen el doble de posibilidades de sufrir de problemas de salud mental que las personas con mayores recursos[141], y como se expuso anteriormente, no hay un factor con mayor peso en la felicidad que la buena salud mental. Las personas de bajos recursos también sufren de los estereotipos sociales propios de la pobreza. En el caso de los recicladores, su satisfacción con la vida es alta, pero el estigma de ser la clase social del último eslabón de la parcelación social disminuía su bienestar. En el caso de las personas adineradas que no son felices, a pesar de la abundancia de recursos y el premio social de ser un escogido, también subyace a procesos complejos. La idea de tener que conseguir más de lo que ya se tiene en cantidades, los pone en una rueda sin fin de tener que conseguir más y más. Tal vez, una bondad que pueda traer la falta de recursos es que no hay muchos distractores en lo que realmente importa, la familia, los otros, la conexión extensa con los demás.

¿Para qué sirve el dinero?

El dinero tiene dos bondades: da opciones y libera ancho de banda cognitivo. Empecemos por las opciones. El dinero no solo compra zapatos en todos los colores de la escala cromática, también permite acceder en menos tiempo a mejores médicos en caso de una enfermedad, a una mejor escuela para los hijos, o escoger dónde vivir para tomar menos tiempo en desplazamientos. El dinero permite elegir, y la posibilidad de elección tiene implicaciones en muchas decisiones que son relevantes para la vida.

Una vez leí un artículo de un sociólogo que documentaba los estilos de vida de las personas de bajos recursos en varios países del mundo. Cada historia llegaba con retratos de la familia en la sala de la casa y en escenas domésticas. Eran fotos de austeridades llenas de cosas. Claramente era un retrato de pobreza, pero una escasez adornada con muchas cosas que se compran en las tiendas de un dólar, o que tal vez recogían de las bolsas de reciclaje, como lo hacen los recicladores del estudio que hice con mi colega.

El aspecto de la vida familiar donde no se escondía la escasez era en la compra de alimentos. Invariablemente, en todas las historias, los pobres se alimentaban de lo mismo. Un poquito de arroz, unas cuantas papas, unos granos, una proteína disminuida, casi nada de frutas y vegetales. La bondad del dinero está en dar opciones a quien lo posee. Con dinero se puede mejorar la dieta, se accede a una mayor variedad de frutas, hasta permite el lujo de comprar leche de almendras que no sabe a nada. El dinero, en los aspectos cotidianos, permite disfrutar a una menor escala la abundancia.

El paso de una clase social a otra se hace tangible en las opciones. Con mayores recursos, las personas acceden a otros aspectos sutiles que mejoran la vida. El paso de la pobreza a clase media vulnerable se da con el aumento en el consumo de mejores productos de aseo. Esa transición social viene acompañada de jabón líquido en los lavamanos, papel higiénico blanco doble hoja, jabón aromatizado en la ducha, acondicionador para el cabello, y colonias frutales. Como lo sabe cualquier persona que pague las cuentas de la compra doméstica, los productos de aseo para el hogar y el uso personal son uno de los rubros más altos y en donde entran los ahorros más acuciosos. En las cuentas de clase social los productos de aseo son un discriminador.

Además de la variedad cotidiana, una de las opciones más valiosas que da el dinero es poder comprar tiempo. Los académicos de la felicidad han hecho investigaciones extensivas sobre un tema que acuñaron con el término «hambruna de tiempo» o *time famine*, como se le conoce en la literatura. El término hace referencia al incremento de ingresos a costa de no tener tiempo. La falta de tiempo es una de las características de los trabajos profesionales que usualmente están asociados con altos niveles de estrés y ansiedad, incluso con obesidad por la falta de tiempo para tener mejores hábitos alimenticios[142]. La ciencia en este campo informa que con recursos en el bolsillo se puede tener la opción de comprar tiempo.

El tiempo se puede comprar de muchas formas. Se puede pagar por servicios domésticos y liberar el tiempo disponible en otras actividades que den mayor satisfacción. Se puede decir que no a otros trabajos y proyectos y liberar tiempo para la familia, o se puede vivir más cerca del trabajo y escoger caminar en vez de pasar una hora en el tráfico. Cuando el dinero se usa para crear opciones que mejoren los aspectos que se priorizan en la calidad de vida, tiene tasas de retornos muy altas en la felicidad.

La otra bondad del dinero es que aumenta el ancho de banda cognitivo*. Uno de los intereses de los académicos que estudian las múltiples ramificaciones del dinero, o la ausencia del dinero —como es el caso de la pobreza—, es cómo toman decisiones las personas en medio de la escasez. La pobreza genera un *impuesto cognitivo* que afecta la toma de decisiones. Una nutrición inadecuada, mayor prevalencia de consumo de alcohol, estado de salud desmejorado, o las limitaciones de vivir en ambientes segregados, afectan la capacidad cognitiva para la toma de decisiones. Este pedazo de investigación lo llaman «la psicología de los pobres» o *the psychology of the poor*. Si las personas de bajos recursos supieran la cantidad de términos académicos acuñados a sus expensas, pedirían regalías. Pero no hay nada más desagradecido que la pobreza, no da nada y menos propiedad.

El concepto de ancho de banda cognitivo captura la habilidad de realizar funciones básicas que subyacen a comportamientos más complejos como la toma de decisiones. En esta interacción entran en juego la capacidad cognitiva (la habilidad de resolver problemas, retener información, etc.) y el control ejecutivo (las actividades cognitivas como planear, priorizar, mantener la atención, etc.)[143]. En un permanente estado de escasez la capacidad cognitiva y el control ejecutivo trabajan a media marcha, haciendo más difícil el proceso de toma de decisiones.

En lo cognitivo, no tener dinero tiene un costo muy alto y los recursos disponibles se van en resolver asuntos económicos, como qué comer hoy al almuerzo, cómo pagar la electricidad, o con qué dinero pagar la renta. La escasez se lleva los mejores recursos cognitivos en resolver asuntos básicos de supervivencia y deja sin espacio mental para los aspectos realmente importantes. Si una persona se levanta con hambre y además debe alimentar a sus dos hijos, ¿con qué recursos cognitivos les va a ayudar a sus hijos a hacer las tareas?

Con una carga cognitiva dedicada a resolver las premuras económicas del día, es difícil estudiar, trabajar, ser productivo, educar

* En el libro *Escasez*, de Sendhil Mullainathan y Eldar Shafir, se hace una brillante exposición de por qué la escasez tiene tantas implicaciones. Una de ellas, la reducción de capacidades cognitivas.

a los hijos, encontrar otra opción laboral. La realidad brutal de las personas pobres es que la falta de dinero les elimina opciones y, además, les impone una carga cognitiva que no los deja pensar en lo que está a la vuelta de lo inmediato. Para la gente pobre las opciones y la posibilidad de calibrar mejor las decisiones son un lujo. Y al igual que los lujos, se resuelven con dinero.

Cuando el dinero que se tiene en el bolsillo le permite escoger y lo deja pensar, el dinero ya ha cumplido su misión. Lo que sigue es la historia de acumulación que facilita el dinero y el acceso a la seducción del olor a nuevo.

¿El dinero puede nublar el juicio moral?

Desde Judas, que vendió por unas monedas a su maestro y lo envió a la cruz, el arquetipo de la inmoralidad tiene un referente en el deseo de dinero. La repulsión moral de la riqueza, y en particular de la acumulación, tiene raíces hondas, largas e históricas. Desde la Biblia hay animadversión hacia los ricos, donde Jesús instruía en sus enseñanzas que un hombre no puede servir a Dios y a la riqueza al mismo tiempo. Las enseñanzas religiosas han centrado su evangelio en la vida sencilla y austera para agradar a Dios, ya que el dinero y la búsqueda de la riqueza se mueven en los límites de la avaricia y la usura. Incluso el dinero era visto como un impedimento para ingresar a la tierra prometida después de la muerte. Era más fácil que un camello pasara por el ojo de una aguja, que un rico llegara a los cielos, instruye un pasaje bíblico. En el mismo seno de las creencias religiosas y las diversidades de culto, otras doctrinas hablan de la riqueza como las bendiciones a los creyentes laboriosos. Pero son bendiciones que se multiplican al calor de comportamientos honestos y generosos que agradan al Dios y los profetas de esas creencias.

Independiente de las creencias religiosas, o de la estructura moral que ellas portan, el dinero y la riqueza no solo son un divisor de clase, también son los medios que permiten que algunos rompan el contrato social sin mayores consecuencias. Los sistemas morales que rigen las sociedades son el conjunto de valores, virtudes, normas, prácticas, instituciones que trabajan en conjunto para suprimir o regular el egoísmo y hacer posible la vida social[144]. El dinero y las perversidades que los individuos estarían dispuestos a hacer por dinero, sin importar el daño colateral, son lo que hace que la relación dinero y comportamiento moral sea tan cercana. Y es lo que hace que el contrato social, de vivir un en sociedad con reglas que permiten una vida colectiva, se rompa.

El contrato social se quebranta por el dinero de muchas formas y con implicaciones disímiles. El político corrupto que malversa recursos mientras priva a otros de sus derechos. El ladrón a pequeña escala que roba en un bus. El tramposo que está dispuesto a dañar una sociedad entera por la acumulación infinita de dinero. El joven que entra a las estructuras mafiosas con la ilusión de volverse el capo. El ciudadano que oculta recursos en el pago de los impuestos. Incluso el dinero corrompe las instituciones y sus prácticas. El mundo corporativo financiero ha dado ejemplos de cómo se pueden manipular prácticas comerciales para vender y engañar a los que no saben. Algunos segmentos de la industria farmacéutica han hecho fortunas con la circulación de fármacos lesivos y adictivos. Algunos gobiernos solo funcionan con el aceite de la corrupción. El dinero está en la base de la inmoralidad, esperando con paciencia a encontrarle un precio al que se lo deje poner.

Hay un término que usan los angloparlantes en el repertorio de las palabras que unen el espíritu del momento y el lenguaje coloquial. El término es *affluenza* y junta la sonoridad de la influenza y la opulencia. Se usa para referirse a la condición contagiosa, infecciosa y aguda que resulta de la búsqueda socialmente aceptada de querer más. Leí sobre esta palabra en un resumen académico sobre cómo el dinero moldea los comportamientos morales y las actitudes de las personas[145]. Si bien hay una escala de grises muy extendida entre el dinero, la felicidad y la moralidad, una conclusión recurrente cuando se estudia la relación de dinero y comportamiento es que el dinero hace más proclives a los individuos a tener comportamientos inmorales, clasistas o deshonestos. No se tiene que ser político, narcotraficante, o estar en el mundo corporativo que permite prácticas ligeras. El dinero puede cambiar la conducta cotidiana de cualquier hijo de vecino.

Una parte de las investigaciones que se realizan en el área de las ciencias del comportamiento está enfocada en el estudio de los comportamientos éticos: cuándo mentir, engañar, o abusar del poder. De esta vertiente sale otra línea de investigación que se ocupa de entender cómo, en un mundo tan inequitativo, se comportan las personas de acuerdo con su clase social o, como los han bautizado en la literatura, «los que tienen y los que no tienen». Muchas de estas investigaciones se hacen en laboratorios universitarios con estudiantes que participan en experimentos a cambio de incentivos menores o solo por el gusto de contribuir a la ciencia. Los experimentos capturan los comportamientos de los individuos ante situaciones que los confrontan con decisiones éticas, como mentir —si se puede— en la nota de un examen, cobrar más dinero, o tomar ventaja en alguna situación. La conclusión más frecuente es que los estudiantes de los experimentos se comportan como lo hace la mayoría de las personas: mentimos, somos ventajosos y de forma frecuente tomamos atajos si estamos en una posición de hacerlo. Es difícil admitirlo públicamente, pero la mentira pequeñita, no dejar una nota cuando se golpea un carro en un parqueadero, o llamar a alguien para ayudar a quedar arriba en una lista de espera, son comportamientos que la condición humana lleva cultivando por siglos.

Las investigaciones de laboratorio, donde se observa a estudiantes jugando Monopolio, reportando sus propias notas, compitiendo con otro por un dólar, o distribuyendo tareas menores, son una caja de resonancia de la maleabilidad ética de las personas. En estas investigaciones es usual usar dos dispositivos para estudiar los comportamientos éticos: poder y dinero. En unos experimentos algunos están en una posición de poder sobre otros; en otros experimentos, los participantes se ven expuestos a situaciones en las que deben tomar decisiones en las cuales el resultado lleva a sumar o restar centavos en los bolsillos. En los dos escenarios, los individuos abusan del poder —si se les da la posibilidad— y cambian las cuentas, así sean menores, para su beneficio. Es como si las ganas de demostrar superioridad y de maximizar beneficios económicos fueran la respuesta automática, y la estructura ética fuera el contorno obligado que se sigue para ser socialmente funcional.

Los resultados de estas investigaciones son los que dan argumentos a las discusiones de clase social. El dinero es el principal marcador de clase social, y es el que ubica a las personas y sociedades entre los que tienen y no tienen. Conocer los matices que el dinero les da a la personalidad y a la forma de relacionarse con otros es una herramienta para estudiar de manera menuda los mecanismos a través de los cuales se manifiesta la inequidad.

Hay investigaciones que muestran que pensar solo en dinero conlleva comportamientos antiéticos. Una investigación realizada por investigadores de la Universidad de Harvard y la Universidad de Utah reporta que solo la exposición a frases con alusiones directas a dinero hacía que las personas tomaran decisiones antiéticas, incluso si las decisiones no conducían a recompensas económicas. Los investigadores concluyeron que, a pesar de las buenas intenciones o de conocer la clara distinción entre lo que es bueno o malo, hay otros factores que influencian las decisiones morales[146]. En otros experimentos se reporta cómo se comportan los individuos, incluso cuando tienen dinero falso. En un experimento donde los estudiantes juegan Monopolio se pueden observar los comportamientos que llevan a tener más. En este experimento, los investigadores, de forma aleatoria, le daban más dinero a un jugador, y a su contrincante le daban la mitad. Al inicio, el afortunado mostraba su incomodidad de jugar con una evidente ventaja, pero al poco tiempo, la incomodidad distributiva desaparecía. A lo largo del juego, los que tenían más hablaban más duro, usaban más espacio en la mesa, hacían bromas más ruidosas y jugaban de manera más agresiva[147]. Los mismos investigadores, en otro experimento, concluyeron que las personas en la distribución social más alta tienen tres veces más probabilidades de hacer trampa[148]. Posiblemente, porque tienen mayores herramientas para volar imperceptibles bajo el radar de las reglas del contrato social.

La evidencia también apunta a que las personas ubicadas en el gueto de las clases sociales altas son, en promedio, menos solidarias y hacen lecturas imprecisas de las emociones de los demás. En experimentos realizados con estudiantes y empleados universitarios se encontró que las personas con más recursos son menos exactas al leer las emociones de los demás (leer las emociones de los otros es una forma de medir la empatía). El estudio reporta que aquellos que estaban en la distribución privilegiada de la escala social leen con menos precisión los estados emocionales de las personas[149]. Es posible que la lectura emocional sea un mecanismo de supervivencia de los menos privilegiados: estar atento a cuando el jefe está enojado porque puede significar perder el empleo, o mantener las relaciones con los vecinos puede significar un plato de comida cuando no hay recursos. También entra en juego que las personas en posición de poder tienen otros problemas y preocupaciones, como para ocuparse de las emociones de terceros ajenos a su círculo vital. Otra posible explicación es que las personas de las clases más altas no perciben los estragos emocionales de los menos favorecidos porque no los conocen. Para un privilegiado sería más difícil identificar la cara del que tiene hambre, del que no tiene opciones, o del que usa todos sus recursos cognitivos para llegar al final del día con un plato de comida y una cama caliente. Una conclusión usual en la literatura de los ricos es que, dentro de este grupo, hay una tendencia a priorizar sus propios intereses por encima de los intereses de los demás.

También se reportan diferencias en el comportamiento prosocial por clases sociales. En siete estudios diferentes y llevados a cabo por investigadores de la Universidad de California, Berkeley, se encuentran las sutilezas del comportamiento cotidiano. Las personas de zonas más ricas son más proclives a tener comportamientos más agresivos cuando están al volante, tienen cuatro veces más probabilidades de cortar el paso a otros conductores, y tres veces más probabilidades de cortarle el paso a un peatón que va a cruzar en una intersección. Incluso en un lugar donde había golosinas reservadas para los niños, las personas de clase alta (después de ser invitadas a tomar una), tomaron el doble de dulces que las personas de clases sociales más bajas[150].

El dinero incluso parece disminuir la simpatía, particularmente entre los hombres. Una investigación reporta que a través de autoevaluaciones en aspectos de la personalidad como ser confiado, distante, considerado, o cooperativo, los hombres que ganan salarios más altos son menos cercanos y simpáticos. La baja simpatía de los individuos también está asociada al tipo de trabajo y a las responsabilidades que el trabajo demanda[151]. Es posible que más dinero y mayores responsabilidades en el trabajo hagan a las personas desconfiadas y distantes, lo que alimenta el estereotipo del jefe encerrado en sus propios problemas que pasa por el lado de un empleado sin darse cuenta de que está pasando por un mal momento.

Todo este cuerpo de investigación sobre la relación con el dinero y los comportamientos éticos es motivado por entender las implicaciones de la inequidad social. No son estudios que hacen los resentidos sociales para cubrir de azúcar científica sus inclinaciones ideológicas. Una de las consecuencias subestimadas de buscar la equidad económica es conocer con tanto detalle la vida de los ricos. Se conoce con precisión la agenda de los gerentes, los hábitos al levantarse, antes de dormir y los domingos. Qué hacen en su tiempo libre y cómo deciden donar su dinero. Bill Gates y los de su casta son tan estudiados como una enfermedad compleja. La industria mediática también hace sus aportes. Las películas, series, y sobre todo los *realities*, son las vitrinas en las que se expone la vida cotidiana de los que más tienen.

La relación entre dinero y felicidad tiene matices y muchas excepciones. Los que no tienen dinero y son felices, los que tienen mucho y la felicidad es esquiva, y todo lo que está en la mitad. Lo que sí es concluyente, y sin muchos matices, es que las personas que rompen las estructuras éticas encuentran más difícil mantener una relación saludable con la felicidad. El crimen, la corrupción, el amañamiento de las reglas, son enfermedades cacofónicas y vulgares. La felicidad no nace en el ambiente hostil de la vulgaridad. Las personas más felices son en su gran mayoría personas cercanas, solidarias, agradecidas, generosas. La gente feliz es la gente buena, con o sin dinero.

¿Si me gano la lotería soy más feliz?

Si la vida de la gente en el gueto del privilegio despierta curiosidades científicas, los que encuentran la riqueza en las bajas probabilidades de la suerte son una carnada fácil para entretener los pensamientos. Los ganadores de la lotería han servido para crear un nicho de fisgoneo científico y social. Es posible que esta curiosidad se alimente de los deseos propios. Ganar la lotería es un deseo fácil de tener en la mente y es una entretención que puede durar horas. Hace un tiempo, junto con tres amigos, creamos un grupo donde comprábamos la lotería una vez a la semana. Cado uno compraba un billete de lotería, compartía la foto a través del grupo de chat que llamamos *filthy rich* (cochinamente ricos), y en caso de ser los felices ganadores, nos dividiríamos el dinero entre los cuatro. Los viernes teníamos un almuerzo y el tiempo era dedicado exclusivamente a contemplar qué hacer con el dinero de la lotería. Faltaban horas para continuar en la discusión de si seguíamos o no trabajando, cómo sería la casa que construiríamos, cómo sería el momento de renunciar; es más, llegamos a construir línea por línea el discurso de salida gloriosa de la vida laboral. Durante ese tiempo, nos sumamos al promedio de ciudadanos que gastan sus recursos en un acto con probabilidades bajísimas de suceder, y como buenos representantes de un país de ingresos medios, éramos constantes en el gasto de un bien menor e innecesario que entró en la canasta básica semanal.

La mayor parte de la evidencia de la felicidad que se deriva de ganarse la lotería viene de artículos de prensa, entrevistas a los ganadores y los casos extremos que son tan atractivos en los medios de comunicación. De ahí salen las noticias del que ganó muchos millones y perdió toda su fortuna después de dilapidarla en gastos y estilo de vida astronómicos, o las historias tristes, como la que leí en un periódico de la muerte por sobredosis de dos hijos de un ganador de lotería.

La evidencia más robusta de la felicidad que otorga la fortuna aleatoria viene de un estudio realizado en Suecia, donde se entrevistaron por décadas más de cuatro mil ganadores de lotería[152]. Los investigadores lograron convencer a las autoridades estadísticas del país de entrevistar por años a los felices ganadores, obteniendo información de los efectos a largo plazo de la comodidad financiera. Los ganadores reportaron incrementos en una felicidad que probó ser duradera. El tamaño de los premios suecos refleja la cultura de un país educado con aspiraciones sobrias. Las cantidades que entregaba la lotería sueca eran de un par de millones, nada cercano a los miles de millones de los premios en Estados Unidos o el Reino Unido que dejan a los ganadores listos para entrar a la cola de nuevos ricos en Forbes.

Los suecos ungidos con la suerte siguieron la vida como la conocían. En promedio, continuaron trabajando, aunque menos tiempo; tomaban vacaciones más largas y se retiraron de la vida laboral más temprano. Hay reportes que pueden indicar menos incidencia de problemas de salud mental y, sorpresivamente, la salud de sus hijos no mostró cambios sustanciales. Si esta investigación se realizara en un país de ingresos bajos o medios, la salud de los hijos sería uno de los indicadores donde se reportarían mayores cambios, a través de tasas de desnutrición, obesidad infantil, o acceso a servicios médicos. La historia con los suecos ilustra cómo es la vida de los que se ganan la lotería siendo ciudadanos de un país rico, con un sistema de protección social que cuida la salud de los hijos, con muy bajas tasas de crimen que permiten la identificación de los ganadores, y una cultura que promueve la sobriedad financiera. Es la historia de ganarse la lotería dos veces.

Otra curiosidad científica de la lotería documenta los estragos de la envidia financiera. Usando el código postal en una provincia en Canadá, investigadores se pusieron en la tarea de cruzar las listas de las personas que habían ganado la lotería con el número de personas que había entrado en deuda o bancarrota en los mismos barrios[153]. El resultado es que el dinero da envidia. Los vecinos de los ganadores mostraron ser más propensos a asumir riesgos financieros, hacer gastos suntuosos y pedir préstamos. Entre más grande era el premio, mayores los reportes de bancarrota de los vecinos.

¿Qué puede comprar el dinero para hacerme más feliz?

Como ya hemos visto, la relación entre la felicidad y el dinero es positiva. Con mayores recursos, la gente es más feliz; ya sea porque se gana la lotería, tiene un salario más alto o ha acumulado bienes. Eso se evidencia en los múltiples estudios que muestran que las personas más felices viven en países con los niveles de desarrollo e ingreso per cápita más altos. Pero la relación dinero-felicidad es modesta, y en el promedio, la mayoría de las personas desconocen los canales por los cuales el dinero efectivamente contribuye a la felicidad.

El primer impulso del dinero es poder comprar más, nuevo, grande, vistoso y que ponga líneas divisorias por clases. Pero ese uso del dinero lleva a comportamientos y actitudes consumistas y clasistas que poco aportan a la felicidad que se puede comprar con el dinero. El dinero va mucho más lejos cuando se emplea con otros propósitos distintos al mero consumo o la acumulación. Elizabeth Dunn, Daniel Gilbert y Timothy Wilson, investigadores destacados en el mundo del estudio de la vida feliz, escribieron un reporte académico en 2011 titulado *If money doesn´t make you happy, then you probably aren't spending it right* (Si el dinero no te hace feliz, probablemente no lo estás gastando bien)[154], en el cual muestran los canales por los que el dinero sí contribuye a la felicidad. La investigación parte de dos premisas que, por lo general, son las que provocan predicciones equivocadas de la felicidad. La primera es que se desestima lo fácil que es la adaptación a eventos negativos o positivos (adaptación hedónica). En parte, se falla en las predicciones porque las simulaciones mentales carecen de detalles importantes. Por ejemplo, cuando se anticipa la felicidad de una casa nueva, puede fallar el cálculo del costo de amoblarla, el tiempo de limpieza, o la necesidad de llenar cada rincón con artefactos sin uso ni necesidad. La segunda premisa que afecta las predicciones de la felicidad es un asunto de contexto. Cuando se toman decisiones que se espera conduzcan a la felicidad, hay dos contextos. Uno es el de cuando se toma la decisión y otro es en el que se va a tener la experiencia. Piense en una cirugía plástica o un tatuaje. En el contexto donde se toma la decisión pueden influir la edad, los gustos, o la presión de grupo, y otro será el contexto años más adelante, cuando las preferencias, las presiones o los gustos sean otros. Piense en el tatuaje que se hizo de adolescente, con los gustos y recursos de esa época. Ahora imagine cómo va a lucir ese tatuaje décadas más adelante en un contexto laboral.

Teniendo en cuenta que es fácil equivocarse en las predicciones de lo que genera felicidad en el futuro, la ciencia tiene varias recomendaciones en las que se puede usar el dinero como una oportunidad para aumentar la felicidad.

Compre experiencias en vez de comprar cosas. El dinero se puede usar de muchas formas, y una de las más habituales es a través del consumismo. Comprar cosas, como una camisa nueva o un reloj de la última colección, tiene rendimientos muy bajos a largo plazo. La camisa y el reloj entran a competir con muchas otras camisas y piezas de joyería en el clóset y con el paso del tiempo se van relegando a una cosa más que se posee. Las experiencias, en cambio, son maleables en el tiempo, permiten recuerdos, no compiten con otras experiencias y no caen en desuso. Las experiencias se cuentan en muchos tipos. Un viaje, una tarde en un *spa*, un almuerzo en un lugar nuevo, una caminata en la naturaleza, son experiencias que fácilmente se reviven en la memoria, se toman fotos para documentarlas, y dan tema de conversación. Una tarde en un centro comercial comprando una camisa posiblemente no es el material de las memorias que se atesoran con el tiempo. Otra bondad de las experiencias es que no entran en el campo de las comparaciones. Una camisa es fácilmente clasificable, por su precio o su calidad, y se sabe quién tiene la mejor y la peor basado en ese tipo de criterios. Las experiencias, en cambio, no caen en la comparación material. Es tan buena la experiencia del vecino caminando en una montaña como la mía en una tarde de amigos.

Use el dinero en otros. Una de las predicciones erróneas sobre el dinero, es que da más felicidad gastarla a título personal que en otros. Se deriva una felicidad más alta del dinero cuando se usa en otros: un regalo, ayudar a una causa solidaria, o el pago de una experiencia conjunta. Somos seres sociales y no hay un factor más relevante en la felicidad que la fortaleza de las relaciones afectivas. El gasto en otros genera una poderosa reacción afectiva en los demás, al tiempo que refuerza una visión positiva de quien hace el gasto. Es un 2x1. Haga una invitación, llévese una reacción positiva del invitado y una mejor autopercepción. Ese es un dinero que va lejos en las compras felices.

Invierta en placeres pequeños y constantes en vez de gastos suntuosos e infrecuentes. La felicidad es un asunto de frecuencia, más que de intensidad. Hay más beneficios en repetir una actividad o un placer muchas veces que en tener una gran experiencia esporádica. Para alimentar la felicidad, es mejor tener varios fines de semana de pequeñas vacaciones que unas en un gran resort una vez al año. Es mejor ir a varios conciertos que a uno en primera fila, y son mejores los placeres cotidianos de un buen café o una almohada de plumas. Los pequeños placeres derivan en mayor felicidad, en parte, por el rendimiento marginal. Suponga que tiene al frente su torta favorita y tiene ocho porciones. Qué preferiría, ¿comérsela toda en una tarde o distribuirla en varios días? La ciencia y el sentido común informan que hay más satisfacción en comer una porción al día que comérsela toda en una sentada. La torta que se come en veinte minutos va perdiendo el sabor delicioso de los primeros bocados y termina en glotonería. Si usted se comiera toda la torta en veinte minutos, hay un momento donde una cucharada adicional no le va a dar mucha satisfacción. Esto es lo que los economistas llaman *rendimiento marginal decreciente*. Al principio hay una gran satisfacción, y luego esa satisfacción decrece. Todo se cuenta mejor en los primeros momentos. El primer sorbo de la copa de vino, el primer bocado de la cena, el primer beso. Dado que para la gran mayoría los recursos son un asunto de limitaciones y no alcanza para todo, es mejor invertir en el placer cotidiano, chiquito, en el placer del primer momento del que difícilmente se puede acostumbrar.

***

Dejemos algo claro, es mejor ser rico que pobre. Pero en la riqueza económica no está la fuente de la felicidad. La bondad del dinero está en las opciones que provee, no en la felicidad que produce. La mayor parte de la población mundial vive bajo el umbral del salario mínimo, y en los países de menor desarrollo económico, muchos de sus habitantes viven en la permanente escasez que genera la pobreza, pero eso no significa que sean infelices. Significa que tienen que hacer un mayor esfuerzo por conseguir y distribuir los pocos recursos que tienen, y derivan la felicidad de otros aspectos en los que el dinero no es el principal mediador. El dinero desempeña un papel reducido en la felicidad, aunque en el imaginario construido con dosis diarias de consumismo, este y todas las cosas brillantes que compra son la manifestación de la vida feliz. Los datos muestran otra cosa. Si a un individuo se le sacara de la pobreza, su felicidad aumentaría un 5 %, pero si se le reducen sus problemas de salud mental, la felicidad aumentaría en un 20 %[155]. Si usted está entre comprar algo nuevo que adorne su clóset, o ir a una terapia para tratar los problemas empolvados que sabe que tiene, el consejo más científico es invertir ese dinero en el terapeuta. No prenda el televisor y no revise sus redes sociales mientras toma la decisión; se puede encontrar con una oferta de la camisa que tanto le gusta.

5

Hábitos

Cómo se crean los hábitos

Powering potential. Una traducción imprecisa al español sonaría como *empoderando el potencial.*

Google tiene un servicio llamado Think with Google (Piensa con Google), que publica tendencias y búsquedas globales. En el 2021, esta herramienta puso en el tercer puesto del podio de búsquedas el *Powering potential*[156]. En esta categoría, Google clasificó todas las búsquedas relacionadas con los cambios pequeños pero sustanciales sobre las que los internautas pedían respuestas. Las de hábitos saludables como el ejercicio y recomendaciones alimenticias fueron seguidas por el uso de protector solar y el mejor momento del día para tomar vitaminas. En la aldea global se reportó un incremento de personas matriculándose en programas de todo tipo para aumentar su conocimiento y sus habilidades. En Egipto y Arabia Saudita hubo un incremento del 35 % en búsquedas de lecciones de dibujo o centros educativos. El concepto de *powering potential* encapsula todo lo que un individuo hace por su automejoramiento, desde aprender algo nuevo, implementar una rutina de ejercicios, leer más, o comer saludable.

Estas búsquedas están muy relacionadas con los océanos de artículos sobre los hábitos y rutinas diarios de los deportistas de élite, artistas, políticos, o millonarios. Una búsqueda en Google por la dieta, la rutina de ejercicios, la hora de acostarse y de levantarse de Cristiano Ronaldo arroja más de ochocientos mil resultados. Cavando entre toda esa información, se puede encontrar cómo se organizan en detalle los noventa minutos de ejercicio de Ronaldo, lo que se come un día, qué hace en la última hora antes de dormir, la intensidad de los entrenamientos, los rituales de recuperación después de cada partido. Igual sucede con la descripción de la agenda de Bill Gates, con las rutinas presidenciales de Barack Obama, o con la dieta de Beyoncé.

Usted y yo, al igual que expresidentes, empresarios o deportistas, hacemos en promedio lo mismo todos los días. Usamos el mismo arsenal de rutinas cotidianas que hemos construido por años. La diferencia es que las rutinas diarias de los expresidentes, empresarios o deportistas las diseñan dietistas, entrenadores, o consultores, donde no se deja un minuto o un factor al azar. Cada acto es un engranaje para asegurar que cada uno de sus clientes use su potencial al máximo.

Usted y yo, que somos hijos de vecino, creamos nuestras rutinas de forma intuitiva, conveniente y sin muchas consultas. Una que otra vez usamos lo que leemos sobre los hábitos de los excepcionales para inspirar intenciones de cambio para el crecimiento personal. Y haciendo esas lecturas para mejorar, para conseguir resultados superiores en lo que hacemos, se ha creado una masa crítica de interés por los hábitos. El interés por conocer qué hacen cotidianamente los destacados y por saber cómo se pueden traducir esos hábitos a las rutinas, posibilidades, y fuerza de voluntad de cualquier persona, es un campo emergente y despierta el interés colectivo. Google testifica la creciente atención que han ganado los contenidos y literatura sobre los hábitos, llegando a más de quinientos cuarenta millones de búsquedas para el 2022. El libro *Hábitos atómicos* de James Clear ha vendido más de quince millones de copias en el mundo para el 2023.

LOS HÁBITOS SON LA NUEVA BÚSQUEDA

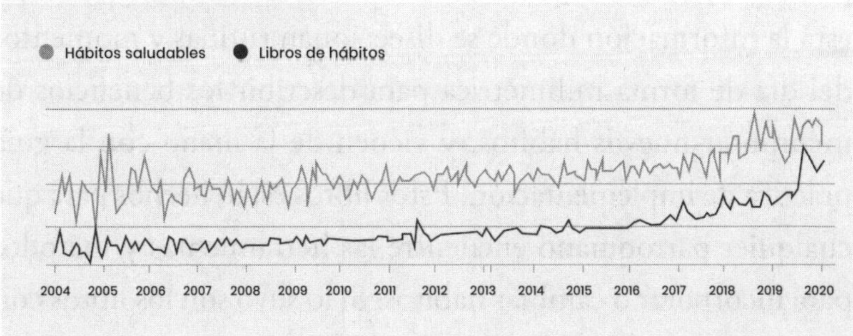

* Resultado de Google trends- Cifras disponibles desde el 2004 hasta julio de 2022 a los términos *healthy habits* (hábitos saludables) y *habits books* (libros de hábitos).

La reflexión sobre los hábitos data de muchos siglos atrás; el mismo Aristóteles tenía su dosis de empoderamiento personal. Tal vez Aristóteles les dijo muchas veces a sus estudiantes en las lecciones que impartía en el liceo: «somos lo que hacemos repetidamente», o «la excelencia no es un acto, sino un hábito». Suena apropiado para el eslogan de la camiseta del equipo aristotélico.

Esa búsqueda del máximo potencial a través de los hábitos se refleja también en el crecimiento de la literatura y contenidos de autoayuda. En las librerías, los libros sobre hábitos, se ubican en las estanterías de la autoayuda, junto con todo lo que lleve el olor de la felicidad. Los contenidos y libros sobre hábitos, cubren aspectos diversos y en rigurosidades disímiles; hay un nicho que se concentra en la ciencia que subyace a los hábitos, y se trata de contenidos escritos por psicólogos y neurocientíficos donde el cerebro, con todas sus partes y circuitos, es la estrella de este tipo de literatura. Esta investigación es la que da el piso científico a lo que se conoce sobre la formación y cambio de los hábitos. Otro tipo de contenidos se enfocan en los aspectos prácticos para incorporar o eliminar hábitos. En este campo está la información donde se diseccionan rutinas y momentos del día de forma milimétrica para describir los beneficios de incorporar nuevos hábitos, y vienen de la mano con la guía práctica de implementación. Estos libros están hechos para que cualquier parroquiano encuentre las herramientas y métodos para incorporar o cambiar hábitos. Si lo suyo son los libros con consejos y listas, este es su nicho de lectura.

A la sombra del interés por los hábitos de los excepcionales, también crece el interés por los hábitos de las personas felices. Esta es otra forma en la que se materializa la búsqueda ubicua de la felicidad. Google reporta doscientos sesenta y un millones de resultados a la búsqueda de los hábitos de las personas felices, superando con suficiencia las búsquedas por los hábitos de las personas ricas (ciento ochenta y ocho millones), o de las personas *fit* (ciento noventa y cinco millones). Google sigue entregando evidencia que soporta la hipótesis de que la felicidad es una de las principales búsquedas del hombre de estos tiempos.

Los hábitos tienen una relación estrecha con la felicidad. Caen en la categoría de actividades intencionales (como se explicó en el tercer capítulo) sobre las que se tiene control, explicando el 40 % de la felicidad de cada individuo. Las actividades intencionales vienen en dos formas. Una son los modelos mentales y los pensamientos. Por ejemplo, la disposición a ser más optimista y tomar los aspectos positivos de cualquier circunstancia. Tener una predisposición optimista frente la vida afecta los pensamientos que la mente crea. La otra presentación de las actividades intencionales se refiere a lo que la gente hace, como la frecuencia de interacciones sociales, los actos de amabilidad con otros, o las actividades que le permiten estar en el momento presente. Este es el terreno donde se unen los hábitos y la felicidad.

La intersección de los hábitos y la felicidad es uno de los campos de abono reciente en el estudio de la felicidad. Los académicos encuentran que, si la felicidad se puede llevar a los hábitos y a las acciones cotidianas, esa es la forma más sostenible de experimentar la felicidad[157]. La que se cultiva a diario y que está presente con independencia de ganarse la lotería, encontrar la pareja deseada, o conseguir el aumento salarial. La prescripción de los hábitos que aumentan la felicidad no es una receta genérica; para algunos funcionará mejor hacer ejercicio; para otros, meditar; para otros, llevar un diario de agradecimiento. La dosis, la variedad, el tiempo, o el nivel de esfuerzo, dependen de cada individuo[158].

Ese rango de opciones se conoce como el *happiness-fit* y se refiere a encontrar las prácticas y hábitos que se adapten a los intereses e inclinaciones personales. Para cerrar esta historia feliz, exploremos sobre los hábitos, cómo se crean, cómo se cambian y cuáles son los que hacen de la felicidad un acto cotidiano.

***

Llega la mañana y la hora en la que se levanta. Abre los ojos. Sale de la cama, primero con la pierna derecha y después la izquierda. Va al baño, hace lo que hace en un orden inalterable. Se hace el café, el té o lo que se tome. Entra a la ducha, abre el grifo, espera la temperatura que le gusta del agua e inicia un ritual nunca planeado, pero siempre ejecutado de la misma forma. El jabón, el champú, entra y sale del agua, cierra el grifo, toma la toalla y empieza a secarse por la cabeza, por los pies, o por la espalda, por donde siempre empieza y nunca se había dado cuenta. Se viste en un orden meticuloso y repetido, y continúa el ritual de arreglo y limpieza matutino siguiendo una coreografía ensayada donde cada paso se repite de forma inconsciente, pero ejecutado con la maestría del que lo ha hecho por mucho tiempo.

El resto del día se va en una seguidilla de actos que repiten el mismo patrón inercial. Lo que come, cómo trabaja, las interrupciones que se permiten, la frecuencia con que lee, el tiempo del ejercicio, las horas de sueño, el tiempo al frente del televisor, lo que consume en las redes... Los hábitos son la forma en que deliberadamente se organizan los días, que se vuelven semanas, se suman en meses, se convierten en años, y, todos juntos, son la vida. Los hábitos son un mecanismo para priorizar lo que da buenos réditos, placeres cotidianos, emociones positivas y las actividades que asocia con la felicidad. Los hábitos son la carta de navegación de la cotidianidad, son tan cotidianos e interiorizados que se van volviendo invisibles.

La tiranía de la rutina no da mucho espacio para pensar en los hábitos. Se piensa en estos cuando va donde el dietista y le pregunta en detalle qué desayuna, almuerza y come, y a qué hora. Cuando visita el médico y pregunta si se está tomando las vitaminas todos los días, o cuando empieza la convivencia con alguien y encuentra irritante el hábito del otro de dejar los platos sin lavar, la cantidad de horas que pasa al frente de una pantalla, o se sorprende con el orden con el que mantiene el clóset. También se da cuenta de que conoce al otro cuando le descubre sus rutinas. Conocer los hábitos de otra persona es una forma de navegar su privacidad. Se podría pasar la vida sin pensar mucho en los hábitos propios; ese pensamiento sería tan metafísico como si un computador pensara en las rutinas que hacen que su sistema operativo funcione.

Pero a pesar de la invisibilidad de los hábitos, hay un espacio colectivo donde los hábitos cobran un protagonismo inusitado. Al final o al inicio del año, hay un momento donde aparece la epifanía de los mejores propósitos. Bajar de peso, ahorrar más, comer saludable, leer un libro al mes, iniciar las clases de baile. En ese momento, en conversaciones oblicuas e indirectas, los hábitos llegan al tema de conversación y se convierten en esos pensamientos que se entretienen sin necesariamente aceptarlos.

En ese lapso de finalizar o iniciar el año y en el que se renuevan las expectativas, creo que la gente se divide en tres grupos. En el primero se ubican los que saborean la epifanía de estar más delgados, hacer más ejercicio y cerrar el año con la cuenta de ahorros más abultada, pero no hacen nada en los siguientes 365 días para materializar su epifanía. En otro grupo se encuentran los que hacen algo: se inscriben en el gimnasio, van al dietista, o crean un plan de ahorros. Pero este selecto grupo va menguando; en febrero quedan pocos y en noviembre no recuerdan dónde dejaron la hoja con la dieta que recomendó el doctor. En el tercer grupo están la rara minoría de los que se proponen hacer algo y lo cumplen. Los de esta especie son los que van al gimnasio cuatro días a la semana, sin falta. Los que ahorran, tienen bolsillos digitales, saben en qué se gastan cada peso y son inmunes a las ofertas 2x1. La diferencia que subyace a estos tres grupos son los hábitos. Los estudiosos han encontrado que los hábitos son la forma de desarrollar o inhibir el potencial de los individuos.

¿Por qué me lavo los dientes todos los días?

Hubo un tiempo en el que la pasta dental y los cepillos de dientes no existían. No se vendían en los supermercados; estos tampoco existían, y nadie se lavaba los dientes después de cada comida como hábito de higiene y adaptación social. Los egipcios, romanos y chinos usaban ungüentos y mixturas que incluían cáscaras de huevo, arena, sal, o huesos triturados, para la limpieza dental. Le siguieron en la historia otros inventos igual de creativos que no dan ganas de recrear hoy en día. En 1824, una persona con los pergaminos necesarios para poner juntos los ingredientes que uno se puede llevar a la boca creó la primera pasta dental. El dentista Peabody fue la primera persona que agregó jabón a la pasta dental. Veinte años después, Colgate creó la primera crema dental de uso comercial, con muy poco éxito en ventas.

La pasta dental se introdujo en el mercado a finales de del siglo XIX, pero pocos conocían su utilidad y sus beneficios. Los vendedores puerta a puerta que ofrecían el producto no lograban hacer ganancias de un artículo desconocido. A principios del siglo XX llegó al negocio de la limpieza de los dientes Claude C. Hopkins, un experto en el marketing que ya había hecho una fortuna promocionando la avena de Quaker, las llantas de Goodyear y las aspiradoras de Carpet Sweepers Company.

Hopkins tomó la cuenta de Pepsodent, una marca de crema dental de una compañía americana con muy pocos interesados en comprar un producto sin beneficios evidentes. Hopkins hizo la terea, leyó los libros de texto de los odontólogos buscando la razón para generar una necesidad en los consumidores. Tras muchas páginas, en uno de los libros se encontró con la placa dental, que es esa capa que recubre los dientes. Hopkins la llamó *the film* o la película que se siente en los dientes cuando se pasa la lengua en la ruta exploratoria de los residuos acumulados. La película fue para Hopkins como el golpe de la manzana en la cabeza de Newton. Su idea revolucionaria fue crear una plataforma de venta de la crema dental asociada a la belleza. Con Pepsodent y el lavado de dientes, las personas removían la película de los dientes que empañaba la belleza.

Para que alguien compre algo o haga algo —y esto bien lo sabía Hopkins—, se necesita una señal. Eso es lo que lleva a tomar acciones. En el caso de la crema dental, la señal que se necesita para una limpieza es sentir la película de placa dental que se asocia con algo desagradable que hay que remover. Esa señal lleva a una rutina, a la más universal de las rutinas actuales: lavarse los dientes. La rutina lleva a una recompensa: sentir los dientes limpios. La combinación de una señal, una rutina y una recompensa, es lo que se llama el *habit loop* o el circuito de los hábitos.

CIRCUITO DE HÁBITOS DE CEPILLARSE LOS DIENTES

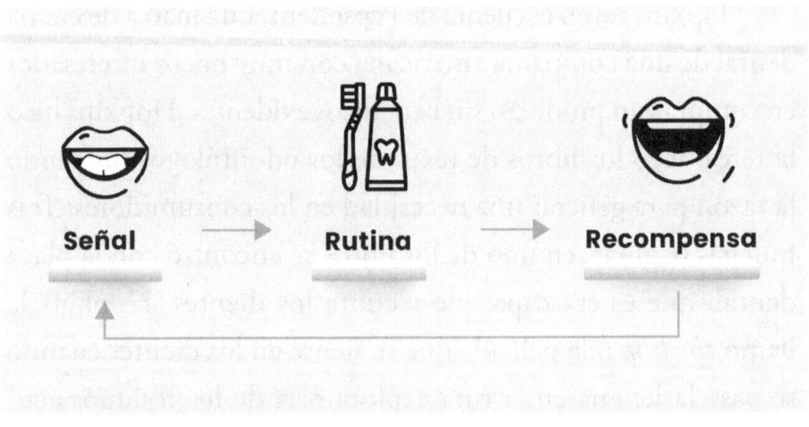

* Tomado de: *El poder de los hábitos* de Charles Duhigg

Antes de la campaña de Pepsodent, solo 7 % de los americanos tenía un tubo de pasta dental en casa; diez años después de la campaña, la crema dental se convirtió en un bien de consumo primario en el mundo[159]. Hopkins le dejó de herencia al mundo del mercadeo la necesidad de aprender de la psicología humana para vender productos siguiendo dos premisas básicas: los individuos necesitan señales obvias y recompensas claras. Esta lección la aprendió el mundo del mercadeo como se aprende una oración una persona religiosa, o el himno nacional un patriota, y no en vano son los productos comerciales y las campañas publicitarias los que les dan forma a los hábitos que se adquieren.

El mundo del marketing conoce de manera granular el comportamiento de los individuos, e incluso es capaz de anticiparse a lo que van a hacer. Los mercadólogos saben que una vez alguien compra una marca de champú, productos de aseo, o el cereal del desayuno, es difícil cambiarse. También saben que en promedio las personas cambian de hábitos en los momentos de transición en la vida: independizarse, separarse, moverse de ciudad, cambiar de trabajo. Estos eventos permiten el cambio de hábitos y, con ellos, el cambio en la marca del café, introducir una nueva costumbre de desayunar pan en vez de cereal, dejar la lactosa y empezar a consumir leche de soya. También conocen que los padres son una mina por explotar en cuanto a patrones de consumo, compran todo lo que les provea bienestar a sus hijos, y una vez compran una marca, es fácil fidelizarlos. En el momento en que entrega su identificación, se afilia a un programa de beneficios y da la dirección de su casa, abre la puerta al ojo invisible del marketing. Es solo cuestión de tiempo y de compras repetidas para que le llegue un cupón, un irresistible 2x1, y un bombardeo constante para probar una nueva marca de leche.

Después de la introducción de la crema dental y de los cupones de promoción en los supermercados, se conoció un producto más sofisticado en la creación de hábitos: los teléfonos móviles y las redes sociales. La arquitectura de las alertas de notificación en el celular que llegan a través de las redes sociales es la ruta al Santo Grial en el mercadeo. Se sabe que revisar el celular y el contenido de las redes sociales es una de las principales actividades en las que se usa el tiempo hoy en día. Dependiendo de la fuente, el país, el grupo poblacional y la encuesta, hay reportes que indican que un individuo promedio puede revisar entre cincuenta y ciento sesenta veces en el día el celular. ¿Qué es lo primero y lo último que hace en el día? ¿Qué hace cuándo está aburrido? ¿Qué usa para buscar información? ¿En qué actividad disuelve la ansiedad? ¿Qué hace mientras espera el bus? Para un individuo promedio, la respuesta a todas las preguntas anteriores es el teléfono móvil y las entretenciones que alberga.

Los que conocen las dinámicas del mercado saben que las emociones son el detonante para cualquier compra y para la formación de hábitos de consumo. Las redes sociales son poderosas porque forman hábitos usando los enclaves de las emociones que se experimentan diariamente. Nir Eyal[160] afirma que las redes y los dispositivos móviles son adictivos porque proveen alivio instantáneo a las emociones negativas. Si está aburrido, los *posts* de los creadores de contenido están para distraer cualquier atisbo de tedio. Si hay inseguridades, una búsqueda en Google ayuda a encontrar el camino. Si se siente insignificante, solo revise el correo electrónico para ver la horda de solicitudes que están en la puerta. Las redes son un recurso confiable para eliminar lo que causa molestia y provee placer. Generar hábitos con un arma tan poderosa es casi que inevitable, se crea un comportamiento tan predecible como el de los ratones de laboratorio que van una y otra vez a tocar un botón que les produce placer.

Lavarse los dientes tiene beneficios claros. Ha reducido problemas de salud pública y ha disminuido enfermedades. Pero los beneficios del hábito ubicuo de revisar el celular y las redes sociales son menos claros. Hace quince años —antes de la introducción masiva de dispositivos móviles y redes sociales— solo el 1,6 % de las personas consideraba que tenían la peor vida posible, según encuestas globales de satisfacción con la vida. Para 2022, la proporción de personas que evalúan sus vidas en el peor de los escenarios incrementó a 7,6 %[161]. Las redes sociales han tenido una responsabilidad parcial, pero determinante, en la percepción global de estar en el peor de los escenarios posibles. Las comparaciones son la hermana media de la infelicidad, y las redes sociales son un dispositivo que permite poner un lente de aumento en cualquier comparación. En belleza, dinero, fama, reconocimiento, o habilidades, las redes sociales permiten hacer comparaciones las múltiples veces que se consultan, durante las varias horas que se consumen sus contenidos. Puesto en términos sencillos, el tiempo en las redes sociales está dedicado a la comparación inconsciente.

¿Para qué sirven los hábitos?

Décadas después de la pasta dental, los cupones de supermercado y ofertas comerciales, los hábitos entraron en el estudio sistemático de la ciencia por la puerta de la neurociencia y el estudio de la memoria. Gracias a estos estudios, se conoce que los hábitos se forman a través de un esfuerzo cognitivo sostenido y durante un periodo de tiempo prolongado[162]. Por ejemplo, aprender a conducir. Al inicio, prender el automóvil, moverlo del parqueadero, salir a la calle, cambiar de carril, frenar, acelerar, parar, ceder el paso, son actos complejos que requieren toda la capacidad cognitiva del aprendiz. Después de un tiempo de práctica, se puede sostener una conversación, revisar el maquillaje, tomarse un café, e insultar al prójimo mientras se piensa en el mensaje de texto que va a escribir en el semáforo. Lo mismo sucede con los que corren cinco kilómetros al día o programan secuencias sofisticadas que luego se ven en una aplicación. Han corrido los kilómetros muchas veces, o han programado por tanto tiempo, que ya no les representa ningún esfuerzo llevar a cabo una actividad que para cualquier otro sería difícil.

Después de usar la energía cognitiva en aprender algo, el cerebro alberga lo que aprende en un compartimento donde guarda las cosas que ya sabe hacer. De ese cajón saca rutinas conocidas para resolver asuntos prácticos: ducharse, lavarse los dientes, tender la cama, hacer el café, enviar un mensaje. El cerebro también tiene la habilidad de guardar rutinas por mucho tiempo, como las que permiten montar en bicicleta así no lo haya hecho por años. El cerebro siempre busca formas de ahorrar energía, y los hábitos son una máquina dispensadora de ahorros energéticos porque, una vez se adquiere un hábito, no se vuelve a pensar y consumir energía decidiendo cómo hacerlo. La belleza de los hábitos es que una vez adquiridos, dejan espacio mental para hacer y pensar en otras cosas; liberan ancho de banda cognitivo.

Aproximadamente 40 % de las actividades que se hacen en el día son el resultado de los hábitos[163]. Los hábitos vienen en dos tipos: los que actúan como impedimento o los que funcionan como beneficio. En los hábitos como impedimento entran las rutinas como fumar, beber más de la cuenta, apostar, o cualquier otro que, sin necesidad de mucho examen científico, se sabe que hay que cambiar. Los hábitos que actúan como beneficio son todas las prácticas que favorecen, como levantarse temprano, comer balanceado, o hacer ejercicio. Estos son los que empoderan el potencial. En el lenguaje coloquial esta clasificación se conoce como los hábitos *buenos* o los hábitos *malos*. El asunto es que lingüísticamente se pueden diferenciar, pero para el cerebro fumar o comer ensalada están en el mismo cajón de prácticas automáticas.

El circuito de los hábitos sigue la misma estructura con la que Pepsodent volvió la crema dental un producto de uso diario: una señal, una rutina y una recompensa. La *señal* es el componente invisible del circuito. Una persona que fuma, de manera automática, toma un cigarrillo de la cajetilla y lo lleva la boca, pero ese acto está precedido por una señal que cada individuo ha asociado con la necesidad de fumar. Para algunos puede ser calmar la ansiedad; para otros, aclarar la cabeza; para otros, reducir el estrés. La *rutina* es lo que se identifica como hábito. Sacar la cajetilla, escoger un cigarrillo del centro, tomarlo con la mano derecha y llevarlo a la boca, y con la izquierda encender el fuego. La *recompensa* es el alivio, la reducción de la ansiedad, la dosis de dopamina nicotinada y el beneficio que hace que el cerebro decida si guarda ese bucle de información. La recompensa es lo que hace que los hábitos se alberguen en el cerebro y se repitan cada vez que aparece la señal. Las recompensas inmediatas son las que más le gustan al cerebro, como revisar el móvil y las redes sociales. Mientras que las recompensas que están al final de un camino más largo, como la dopamina después de hacer una hora de ejercicio, son más difíciles de empezar y mantener. Para la creación de nuevos hábitos, la recompensa es un factor clave, es el premio al final por hacer algo que requiere esfuerzo. Pero una vez un hábito se adquiere, bueno o malo, persiste incluso en la ausencia de recompensas. Es como los que ven cuatro horas de televisión, así el contenido sea malo, o los que hacen ejercicio sin pensar en bajar de peso para las vacaciones.

Los hábitos se van apilando. El cigarrillo de la mañana se toma con un café, que a su vez es acompañado con la lectura del periódico. El cigarrillo de la tarde se fuma después del almuerzo, con el café y conversando con un amigo o revisando mensajes en el celular. Esa acumulación de rutinas es la que permite crear bucles extensos, como la rutina de cada mañana. El tiempo que toma toda la rutina es la seguidilla de múltiples hábitos que, sin necesidad de pensar, llevan hasta el escritorio de la oficina. Cuando está encendiendo el computador para iniciar el día, es posible que ni recuerde la ruta por la que llegó a la oficina o tenga dudas de si puso el seguro en la puerta de la casa.

Hay unos hábitos que tienen el poder de modificar muchas conductas; se les conoce en la literatura como hábitos centrales (*keystone habits*). Hacer ejercicio es uno de ellos. Una persona que se ejercita regularmente es probable que cuide mejor su dieta y se levante más temprano para poder acomodar su rutina. En este caso, hacer ejercicio modifica la dieta y las horas de sueño. Los hábitos que tienen la capacidad de modificar otras conductas son los más difíciles de implementar, por la cantidad de factores asociados que se deben modificar para su ejecución, pero una vez implementados, tienen la capacidad de modificar otros aspectos. Los hábitos centrales (al igual que cualquier otro hábito) pueden funcionar como un impedimento o un beneficio. La hora de levantarse es otro de los hábitos centrales, y si alguien tiene el hábito de levantarse tarde, esa conducta tendrá un efecto en las demás actividades que realice en el día.

A pesar de que los contenidos sobre los hábitos han ganado adeptos, el conocimiento tiene un impacto parcial en el cambio de comportamientos. Piense en la conferencia TED que vio sobre la importancia de hacer ejercicio, en el documental sobre lo nocivo de las redes, o el artículo que leyó sobre la importancia de tener ahorros a la hora del retiro, ¿qué tanto impacto tuvo esa información en su comportamiento? Para el promedio de las personas, muy poco. En parte, la explicación del bajo efecto que tiene la información en el cambio de hábitos es que la información usualmente está enmarcada desde el lado negativo. Si no cambia la dieta podrá tener sobrepeso, si no ahorra lo suficiente no tendrá jubilación. Todos esos mensajes residen en un futuro distante y el cerebro no es bueno con esos cálculos, al igual que tampoco responde bien al cambio cuando el mensaje es negativo.

¿Cómo hago para cumplir los propósitos que me hago cada año?

Modificar los hábitos es el deseo de los que año tras año se hacen las promesas de cambio para conseguir su mejor versión, o *liberar su potencial,* usando la jerga que es común en la profusa producción de libros sobre los hábitos. El cambio de hábitos no es un deseo restringido a los individuos que piensan en sus costumbres. Muchas de las acciones del gobierno están encaminadas a modificar prácticas colectivas. Cada multa de tránsito, los impuestos al consumo del alcohol o apuestas, cada pieza de información del sistema de salud que previene la obesidad, cada programa de ahorro programado para la pensión, componen el arsenal de estrategias oficiales para cambiar los hábitos de la sociedad.

Cambiar las costumbres es una empresa que ha mostrado ser compleja y tener resultados desiguales entre quienes lo intentan. Puede ser tan difícil cambiar los hábitos que los que lo logran construyen narrativas de vida desde el punto en que logran cambiarlos. Desde que empezaron a hacer ejercicio, desde que cambiaron la dieta, desde que empezaron a ahorrar... Este cambio puede ser un punto de inflexión en la vida de quienes lo consiguen.

Los hábitos son una suerte de fuerza oculta que explica los resultados a largo plazo. Una persona que llega a sus cincuenta años en excelente condición física es porque lleva muchos años haciendo ejercicio. Alguien que llega a su edad de retiro con los recursos suficientes para vivir con holgura es porque durante mucho tiempo hizo los ahorros y la planeación necesaria. Lo mismo aplica para las personas sin ahorros o en una condición de obesidad; por mucho tiempo han acumulado decisiones diarias que los llevan a la escasez económica o a la acumulación de peso. Los hábitos, en su sustrato más simple, son las acumulaciones marginales diarias. James Clear, uno de los gurús del mundo de los hábitos, explica que esas acumulaciones marginales son las que llevan a los resultados positivos o negativos. Terminar una carrera universitaria, correr una maratón, escribir un libro, tocar un instrumento o hablar otro idioma, solo se consiguen a través de acumulaciones marginales. Aunque también así se llega al sobrepeso, al alcoholismo, a la bancarrota o al sedentarismo. Las acumulaciones marginales tienen el mismo poder expansivo en cualquier dirección que se usen.

Los expertos en los hábitos tienen una caja llena de métodos para cambiar conductas o introducir rutinas que trabajen en beneficio de los objetivos que cada individuo persigue. Es fácil encontrar en los libros algún método o una lista acotada para motivar el cambio. En términos generales, esto es lo que instruyen los expertos para el cambio de hábitos:

Identidad y rituales. Una de las recomendaciones para el cambio de hábitos que encuentro particularmente poderosa es asociarlos con la identidad. En el caso de una persona que no tiende la cama o no limpia su habitación, ¿qué dice ese hábito sobre su identidad? Y en el de otra que usa sus horas productivas en las redes sociales, ¿qué identidad construye? Los hábitos se notan, y son una forma de crear identidad y ser reconocidos por los demás. James Clear, en su libro *Hábitos atómicos*, hace una descripción extensa de los hábitos y la identidad, y entrega ese mensaje seductor del empoderamiento a través de las acciones sobre las que cada individuo tiene control. En ese contexto, describe historias que sirven de apoyo al argumento de crear primero la identidad, para luego cambiar los resultados.

Clear habla de tres componentes en el cambio de hábitos: identidad, procesos y resultados. La identidad es lo que caracteriza a alguien o lo que quiere llegar a ser. Los procesos son lo que hace a diario para estar acorde con la identidad. Los resultados son el fruto de los procesos. La mayor parte del tiempo se espera alcanzar resultados antes de identificarse con algo. Por ejemplo, se espera perder peso hasta llegar a sesenta kilos para luego identificarse como alguien delgado. La invitación de Clear es a identificarse como alguien delgado, incluso antes de perder peso. Puesto de otra forma, si alguien toma clases de música, va a esperar a conseguir maestría antes de llamarse músico. Clear invita a reconocerse como músico desde el día en que se inscribe en las clases. Esa asociación con la identidad es la que va a ayudar a poner las horas de práctica y la dedicación a las lecciones, porque eso es lo que los músicos hacen, practicar, ir a las clases, sumar horas para volverse mejores. Cuando los cambios que se persiguen están asociados con la identidad que se quiere construir es más fácil cambiarlos.

En esta lógica, se agrega un nuevo componente en el circuito de los hábitos, un anhelo que está asociado con la identidad.

Es la introducción de una reflexión sobre lo que se quiere ser, en lo que se quiere convertir y ser reconocido, para que ese deseo sea el que determine las acciones. Además de crear identidad, el componente del anhelo le da un incentivo adicional al cerebro. La dopamina, la golosina favorita del cerebro, se libera con la anticipación. Un encuentro sexual, las vacaciones, la cena de la noche, la fiesta del viernes, se disfrutan más con la anticipación. Después de todo lo anhelado queda la resaca, la llenura, el cansancio. Las personas buscan mantener las rutinas que les gustan, como hacer ejercicio, ver una película, jugar un videojuego, o comer comida calórica, porque anticipan que van a obtener una recompensa después de cada actividad.

Bajo esta mirada, el circuito de los hábitos luciría de esta forma:

CIRCUITO DE HÁBITOS CUANDO SE INTRODUCE UN ANHELO

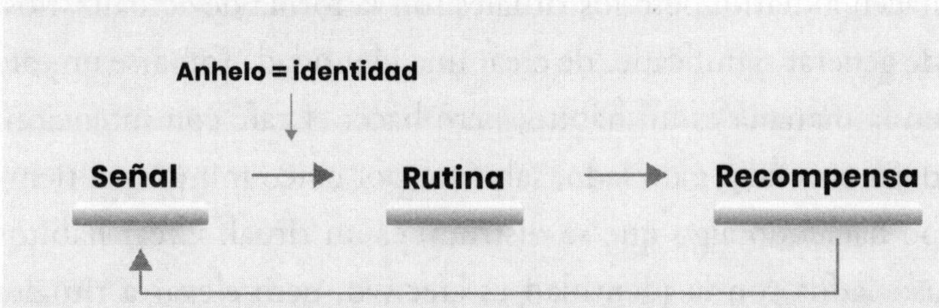

Marie Kondo[164], la gurú de la limpieza y el orden, con otras palabras y con otras formas, también llega al final de su mensaje a un asunto de identidad. Kondo busca entregar una estrategia para vivir una vida de orden, y solo con las cosas que producen felicidad. Dentro de las preguntas que invita a sus lectores a hacerse para lograr el orden en su espacio privado, lleva a la reflexión sobre qué quiere que su espacio comunique, cómo se quiere sentir, o cuál es la identidad de la persona que habita ese lugar. Kondo y todos sus seguidores construyen hábitos y prácticas que los asocian e identifican con el orden, con lo necesario, con un espacio liberado del exceso material.

Kondo introduce los rituales dentro de su sistema de orden y felicidad. Su método lleva a crear un ritual de limpieza que supera en estética y significado la bolsa negra con basura. Agradecer por cada cosa que ya no da felicidad, revisarla en sus cualidades y uso, y luego descartarla si es lo más conveniente, es el tratamiento más elegante que se le puede dar a lo que sobra. La introducción de los rituales que hace Kondo es la prueba de que cualquier cosa, incluso limpiar el exceso, puede ser una actividad con intención y significado, es decir, un ritual. Los hábitos son, por definición, los actos intencionales que se hacen a diario, pero los rituales son la forma de actualizarlos, de generar significado, de crear una identidad. Tomarse un café en la mañana es un hábito, pero hacer el café con intención, dejar el celular a un lado, saborear por cinco minutos el tiempo haciendo algo que se disfruta, es un ritual. Crear hábitos asociados con la identidad es efectivo, pero elevar a rituales los hábitos es otra forma eficaz de reforzar la identidad que se quiere construir. Kondo es una autora dentro de muchos otros asiáticos que han introducido la filosofía oriental en los actos cotidianos. Los rituales son esa forma en que los asiáticos generan una esfera sacralizada para vivir. La vida que se vive con intención, despacio, que eleva lo que se hace a diario y que hace parte de la identidad individual y cultural.

Es usual encontrar en las recomendaciones de los hábitos la creación de rituales. En términos generales los rituales son esos eventos coreografiados que producen experiencias cargadas de emociones que crean sentimientos de unidad y sacralidad con los otros[165]. En la mayoría de los casos, se restringen los rituales a aspectos sociales que marcan un hito en las historias personales y colectivas, como los funerales, las bodas o las graduaciones. Pero los rituales también pueden ser cotidianos y privados, manteniendo el sustrato de lo sacralizado.

La invitación a la creación de rituales cotidianos nace al calor de la necesidad de desacelerar el paso y de estar presentes. Es otra forma de saborear experiencias que la cotidianidad y la repetición han desgastado. Crear el ritual de sentarse en familia a cenar, brindar antes de tomar el primer sorbo de vino, abrir la ventana en la mañana y sentir el aire fresco, tomar la taza de té caliente con las dos manos y oler la menta antes de tomarlo, tender la cama como acto de limpieza en un lugar sagrado. Los rituales tienen el poder de sacralizar experiencias ordinarias para dotarlas de sentido.

Fuerza de voluntad y autocontrol. Para la formación o cambio de un hábito se necesita hacer un uso extensivo de la fuerza de voluntad y/o autocontrol. En algunos textos hablan de estos atributos de manera intercambiable, pero cada uno responde a mecanismos diferentes. La fuerza de voluntad puede describirse como la capacidad de esforzarse lo necesario para hacer algo. Solo la definición viene con el peso de tenerse que esforzar, y esforzarse es, en promedio, una tarea difícil. Es por esta razón que la fuerza de voluntad es poco fiable para el cambio de hábitos. La fuerza de voluntad se experimenta cuando se está conectado, motivado, y es claro que el objetivo que se persigue se obtiene con un esfuerzo y marco temporal que están bajo control. Pero desaparece cuando hay cansancio, hambre o estrés.

El autocontrol es conocido como la capacidad de ejercer control o dominio sobre uno mismo y sus acciones. Es el vecino que no abusa del alcohol, que paga las cuentas a tiempo, que pone la música a un volumen que no incomoda. El autocontrol es uno de los atributos que los psicólogos han investigado extensivamente preguntándose qué hace que unos individuos sean capaces de resistirse a tentaciones, de ser más productivos, o de tener menos predisposición a conductas adictivas. Si existiera el hall de la fama de la investigación académica, un experimento sobre el autocontrol tendría una de las estrellas más brillantes.

El psicólogo Walter Mischel, en la década de los setenta, desarrolló un experimento elegante y fácilmente replicable para investigar los procesos mentales de no caer ante tentaciones inmediatas y ser capaz de dilatar recompensas. Lo llevó a cabo siguiendo un modelo experimental sencillo con un grupo de preescolares: cada niño fue llevado individualmente a un salón donde era grabado; allí, un adulto entraba, le daba un masmelo y le decía al niño que tenía que salir, pero volvería pronto y, si quería, podía comérselo, aunque si no se lo comía y esperaba a que el adulto volviera, le darían un masmelo adicional. Los niños se enfrentaban a la decisión de caer ante la tentación, o recibir el doble de beneficio a cambio de retrasar la recompensa. «El experimento del masmelo», como se le conoce en el mundo académico, ha sido uno de los mayores catalizadores de la investigación sobre el autocontrol. Estos niños fueron seguidos durante años por el equipo del doctor Mischel, y las conclusiones a las que llegó la investigación —y que han sido ampliamente reafirmadas en otros estudios— son que los niños que dilataron la recompensa y esperaron por el segundo masmelo probaron ser mejores estudiantes, tuvieron mejores puntajes en pruebas estandarizadas, ganaron salarios más altos y fueron menos proclives a conductas adictivas. Es decir, todo lo que los papás sueñan de sus hijos y lo que los estadistas esperan de los ciudadanos, encapsulado en la capacidad de dilatar recompensas, de no comerse la golosina que les ponen al frente.

Mischel, en muchos de los artículos que ha escrito y entrevistas que ha concedido, elabora sobre los mecanismos que usaron los niños que no cedieron ante la tentación de la golosina. Estos niños encontraron formas para distanciarse de la tentación, le dieron la espalda al masmelo, se fueron a jugar a otro lado de la sala, o se crearon la idea de que el masmelo era una pieza de madera o cualquier otra cosa no comestible. Ese mismo método de distracción y distanciamiento es lo que les ayuda a mantenerse en control cuando las tentaciones están al frente. ¿Quiere estar más concentrado durante el trabajo? Cierre el email y ponga el celular en un lugar que no sea visible. ¿Quiere dejar de comer golosinas? No las incluya en la lista de la compra.

El autocontrol es un músculo que se puede entrenar de varias formas. El distanciamiento de las tentaciones es una de ellas; la planeación es otra, pero requiere más elaboración. Esta última ha probado ser eficaz y funciona mejor cuando es específica, como solo revisar las redes sociales en la noche, tomar la última taza de café antes de las cinco de la tarde, revisar el correo electrónico una vez cada dos horas, ir al gimnasio lunes, miércoles y jueves a las seis de la mañana. Ese tipo de planeación viene acompañado de otras acciones que le permiten al autocontrol maniobrar con más latitud. Si se planea ir al gimnasio el lunes a las seis de la mañana, el autocontrol también tendrá en cuenta la hora para ir a dormir el día anterior, la hora de llegada a la oficina y la hora de la primera reunión. La planeación es la chispa de encendido de un circuito más complejo de acciones y rutinas. El autocontrol no funciona solo, necesita la propulsión que da un objetivo. Una persona con todos estos atributos no llega lejos sin las motivaciones que da querer cambiar algo. Por mucho autocontrol que se tenga, nadie aprende otro idioma, hace ejercicio, lee con frecuencia, o se levanta más temprano, si esto no está en el menú de los objetivos y motivaciones.

En el autocontrol residen los mecanismos para distraerse constructivamente; da las pautas, los planes, los atajos, y crea los recursos para mantenerse concentrado en lo que importa y mantenerse alejado de las tentaciones. Pero en términos generales, el autocontrol no es un atributo fácil de desarrollar[166] y no siempre funciona. Hay investigaciones que muestran que alrededor de cuatro horas diarias se usan resistiendo tentaciones: no comerse la galleta, no revisar el celular, no entrar a YouTube, no volver a la bandeja de correo, y en promedio, de cada seis tentaciones, se sucumbe al menos a una[167]. Ese componente de hacer esfuerzos diarios es lo que los psicólogos llaman el agotamiento del ego (*ego depletion*), y entre más esfuerzos se hacen por no hacer algo, las emociones se sienten con más agudeza. Suponga que va a una fiesta y en la mesa hay papitas, galletas, tortas y un amplio rango de cosas ricas que bien sabe que no debería comer. Entre más piense en que no se las debe comer, más ganas le dan de comérselas. Ahora, imagine alguien que quiere bajar de peso o dejar de fumar. Fácilmente pueden pasar los días agotando el ego y esforzándose por entretener sus pensamientos en otra cosa que no sea sacar el cigarrillo de la cajetilla. También es por esta razón que intentar cambiar varios hábitos al tiempo es, en términos livianos, una salvajada. Si intenta al mismo tiempo bajar de peso, hacer ejercicio, leerse un libro al mes y solo revisar las redes sociales treinta minutos en las noches, su ego, sus pensamientos, su vida se va en resistirse y, más temprano que tarde, el ego, la fuerza de voluntad, el autocontrol y todos los demás atributos que los acompañan, hacen una renuncia masiva.

Los expertos coinciden en que es mejor inclinarse por el autocontrol y no por la fuerza de voluntad, en cuanto al cambio de hábitos. La fuerza de voluntad es la que lleva a la gente a inscribirse en un gimnasio, pero el autocontrol es el que pone la alarma temprano y lo lleva a cumplir el plan de ejercicios que la fuerza de voluntad un día se imaginó.

Agregaciones marginales[168]. Esta es una de las recomendaciones recurrentes de la literatura de los hábitos. La marginalidad se refiere a cambios imperceptibles. ¿Quiere construir el hábito de levantarse más temprano? Empiece por poner la alarma uno o dos minutos más temprano cada mañana. A la vuelta de un mes ya estará levantándose al menos media hora antes. ¿Quiere incorporar la rutina de ejercicio? Empiece por hacer tres o cuatro minutos de ejercicio al día; con la inercia de acumulaciones marginales, el tiempo se irá apilando sin mayores esfuerzos. Nadie es un maratonista en dos meses. Primero se corre diez minutos, después media hora, luego de un tiempo llega a cuarenta y cinco minutos, y a mediano plazo la cuenta se hace en kilómetros. Cualquier cambio de hábito, y en particular si se trata de un hábito complejo de adquirir, es mejor empezarlo con pasos pequeños y dejar que la marginalidad haga su magia. Uno de los aspectos en los que se falla con mayor frecuencia en el mundo de los hábitos es querer hacer cambios drásticos. Las promesas de cambio del inicio del año vienen acompañadas de grandes y muchos retos. Una persona que quiera hacer ejercicio, ahorrar y leerse un libro al mes, apunta a demasiados factores, cada uno con lógicas distintas y con esfuerzos disímiles en muchos frentes. Una de las mayores recomendaciones del mundo de los hábitos es empezar con un solo objetivo, ojalá pequeño, pero con recompensas visibles. Si desea leer más, pero esa no es su inclinación natural, lea una página al día, esa es una meta demasiado pequeña como para fallar. Leerse el libro completo, lo deja a la fuerza inercial de la agregación de marginalidades de una página diaria.

Introducir hábitos en el circuito de hábitos. Los hábitos se van acumulando en sucesiones de actividades que crean un circuito. Es como una procesión de rutinas. Levantarse, tender la cama, tomar una ducha, vestirse. En ese circuito que se lleva una porción importante del tiempo de la mañana, se hace una seguidilla de actos inconscientes que se llaman rutinas. De manera consciente o inconsciente se tienen rutinas para todas las dimensiones de la vida: la esfera financiera, afectiva, en el trabajo, o con los amigos.

Una de las estrategias que recomiendan los expertos de hábitos es introducir pequeños cambios en las rutinas. Por ejemplo, tomar vitaminas después de almuerzo, llamar a sus padres mientras va camino al trabajo, introducir la seda dental después de cepillarse los dientes, comer una fruta en el desayuno, ponerse crema corporal después de la ducha, o leer una página antes de dormir. Hay un libro que tiene noventa y siete recomendaciones* de este tipo, por si los ejemplos enumerados no dan una imagen completa.

La base de esta estrategia funciona en la lógica de las agregaciones marginales, pero las sitúa en un punto específico de las rutinas creadas. La introducción de nuevos hábitos en el circuito de hábitos funciona cuando el nuevo hábito toma muy poco tiempo y, en promedio, no alarga la rutina establecida. Usar seda dental, comer una fruta o tomarse una pastilla son actividades que no modifican los tiempos del circuito creado, lo que hace que se reduzca el esfuerzo; es solo cuestión de recordar. Esta estrategia funciona para hábitos pequeños de esfuerzos mínimos.

Esta también es una de las estrategias favoritas del mercado. Los productos que venden apelando al eslogan de «inclúyelo en tu rutina», como un yogur para comer con el cereal del desayuno, un acondicionador para después del champú, una

* *Habit stacking: 97 small life changes that take five minutes or less* de S. J. Scott.

proteína en polvo para después del ejercicio, o una loción para después de la ducha, usan el mismo principio: incorporación de hábitos a través de esfuerzos mínimos.

Identificar y cambiar las señales. Todos los hábitos responden a una señal. Cepillarse los dientes es un acto que responde a la señal de sentir residuos en los dientes. Tomarse un café responde a la señal de querer despejar la mente. Las señales pueden ser mentales o referidas al contexto. En las señales que produce la mente está, por ejemplo, el aburrimiento que hace que alguien entre a las redes sociales y se quede varias horas navegando sin poner atención. Las señales del contexto son las que están referidas al diseño del espacio o el contexto donde se realizan las actividades que promueven comportamientos. Una señal que viene del contexto son las galletas que se comió hace un rato solo porque estaban disponibles en una mesa. Usted no estaba buscando galletas, no quería comer galletas, pero las encontró disponibles y se las comió.

Es más fácil identificar las señales del contexto que las que produce la mente. Un segmento de las recomendaciones para el cambio de hábitos se concentra en hacer cambios sobre los aspectos en que se tiene control, y las señales del contexto son, en promedio, las más fáciles de vigilar. ¿Quiere disminuir el dulce en la dieta? No lo compre o no lo deje en un lugar visible. ¿Quiere comer menos y bajar de peso? Empiece a usar un plato más pequeño para servir la comida. ¿Busca disminuir las interrupciones mientras trabaja? Cierre el buzón de correo y guarde el celular en un cajón.

Los cambios en el contexto componen uno de los nichos más extensos en la literatura de modificación de hábitos. Los cambios en el contexto han probado ser efectivos para aspectos que están bajo el control de cada individuo (comerse una galleta o revisar el correo), pero son más complejos de implementar en contextos más amplios. La dieta de una persona está altamente influenciada por las elecciones de comida en su hogar, y modificar ese contexto es más difícil. Otros quisieran no ingerir alcohol, pero la cena con los clientes invita a un par de copas de vino. Otros quisieran ser más productivos, pero los compañeros de oficina constantemente interrumpen el trabajo. La recomendación es concentrarse en lo que está bajo su control e ir introduciendo cambios marginales en los contextos más amplios. Por ejemplo, si tiene distracciones en la oficina, cerrar la puerta, delimitar los horarios en que está disponible para consultas o poner un cartel de ocupado. Esto está bajo el control de quien busca hacer cambios; con el tiempo, los compañeros de oficina se acostumbran y se crea una nueva forma de trabajo.

Tiempo. El tiempo de formación de un nuevo hábito tiene un rango amplio, y parece depender del grado de dificultad y la magnitud que tenga. Los hábitos pequeños, como tender la cama en la mañana o usar seda dental en la rutina de la limpieza de los dientes, pueden tardar menos de veintiún días en formarse[169]. Mientras que hábitos más complejos de incorporar, como hacer ejercicio, levantarse más temprano o cambiar de dieta, pueden superar los doscientos días de uso continuo del autocontrol[170]. El factor que más importa es una repetición continua, hasta que el cerebro lo albergue en el cajón de las cosas que ya sabe hacer y le encuentre el lugar apropiado entre las demás rutinas. Lo demás llega por añadidura.

¿Cuáles son los hábitos que aumentan la felicidad?

La felicidad está en la frecuencia, no en la intensidad.

Los escandinavos, que han mostrado por años estar en el podio de las sociedades felices, tienen dos palabras que contienen, de cierto modo, la naturaleza de la felicidad, una danesa y la otra sueca.

La de los daneses no tiene traducción precisa en otros idiomas: *hygge*. En los últimos años, los libros sobre *hygge* han ido poblando las librerías; explican, promueven, e invitan a implementar el *hygge* en la vida diaria. Este término se refiere a un estado de intimidad y bienestar. De cenar con velas, de abrazase y ver televisión bajo una manta, de ponerse medias y tomar con las dos manos una taza de té caliente en el invierno. Es un estado de bienestar que producen los placeres cotidianos y una de las explicaciones para los altos niveles de felicidad individual que se reportan en Dinamarca. Hay abundancia en *hygge*, la abundancia que da estar en el momento presente y de disfrutar con poco.

Por su parte, los suecos usan en su léxico habitual *lagom*, palabra que se refiere a la moderación de hacer lo que es esencial y saber cuándo parar. *Lagom* no está lejos del punto medio de Aristóteles. Todo en moderación, lo cual aplica desde el alcohol hasta las emociones, las virtudes o los deseos. *Hygge* y *lagom* tienen en común que se experimentan de forma cotidiana, en dosis pequeñas, moderadas, y constantes, como han mostrado la filosofía y la ciencia que se experimenta la felicidad.

La cotidianidad es el hogar más sostenible de la felicidad y se vive en las rutinas que deliberadamente se crean y en los hábitos que se van acumulando en el tiempo. Si la literatura de los hábitos provee el empoderamiento para alimentar el potencial productivo, los hábitos cotidianos de la felicidad dan la materia prima para crear la arquitectura que sustenta el bienestar mental y emocional que subyace a los estados felices y tranquilos.

Muchos de los hábitos asociados con la felicidad han pasado las pruebas del sentido común, de los consejos sensatos y, más recientemente, de laboratorios científicos. El conjunto de los hábitos que promueven la felicidad tiene raíces hondas. Viene desde la filosofía griega, las enseñanzas de los estoicos, y de prácticas budistas —todas ellas expuestas al principio del libro—. Gracias al trabajo de muchos académicos que han realizado experimentos en diversos contextos y con grupos variados, se puede hablar de un cuerpo de conocimiento robusto, probado, y avalado por la rigurosidad científica que muestra cómo los hábitos y prácticas que se incorporan de manera rutinaria y constante pueden aportar a la vida feliz. El acervo científico que se ha construido alrededor de los hábitos y prácticas para el bienestar pertenece al campo de los psicólogos, expertos del comportamiento y neurocientíficos que proveen información granular sobre cómo cada una de las prácticas estudiadas trabaja en el cerebro y la psique, en la forma cómo se toman decisiones, y el cambio que pueden generar en la perspectiva con la que se asumen las circunstancias sobre las que no se tiene control. Una virtud de este conjunto de prácticas es que son gratis, requieren muy poco autocontrol, se pueden introducir fácilmente en el circuito de los hábitos, son candidatas para la implementación de rituales, y una vez probadas, se convierten en parte de la identidad de quien las lleva a cabo.

Terminemos la historia de la felicidad con la incorporación cotidiana de estas prácticas.

AGRADECER

Es una conducta que se aprende desde la infancia. Es sinónimo de buena educación. «Gracias» es una palabra habitual en el léxico. Gracias a la persona que abrió la puerta, al que le ayudó a recoger los papeles que se cayeron, al camarero del restaurante, al dependiente de banco. Todos los días se dan las gracias en repetidas ocasiones y en contextos distintos. Pero agradecer se puede volver un acto automático, una palabra del repertorio que se usa sin pensar mucho en su significado. Agradecer en el mundo de los hábitos de la felicidad tiene una connotación más reflexiva.

Dar las gracias implica un reconocimiento del otro y de que la fuente de lo bueno que sucede está por fuera. La gratitud no solo implica agradecer, sino también devolver el favor, y en esa interacción de agradecer y ayudar para recibir agradecimiento es que se forman las conexiones sociales. El sociólogo Georg Simmel, a principios del siglo xx, llamó a la gratitud «la memoria moral de la humanidad».

Los académicos diferencian entre gratitud (*thankfulness*), que se refiere a dar las gracias como el acto cotidiano, y agradecimiento (*gratefulness*), que implica una dimensión transpersonal, como estar agradecido por ver el cielo con los colores del amanecer[171]. En cuanto se refiere a cultivar la felicidad, la gratitud y el agradecimiento son necesarios, pero se busca una magnificación de los dos. Agradecerle al otro, con frecuencia, por los actos que se van dejando de agradecer, como la comida caliente que sirven en casa. Es fácil pasar por alto los actos cotidianos que hacen otros por nuestro bienestar, pero dar las gracias es el ejercicio consciente de volverlos visibles. Por otro lado, el agradecimiento como dimensión transpersonal sirve para darse cuenta de lo afortunado que es tener un nuevo día, o sentir la conexión con algo más grande.

Cognitivamente, agradecer permite darse cuenta de la posición en la que uno se encuentra. Lo que se persigue siempre va adelante y, con frecuencia, no se mira atrás para ganar perspectiva de lo que se ha avanzado. Agradecer es la oportunidad de valorar el camino recorrido, mirar atrás y darse cuenta de que hay millones que quisieran estar en el punto donde uno se encuentra. Agradecer también está relacionado con una actitud moral y ética y con actitudes menos materialistas. Uno de los mayores beneficios de agradecer es que reduce las comparaciones sociales, y, en vez de preocuparse por lo que el otro posee, se agradece por lo que ya se tiene.

Un desagradecido siente que las cosas le deben llegar por derecho propio, y que el mundo le queda debiendo. La ciencia pide un poco de compasión con los de esta esta especie, ya que la razón de su desagradecimiento puede estar explicada por los genes, o por la forma como están cableadas las conexiones en su mente[172]. La ciencia también advierte que el desagradecimiento está vinculado con aspectos de la personalidad como el narcisismo, el materialismo, el cinismo y la envidia[173].

Cuando se agradece de manera consciente y frecuente, las percepciones cambian y el mundo empieza a verse de una forma distinta. El cerebro de una persona agradecida está ocupado buscando lo bueno y va dejando menos espacio para ver lo negativo. Una disposición hacia una gratitud constante cambia lo que las personas ven, escuchan y perciben de los otros. Sucede lo mismo cuando usted quiere comprar un automóvil rojo; empieza a ver con más frecuencia autos rojos circulando, se da cuenta de que muchos amigos tienen autos rojos, y la conversación sobre autos rojos se vuelve constante. Escoger la gratitud es una elección deliberada que cambia la forma como se percibe lo que está alrededor.

La implementación de la gratitud como acto cotidiano es más sencilla que hacer ejercicio tres veces a la semana o comer dos porciones de vegetales al día. Las formas más evaluadas y que encuentran evidencia positiva[174] en el bienestar de quienes lo implementan son llevar un diario o escribir una carta de agradecimiento. El diario de agradecimiento se refiere a escribir —con la frecuencia que cada quien encuentre conveniente— las cosas, situaciones, personas, oportunidades, o cualquier otro factor por el que se sienta agradecido. Al inicio, el ejercicio es extraño, y es difícil superar el agradecimiento por la comida, una cama caliente y el trabajo diario. Pero con el tiempo se aprende a darle granularidad al agradecimiento. Unos días adentro en el ejercicio se empieza a notar un agradecimiento consciente por la temperatura del agua bajo la ducha, lo rápidos que son los pagos por internet, la comida que sigue caliente cuando la entrega el domiciliario, o la porción exacta de pimienta en la ensalada. Hacer el ejercicio de agradecer es afinar un radar cotidiano que trae sorpresas sutiles para quienes están en disposición de ver lo que está al frente. El registro de agradecimiento puede ser diario, semanal, mensual, en una libreta, en una servilleta o en lo que se quiera escribir. Funciona mejor cuando se escribe. La lista se puede hacer mentalmente, pero es más difícil lograr amplitud solo con la lista mental, porque la mente se disipa y luego se le olvida que estaba haciendo una lista de agradecimiento y termina en la lista del mercado.

La carta de agradecimiento puede ser más extraña que el diario de agradecimiento para quienes no están familiarizados con las prácticas de este tipo. Las instrucciones son sencillas: escríbale a alguien dándole las gracias. A sus papás, por los múltiples sacrificios; a su pareja, por la paciencia de aprender a quererlo; a sus amigos, por la lealtad; al amor pasajero, por lo que le hizo sentir. Las cartas de agradecimiento tienen la capacidad de reconocer el poder de las acciones de los otros en la vida personal. También tienen el poder de evidenciar que estamos en el punto donde estamos gracias a las acciones de los muchos que han pasado por nuestra historia personal.

En la cátedra de felicidad que dicto, mis estudiantes tienen entre sus deberes hacer semanalmente un ejercicio. Terminando el semestre, esos ejercicios se concentran en el agradecimiento. Tienen tres tareas. La primera es realizar actos aleatorios de amabilidad. A algún extraño que se encuentren en el bus, en la calle, le hacen un favor. La segunda tarea es escribir una carta de agradecimiento, detallada y extensiva en cuanto a por qué se agradece, y una vez tengan la carta escrita, la deben entregar personalmente. La última tarea es escribir sobre cómo se siente agradecer.

Un estudiante escribe sobre el ejercicio de actos aleatorios de amabilidad:

> Estas actividades hicieron que me sonriera el corazón de una forma muy bonita. La guía de hacer o tener actos amables con quien necesitara la apliqué de una forma muy genuina de camino a la universidad desde mi casa. Ayudé a un adulto mayor a orientarse y saber para dónde iba y qué bus podía coger para llegar a su destino. Me senté con él y me nació hacerle un pequeño mapa en mi cuaderno y guiarlo de la forma más sencilla posible para que me pudiera entender. Después de haberle explicado, le nació invitarme a un café como muestra de agradecimiento; me negué porque lo hice sin ninguna intención y con todo el amor, pero el señor insistió. Este tipo de actos los hago muy a menudo. Me considero una persona muy amable, muy dada a la ayuda y a la escucha del otro. Me gusta y me siento increíble cuando recibo un «gracias» desinteresado.

Acá un fragmento de otro estudiante que reflexiona sobre escribir la carta de agradecimiento y entregarla:

> La experiencia fue muy agradable, tanto para mi padre como para mí. No suelo ser una persona muy emotiva, entonces leerle la carta a mi padre de lo que pienso y le agradezco fue un detalle que lo tomó por sorpresa. Especialmente, viniendo de mí, que no suelo decir lo que pienso acerca de muchas cosas, pero ese día traté de ser lo más detallado y emotivo posible con él, porque sé que se lo merece.
> Finalmente, hablamos de la vida y en general cómo veía las cosas. Que el tiempo pasa muy rápido y todavía se acuerda cuando era chiquito, y ya al verme tan grande eso le trae nostalgia y muchos recuerdos que hemos pasado juntos. Fue un momento particular que hace rato no pasábamos, pues no somos de sentarnos y hablar de qué pensamos y cómo nos sentimos. Esta actividad nos sirvió para reforzar ese vínculo entre padre e hijo, y en mi caso, para que mi padre sepa lo agradecido que estoy con él y con mi madre por la vida y todo lo que me han dado. Ya que estoy seguro de que ellos hacen su mejor esfuerzo día a día para que yo pueda tener muchas comodidades que al día de hoy tengo.

Mis estudiantes están iniciando la década de los veinte, están terminando la universidad y viviendo ese tiempo tan desorientador de entrar a una adultez forzada. Tienen lo que caracteriza a los jóvenes: inseguridades, miedos, y una incapacidad de verbalizar lo que sienten. Cada año llegan al salón grupos más herméticos, nerviosos y temerosos de mirar a los ojos. Durante el semestre realizan varios ejercicios de escritura —como los del agradecimiento— y es a través de estos ejercicios que verbalizan lo que sienten. Para muchos es un ejercicio difícil. No saben que lo que se siente por dentro se puede hablar. La mayoría escribe la carta a sus padres. Se alegran de haber escrito la carta, lamentan no haber sido más agradecidos en el pasado, y escriben que entregar la carta es un momento importante en la relación con sus progenitores. Imagino que para los padres que reciben la carta debe significar mucho ver a sus hijos mostrando sus vulnerabilidades y tal vez, por una vez en mucho tiempo, saber qué piensan sus hijos. El siguiente fragmento recoge lo que puede hacer este gesto para la relación de mis estudiantes con sus padres:

> Algo interesante de elaborar y entregar una carta de agradecimiento es la forma en que se siente la otra persona. Considero que mi mamá se sintió bien, hasta el punto de llegar a decir que feliz, porque su estado de ánimo cambió para bien y desde ahí siento que ha tomado otra actitud con respecto a nuestra relación. La sentí mucho más comprensiva después de reunirnos y con mucho más amor. En realidad, la siento más feliz, y siento que me contagia esa felicidad y fortalece nuestros lazos madre e hijo, que se habían debilitado un poco en todo este proceso de crecimiento.

Agradecer es uno de los rituales más extendidos en las prácticas religiosas y espirituales; incluso el Día de Acción de Gracias (*Thanksgiving*) que celebran en Estados Unidos es un ritual colectivo de agradecimiento. En la vida cotidiana también se pueden crear rituales de agradecimiento: cuando destina cinco minutos para escribir en el diario de agradecimiento, o cuando se toma el café y agradece por el día, o cuando se levanta, abre la ventana y da gracias. Cada acto hecho con intención puede ser un ritual personal.

Las personas agradecidas son más felices, y lo son porque la gratitud llega con una seguidilla de amigos que generan un constante flujo de emociones positivas. La gratitud reduce la envidia, disminuye la depresión y disminuye las disposiciones materialistas de las personas. Posiblemente la mayor contribución de la gratitud es que es un canal directo para fortalecer las relaciones interpersonales al aumentar la disposición a ayudar a otros, reducir la soledad y generar la capacidad de construir relaciones a largo plazo[175]. La gratitud es una aliada en los tiempos difíciles. Las personas que son agradecidas tienden a tener una perspectiva más amplia sobre los reveses de la vida como el desempleo, un divorcio o una quiebra económica, y son capaces de ver más allá de los aspectos circunstanciales de la vida[176]. Aunque suene paradójico, las personas que han atravesado situaciones difíciles tienden a ser más agradecidas porque conocen de primera mano lo que implica estar en un peor momento, y cada día y circunstancia en la que están mejor son una oportunidad para agradecer.

Cultivar una actitud positiva

Este consejo es el que está más anquilosado en el discurso y los libros de autoayuda y viene con el halo de afirmaciones positivas que espolvorean con azúcar cualquier situación. Para los que se inclinan por el pensamiento crítico y consideran que una dosis de pesimismo es buena para la reducción de decepciones, el discurso optimista les debe parecer el hijo indeseable de un Teletubby con la Barbie.

El optimismo es mucho más que frases de autoafirmación, unicornios y falsas expectativas; es un marco mental. Imagine esta escena: usted va en un viaje por carretera con tres personas más; una llanta se pincha en medio de la nada. Dos personas hacen los cálculos de cuánto tiempo se va a demorar una grúa en llegar hasta un lugar desolado, buscan las noticias de asaltos a mano armada en esa carretera durante el último año, imaginan que van a tener que dormir en el carro sin comida, sin agua, sin baño. Otros dos individuos se bajan del carro, ven un video de YouTube de cómo cambiar una llanta, la cambian como pueden, llegan a una estación de gasolina donde acomodan mejor la llanta y el viaje continúa. La perspectiva positiva y proactiva de cómo se responde a la adversidad es lo que se conoce como optimismo. El optimismo no es una posición positiva cuando las cosas están bien. El verdadero optimismo surge cuando se espera lo mejor y se buscan alternativas, aun en medio de circunstancias adversas.

Al igual que el agradecimiento, hay personas que tienen una mayor tendencia a ser optimistas que otras y a ver con más facilidad el lado soleado que la nube gris. El cableado del cerebro explica en parte esta diferencia. Cuando los pesimistas y los optimistas se exponen a estímulos positivos como una foto de un día soleado en la playa, los dos experimentan sentimientos positivos, pero los optimistas guardan esos sentimientos por más tiempo[177]. La mente responde a la actitud con la que se enfrentan las circunstancias. Una de las características más notables de los optimistas es que actúan de manera proactiva en situaciones adversas, toman acciones y buscan alternativas. Las personas menos optimistas no muestran una disposición constante a actuar o buscar alternativas, quedando estancadas con frecuencia y sin recursos para dar los múltiples pasos que se necesitan para que algo suceda. Un optimista encuentra alternativas; un pesimista no encuentra razones para seguir haciendo esfuerzos. La actitud proactiva es la que lleva a los optimistas a cumplir con mayor frecuencia sus metas y a recuperarse más fácil de los reveses naturales de la vida.

La ciencia muestra que los optimistas tienen ventajas visibles y cuantificables en sus vidas. Los optimistas son más felices y les va mejor en cualquier aspecto evaluable: amoroso, laboral, salarial, social[178]. Además, tienen mejor estado de salud físico y mental y son más longevos. El optimismo tiene una asociación muy fuerte y positiva con una menor probabilidad de sufrir enfermedades crónicas o morir de manera prematura[179]. También los optimistas tienden a mantener por mayor tiempo la concentración en su trabajo, lo que estimula la creatividad.

El cuerpo de conocimiento sobre el optimismo se expande a otras dimensiones como la fe o la esperanza, y un aspecto que tienen en común es que el optimismo, la fe y la esperanza residen en el futuro y los tres atributos están bajo el control de quien los ejerce. Se tiene control sobre los lentes con los que ven las situaciones, en lo que se cree y en lo que ilusiona; y sentir que se tiene el control es una cuota al bienestar y la felicidad.

El optimismo, al igual que el agradecimiento, se puede aprender. Es otro compás que se puede activar para navegar los días. Una de las formas de cultivarlo puede ser tan sencilla como buscarle el lado bueno a cada situación. ¿El vuelo se retrasa? Le da tiempo para avanzar en el libro que está leyendo. ¿El almuerzo no era lo que quería? Le van a permitir probar algo nuevo. ¿Lo citaron a una reunión en la que no tenía que estar? Aprende algo nuevo. Todos los días traen situaciones menores que pueden empañar los ánimos. ¿Pasó algo que no quería? Le están dando la oportunidad de practicar el optimismo.

Hay otros métodos que han pasado por el test riguroso de la ciencia y han probado ser efectivos. Uno de ellos es un ejercicio llamado «mi mejor versión». Existen varias formas de hacerlo, pero las instrucciones más generales es que durante seis semanas va a escribir sobre cómo se imagina la mejor versión de usted mismo en el futuro, diez o quince años adelante. Cada semana se construye la mejor versión en diferentes esferas: vida familiar, empleo y carrera profesional, salud física y mental, vida afectiva, *hobbies* e intereses, vida social. Escriba con tanto detalle como sea posible lo que se imagina y espera de cada dimensión, poniendo especial atención a cómo se quiere sentir. Es más importante describir las emociones que desea experimentar que los detalles particulares. Por ejemplo, si escribe sobre su vida profesional, podría escribir sobre sentirse valorado, bien remunerado y reconocido en su trabajo, en vez de imaginar que va a trabajar en X compañía con un salario de X magnitud. Este ejercicio permite alinear intereses y acciones cotidianas con lo que espera en el futuro. Si el deseo es tener una excelente salud física en diez años, ponerlo en perspectiva ayuda a alinear acciones conducentes a una buena salud física desde hoy.

Aprender a ver el vaso medio lleno es un rédito de cultivar el optimismo. Dentro de los múltiples sesgos que la mente genera para tomar decisiones, hay uno llamado el sesgo del optimismo, y opera en dos direcciones. Una dirección lleva a sobreestimar los eventos positivos en la vida. Por ejemplo, para los recién casados, la probabilidad que ellos estiman de terminar su relación es baja, a pesar de que las tasas de divorcio son del 50 %. O para alguien que compra un carro, su estimación personal de tener un accidente es baja, aunque los accidentes automovilísticos son la principal causa de muerte en el mundo. En este sentido, el sesgo del optimismo es esa frase que internamente se dice: *a mí no me va a pasar*. La otra dirección en la que opera el optimismo es en dar control sobre determinadas situaciones. Cada vez que se acepta un cargo nuevo que es más retador, el sesgo del optimismo es el que opera y dice: *yo soy capaz*[180]. El sesgo del optimismo es el que permite dar pasos al frente y saber que se es capaz de superar limitaciones.

La felicidad no está en el conformismo. Para una vida feliz se necesita tomar retos, alcanzar metas y sentir avances en el proceso. El optimismo es la gasolina que impulsa el proceso.

Invertir en relaciones sociales

Volvamos a uno de uno de los principales factores que explica la felicidad: las relaciones afectivas con su pareja, sus hijos, parientes, amigos, colegas. Tener relaciones afectivas no garantiza la felicidad, pero la felicidad no llega en ausencia de relaciones afectivas sólidas[181]. Las personas con buenas relaciones afectivas son, por mucho, más felices que las personas que tienen dificultades para mantener y cultivar las relaciones interpersonales.

Al saber lo importantes que son las relaciones afectivas, y la complejidad de su construcción, queda el proceso continuo de cultivarlas y fortalecerlas. Hay que hacer un trabajo constante de alimentar esas relaciones y saber que cada relación tiene demandas distintas.

Una de las características de las personas más felices es que construyen relaciones excepcionales[182]. No son los amigos de medias tintas que aparecen de tanto en tanto, la pareja tibia, o el padre distante. Los felices son los que están presentes, llaman, dan sorpresas, escuchan a los otros, se acuerdan de las citas médicas y preguntan cómo estuvieron. Estar presente, llamar, preguntar, requiere tiempo y atención.

¿Cómo se fortalecen las relaciones afectivas? Con tiempo y atención. E invertir tiempo y atención en las relaciones afectivas puede convertirse en un hábito y en un ritual. El hábito de destinar diez minutos al día y escribirle a la gente que quiere, o el ritual de salir a cenar con su pareja una vez al mes. Lo único que se necesita es la intención de hacerlo, el cómo se lo resuelven las páginas anteriores y las muchas listas de Google que tendrán consejos que se adaptan a su personalidad.

Crear rituales

Los rituales son una secuencia de actividades y actos con poder simbólico para una comunidad. Los rituales construyen tradiciones y marcan hitos en la historia personal o en la historia colectiva. Los rituales son las tradiciones religiosas, ceremonias, celebraciones y fechas que marcan cambios, como el inicio del año, de estaciones, o el tiempo de la cosecha. Individualmente, los rituales sirven para orientarse y encontrar una dirección dentro de lo colectivo. La oración de los devotos, la graduación de la escuela, el compromiso y unión con la pareja. Los rituales dan orden y cohesionan a las comunidades.

Los ritos, ese orden establecido con el que se hacen las cosas de forma invariable, son los que constituyen los rituales. Una ceremonia católica, una boda, la Navidad, la celebración del Día de Acción de Gracias, están construidas con una seguidilla de actos que las convierten en rituales. Los ritos y los hábitos, en su implementación, comparten la característica de la repetición. Pero los hábitos caen en la dimensión de lo mundano y los ritos dan paso a los rituales; estos no son mundanos, son los actos sacros que dan sentido y orientación.

Las redes han fundado un movimiento en la forma como se experimentan y actualizan los hábitos, romantizando la vida y creando rituales en actos mundanos. Durante la pandemia tuvieron un mayor auge por sus mensajes de disfrutar lo que se tiene sin importar las adversidades o de hacer mejor el día a pesar del encierro. En un paseo por los contenidos de YouTube o Instagram, se encuentran las colonias de *influencers* que han hecho de sus hábitos rituales cotidianos adornados con flores, fotos perfectas de un café o de la ensalada del almuerzo. Una creadora de contenido de este ecosistema —Honeyjubu, se llama en YouTube— realiza videos hipnóticos de cómo limpia la casa, le hace la lonchera al esposo, cocina la cena, sirve la mesa, hace una limonada o alimenta a su perrito con brócoli. Tiene un video llamado «una vida diaria diligente que hace una semana feliz» (*A diligent daily life that makes the week happy*). El video, sin una sola palabra, y con música aterciopelada de fondo, hace una descripción detallada de las actividades diarias de una persona con el lujo de la abundancia de tiempo. Pasea con su perro, va de compras, se prepara el más elaborado de los sándwiches con un té, pone la mesa, pasea con su mamá. Ese video es el *happiness-fit* en anabólicos. Es la ritualización de la cotidianidad, el tiempo que se vive en el momento presente. Al igual que Honeyjubo, hay toda una comunidad de creadores de contenidos que promueven el *hygge* en la vida cotidiana, bajar el ritmo y darse tiempo.

Aunque los contenidos de las redes tienen ese tufo aspiracional, consumista e irreal de estéticas de filtros y finanzas de pocos, logran sacar a la rutina de la esfera mundana. Ese no es un logro menor. Para muchos, la rutina repetitiva es un sinónimo de estancamiento que le va quitando el gusto a todo lo que toca. La repetición diaria puede caer en el abismo insalvable de lo aburrido y monótono, y pocas personas tienen las herramientas o la fortuna de vivir una vida donde la rutina no significa monotonía. Pocas personas tienen las habilidades o disposición de ver el trabajo con ojos frescos todos los días, o de notar los cambios en el amor de su pareja. Al final queda un gusto acabado por el trabajo o el amor que erosiona la rutina.

En términos de felicidad, elevar los hábitos a rituales funciona por los mecanismos que activa. Por un lado, genera la disposición a estar en el momento presente, lo que permite desacelerar el paso neurótico de los días. Segundo, saborear. Disfrutar de lo que se hace, lo que se come, lo que toma, la conversación que tiene, la página del libro que lee. Saborear es sumergirse en una experiencia placentera. Al desacelerar el tiempo y saborear, se abre la puerta para agradecer y apreciar. Un ritual es hacer lo mismo de siempre, pero actualizado en su significado.

Crear rituales es una de las recomendaciones frecuentes en el ecosistema de la cotidianidad feliz. La recomendación viene con una intuición científica aún no comprobada en laboratorios (o al menos no conozco la evidencia) y magnificada por la caja de resonancia de las redes que multiplican todo lo que tocan. Ritualizar los hábitos como el café de la mañana, el tiempo de lectura, o la cena en familia, es una romantización de la vida y de lo cotidiano. Los rituales también proveen un sentido de agencia y dominio sobre las situaciones cotidianas. La cena deja de ser cualquier cosa que se come para calmar el hambre y pasa a ser el momento donde se presta atención a lo que se come. Un ritual es estar presente, dando otro sentido a los actos ordinarios. Es poner resistencia a la saturación de lo habitual.

Meditar

Esta sección la escribo en primera persona, haciendo uso de una intromisión mal vista en los escritos académicos. Poco se habla de lo que uno experimenta, porque eso conlleva la desgracia científica de tener solo una observación que genera sesgos.

Llegué a la meditación hace varios años como consecuencia de la maraña emocional de una separación. Una amiga me la recomendó. Las instrucciones fueron sencillas: siéntese en un lugar cómodo y privado poniendo cuidado al ritmo de la respiración. Siga con atención el trayecto de cómo entra y sale del cuerpo el aire que respira. Me envió un enlace de más de una hora con música de la India. Voy a volverlo a repetir: una hora duraba la canción infinita, cantada en sánscrito (supongo), en la cual yo solo debía seguir mi respiración. Lo intenté por dos o tres minutos. Todo tallaba, dolía, incomodaba, y no entendí el propósito. Deserté. No me gustó la canción ni la sensación de desespero. Eso fue un domingo en la noche.

El lunes en la mañana descubrí una epifanía del destino. Abrí el correo electrónico temprano en la mañana y encontré un curso que promocionaba una plataforma de cursos *online*. La clase se llamaba: *mindfulness for wellbeing and peak performance* (atención plena para el bienestar y máximo rendimiento). Los profesores están matriculados en la facultad de Medicina de una universidad australiana y el curso no me sonó a la India o que estuviera en sánscrito. Era ciencia, pura y dura, y con

* Para los interesados en la parte de la investigación científica y la evidencia de los efectos de la meditación en estudio de monjes budistas y meditadores experimentados, recomiendo el libro *Rasgos alterados* de Daniel Goleman y Richard Davidson.

indicadores, como me gustan las cosas. Hice el curso con la disciplina de una devota, y después de cuatro semanas de hacer cada tarea, lectura e instrucción recomendada, la meditación se instauró en la lista de hábitos prioritarios.

Recuerdo en detalle cada paso del proceso porque la meditación ha sido uno de los hábitos más transformadores e importantes de mi vida adulta. Existe suficiente evidencia* que muestra los múltiples beneficios de la meditación. Reduce el estrés, aumenta la empatía y la compasión y mejora muchas habilidades cognitivas, como la atención. Para los que necesitan evidencia (como es mi caso), hay un cúmulo importante de investigación que muestra las bondades de una práctica sostenida. Me sumo al cúmulo de observaciones que hacen parte de este cuerpo de hallazgos. Cada aspecto positivo que se le atribuye a la meditación lo he experimentado.

Pero no me voy a enfocar en la evidencia; hay suficiente y está disponible en un lenguaje claro en múltiples charlas de TED, libros o seminarios. Voy a contar una historia muy personal de cómo esta práctica me ha transformado.

Meditar es una actividad tan diversa como hacer ejercicio. Hay algunos a los que les gusta correr; otros levantan pesas; hay *crossfit*, yoga, pilates, bicicleta, y un menú extendido para los gustos e intereses de cada individuo. Con la meditación (la que se adaptó a Occidente) sucede lo mismo. Hay múltiples formas de meditar, desde sentarse y escuchar mantras en sánscrito hasta meditar mientras se lavan los platos o se va en el bus hasta el trabajo. El objetivo en todas las formas de meditación es el mismo: llevar la atención plena a los pensamientos sin juzgarlos. Dejar que los pensamientos lleguen y se vayan como el flujo de un río.

Popularmente, se cree que la meditación está asociada a una práctica religiosa o que el objetivo es poner la mente en blanco. En mi caso —y creo que para una porción importante de los meditadores en Occidente—, la meditación no está asociada a una actividad religiosa y es imposible poner la mente en blanco. Lo que he aprendido con la meditación es a bajarles el volumen y la velocidad a los pensamientos y a escuchar mis emociones.

Después de estos años de meditación y de haber probado varios tipos, la meditación se me ha convertido en la forma de tener el diálogo más educado y calmado con las emociones. La meditación, en mi caso, es el momento donde escucho y atiendo a lo que el ruido del día no deja escuchar. Cuando me levanto y antes de acostarme, bloqueo el ruido de afuera con alguna canción imperceptiblemente monótona, y me dispongo a escucharme.

El diálogo interno se hace con las emociones. Es como si me sentara en una mesa, con una taza de té caliente y dispuesta a atender una fila de pacientes emocionales que requieren mi atención. Invito uno a uno a la mesa y les doy la atención que necesitan. En todo este tiempo he logrado identificar la voz y la personalidad de cada uno de los pacientes emocionales. Los miedos llegan con una agenda presurosa, gritan si no los hago pasar y agitan a las multitudes que esperan en la sala. Los miedos se multiplican y son los pacientes más habituales. Los hago pasar primero para que no causen desorden en la sala de espera. Los escucho, y sus demandas son simples. Son como niños caprichosos e hipocondriacos porque ven dolores y problemas en todas partes. Los atiendo, les doy un caramelo, y se van tranquilos, pero con seguridad vuelven pronto. La ira no espera, no tiene la cortesía de hacer antesala para ser atendida. Tira una granada, deja solo estragos y luego de su drama se sienta airada y soberbia a la mesa. Orgullosamente, puedo decir que le he ido escondiendo las municiones a la ira. Con la meditación, uno aprende a identificar cómo se sienten las emociones en el cuerpo, y cuando mi cuerpo se calienta, sé que la ira viene. Respiro, y con cada respiración le voy escondiendo su armamento, mientras le voy bajando la temperatura al cuerpo.

Gracias a la meditación, aprendí a conocer la personalidad de muchas otras emociones que se quedaban en la última fila esperando a que los miedos, la ira y el ego ocuparan la agenda con minucias. En las meditaciones aprendí a conocer la verdadera dimensión del perdón. No llega fácil, pero cuando aparece todos le hacen una venia y uno no puede hacer más que poner una rodilla en la tierra y hacer lo que pide. La empatía ahora llega con más frecuencia; la humildad la quiero como mi mejor amiga, pero aún no he hecho suficientes méritos. La que he logrado traer cerca es la calma. En la mayor parte de las meditaciones, después de atender a los miedos distraídos que solo quieren un poco de atención, me siento a tomar un té con la calma. No decimos nada, vemos pasar los pensamientos y las emociones, no juzgamos y no nos incomoda el silencio prolongado.

Hoy veo la meditación como el mecanismo que me ha enseñado a estar cómoda en mi propia presencia. Al inicio, no aguantaba ni unos pocos minutos en mi propia compañía, porque todo me dolía, tallaba o incomodaba. Después de familiarizarme con los ruidos y las voces de las emociones y los pensamientos con los que convivo, he ganado en comodidad habitándome, entendiéndome. Tal vez hace años, cuando inicié, no me sentía cómoda en mi propia presencia y desconocía los moradores que tengo por dentro. Después de estos años de meditación, no encuentro un lugar y una compañía más seguros y confiables que mi propia presencia. He aprendido a conocer lo que tengo adentro, y conocer es empezar a querer. Solo necesito respirar, cerrar los ojos y encontrarme. Ahí adentro está la calma, esperándome con la mesa servida. Todo lo demás se va atendiendo, se va yendo y se diluye en el instante en que le pongo cuidado.

Gracias a la meditación supe que quería dedicar la vida a escribir y, ojalá un día, poner en los formatos de bancos y encuestas que mi profesión es ser escritora. Perdoné un pasado que no escogí pero que me tocó vivir, superé una separación, curé una autoestima golpeada, y me hago el propósito diario de ser un poquito mejor que el día anterior.

La meditación la siento como una autopista. Uno llega a la entrada de una carretera congestionada y espera el espacio donde los carros que circulan permiten entrar. Uno entra, escoge un carril y ajusta la velocidad al flujo del tráfico. A veces la autopista está tan llena que no puedo entrar; los pensamientos son tantos y van tan deprisa que no me dan espacio. En esos días, después de un tiempo, desisto. Respiro hondo, agradezco y pido por un buen día. Con la práctica, esos días se van reduciendo.

La mayor parte del tiempo logro entrar a la autopista. La práctica sostenida de la meditación hace que la entrada sea fácil; es como si instalara un semáforo. Dos o tres inhalaciones y exhalaciones profundas y entro a la carretera sin mayor dificultad. Mis meditaciones más frecuentes sirven para tener un diálogo interno, para preguntarme cómo me siento. Atiendo a las emociones que están en la sala de espera y luego disfruto de un rato de silencio y calma cuando los pacientes emocionales se van. Me quedo un tiempo en ese espacio donde todo se detiene, cierro agradecida y pido por tener paz en los pensamientos, en las palabras y en el corazón.

Las mejores meditaciones son cuando no tengo ninguna emoción o pensamiento apremiante para atender, y sucede de tanto en tanto. Cada buena meditación viene con algo distinto. Unas veces es solo la compañía de la calma y quedarse suspendido en el silencio. Otras veces la meditación me llega con el orden de las palabras. Algunas secciones de este libro —como la que está leyendo— las construí durante una meditación. Estas palabras se escriben con la certeza de estar escribiendo lo que en otro momento ya había encontrado su orden. Es como si diera con un archivo viejo en el ordenador que estaba esperando ser visto. En otros momentos llegan a las meditaciones las respuestas a las preguntas apremiantes de la vida, como una punzada intuitiva que no le da cabida a la duda. Con menos frecuencia, la meditación es tan profunda que me siento como un ser expansivo, como un genio que dejan salir de una lámpara mágica. Se siente una conexión con todo, un amor incondicional, una certeza que pocas veces se experimenta.

La mejor prueba de la meditación uno la encuentra en la vida. Cuando sonríe más, cuando es más empático con los otros, cuando la ira se mesura, cuando en el tráfico no se impacienta. Si yo fuera a escoger un tema sobre el cual hacer algún tipo de apostolado, sin pensarlo dos veces, lo haría sobre la meditación. Si estuviera en una posición de poder en un gobierno, firmaría decretos para que en el sistema educativo se enseñaran de manera obligatoria desde primaria hasta la universidad inteligencia emocional, finanzas personales y meditación.

La meditación me ha cambiado, y para bien. Es un hábito que practico dos veces al día y es mi ritual más preciado. Junto con la meditación han llegado otros hábitos y rutinas que hacen que los días pasen en orden. En el orden que deliberadamente he construido y me hace feliz.

Carta de agradecimiento

No estaría en el punto donde me encuentro si no fuera por la seguidilla de eventos, personas y adversidades que me han sucedido. Estoy particularmente agradecida por las adversidades que me han tocado; cada gramo de mi carácter tiene su impronta. A cada persona que ha estado en mi vida, por el tiempo y en las condiciones que el destino haya dispuesto, le estoy agradecida por lo que me enseñó. A los buenos y malos jefes, por las demandas y los reconocimientos; a los hombres que me han querido y lastimado en el juego del amor; a los colegas que me han enseñado; a los miembros de mi equipo de investigación por su trabajo dedicado; a la gente que ha estado por un tramo del camino y me dejan una nueva perspectiva; como papá, que llegó cuando creí que ya me conocía lo suficiente.

No encuentro una forma apropiada de poner en palabras el agradecimiento que le tengo a mamá; el amor devoto lo conozco gracias a ella. A Pepe y Caro por ese amor tan único que nos entregamos. A Jiménez, que es mi hogar amoroso y feliz. Mis amigos, y en especial mis amigas, son instrumentales para navegar la cotidianidad y los avatares de la vida. Vero, espero que puedas leer esto pronto; desde aquel octubre hay tanto que tengo por confesar.

Mis estudiantes me dieron el combustible para escribir este libro, y les estoy agradecida por esperar más de lo que uno cree que puede dar en una clase. En ese proceso alquímico de enseñar, llegué a escribir con una libertad impropia de la vida académica, y ha sido liberador. Estoy agradecida porque la editorial confió en que en esta libertad se puede construir un público y entregar un mensaje. Y el receptor del mensaje es usted, estimado lector. Gracias por escoger este libro y llegar a este punto. Cuando alguien lee lo que uno escribe, se construye una complicidad que va en doble vía. Espero que nos sigamos encontrando en la intimidad callada y calmada que nos gusta a los que apreciamos las palabras.

Felicidad: un camino de ciencia

Querido lector, gracias por acompañarme en este camino, dejo este enlace para los curiosos que quieran continuar aprendiendo sobre la felicidad.

Felicidad: un camino de ciencia es un curso gratuito en línea que puedes hacer a tu ritmo.

La clase empieza sentando las bases conceptuales para entender la felicidad y termina con la revisión de los hallazgos que ha hecho la ciencia sobre los aspectos asociados con la felicidad de las personas.

Este curso se fundamenta en los estudios académicos que sustentan las disciplinas que se han ocupado de estudiar la felicidad que van desde la psicología hasta las políticas públicas.

Notas

1 McMahon, D. M. (2009). The history of happiness and contemporary happiness studies. *Happiness, Economics and Politics: Towards a Multi-Disciplinary Approach.* Cheltenham: Edward Elgar Publishing, 25-32.

2 White, N. P. (2008). *A Brief History of Happiness.* John Wiley & Sons.

3 Eberth, J. & Sedlmeier, P. (2012). The effects of *mindfulness* meditation: a meta-analysis. *Mindfulness,* 3(3), 174-189.

4 Hockenbury, D. H. & Hockenbury, S. E. (2010). *Discovering Psychology*. Macmillan.

5 Cowen, A. S. & Keltner, D. (2017). Self-report captures 27 distinct categories of emotion bridged by continuous gradients. *Proceedings of The National Academy of Sciences,* 114(38), E7900-E7909.

6 Srinivasan, R. & Martinez, A. M. (2018). Cross-cultural and cultural-specific production and perception of facial expressions of emotion in the wild. *IEEE Transactions on Affective Computing.*

7 Nakamura (2019). *Emotional Skills Nurtured by Society as a Whole —Implications from Finnish Early Childhood Education.* Child Research Net.

8 Broom, D. (2019). *Christmas, by The Numbers: 5 facts about holiday season spending.* World Economic Forum.

9 Belk, R. W. (1985). Materialism: Trait Aspects of Living in the material world. *Journal of Consumer research, 12*(3), 265-280.

10 Higgs, K. (2021). *How the world embraced consumerism. BBC Future.*

11 Bettingen, J. F. & Luedicke, M. K. (2009). Can brands make us happy? A research framework for the study of brands and their effects on happiness. *ACR North American Advances.*

12 Hulme, A. (2014). Iron Rice Bowls and Plastic Money: The Push and Pull of Consumerism's Rise in Capitalist/Communist China. *The Changing Landscape of China's Consumerism.* Elsevier.

13 *The Guardian* (2019). China overtakes US in rankings of world´s richest people. https://www.theguardian.com/business/2019/oct/21/china-overtakes-us-in-rankings-of-worlds-richest-people

14 GMA (2021). *China luxury market guide.* Tomado de: https://marketingtochina.com/china-luxury-market-guide/

15 China Power (2021). *How well-off is China´s middle class?* Tomado de: https://chinapower.csis.org/china-middle-class/

16 Pope, C. (2017). *Why do we love the smell of bread?* UCD scientists find the answer. The Irish Times.

17 Nobel (2012). *What Neuroscience Tells Us About Consumer Desire.* Tomado de: https://hbswk.hbs.edu/item/what-neuroscience-tells-us-about-consumer-desire

18 Burroughs, J. E. & Rindfleisch, A. (2002). Materialism and well-being: A conflicting values perspective. *Journal of Consumer research, 29*(3), 348-370.

19 Górnik-Durose, M. E. (2020). Materialism and well-being revisited: The impact of personality. *Journal of Happiness Studies, 21*(1), 305-326.

20 Stepler, R. (2017). *Led by Baby Boomers, divorce rates climb for America's 50+ population.* Pew Research Center.

21 Yang, Y. (2008). Social inequalities in happiness in the United States, 1972 to 2004: An age-period-cohort analysis. *American sociological review, 73*(2), 204-226.

22 Pew Research Center (2008). *Baby Boomers: The Gloomiest Generation.* Tomado de: https://www.pewresearch.org/social-trends/2008/06/25/baby-boomers-the-gloomiest-generation/

23 Arnett, J. J. (2000). High hopes in a grim world: Emerging adults' views of their futures and "Generation X". *Youth & Society, 31*(3), 267-286.

24 Twenge, J. M. (2014). *Generation Me - Revised and Updated: Why Today's Young Americans Are More Confident, Assertive, Entitled—and More Miserable Than Ever Before.* Simon and Schuster.

25 Richardson, K. (2018). *Generation face-off: Comparing Gen X, Y and Z shopping behaviors.* Forbes.

26 Twenge, J. M. (2014). *Generation Me - Revised and Updated: Why Today's Young Americans Are More Confident, Assertive, Entitled—and More Miserable Than Ever Before.* Simon and Schuster.

27 Suar, D., Jha, A. K., Das, S. S., Alat, P. & Patnaik, P. (2020). What Do Millennials Think of Their Past, Present, and Future Happiness, and Where Does Their Happiness Reside? *Journal of Constructivist Psychology,* 1-17.

28 *The Guardian* (2020). *Quality over quantity: GenZ's "sex recession" looks more like an upturn.*

29 Geiger, A. & Davis, L. (2019). *A growing number of American teenagers —particularly girls— are facing depression.* Pew Research Center.

30 Twenge, J. M. (2017). *iGen: Why today's super-connected kids are growing up less rebellious, more tolerant, less happy —and completely unprepared for adulthood— and what that means for the rest of us.* Simon and Schuster.

31 MarketingTech (2018). Gen Z engaging with 10 hours of online content a day. MarketingTech blog.

32 Jian, J. (2018). *How Teens and Parents Navigate Screen Time and Device Distractions.* Pew Research Center.

33 Stillman, J. (s.f). *The Definition of Happiness Changes as You Age, According to Science.* Tomado de: https://www.inc.com/jessica-stillman/the-5-life-stages-of-happiness.html#:~:text=An%20older%20person%20focused%20on,time%20savoring%20and%20less%20pursuing.

34 Statista (2021). Global Digital Population as of January 2021. Tomado de: https://www.statista.com/statistics/617136/digital-population-worldwide/

35 Shakya, B., Christakis (2017). A New, More Rigorous Study Confirms: The More You Use Facebook, the Worse You Feel. *Harvard Business Review.*

36 Cruz, I. (2018). *'Centennials', la generación que no conoció el mundo sin internet.* BBVA. Tomado de: https://www.bbva.com/es/centennials-la-generacion-no-conocio mundo sin internet/

37 Johnson, A. (2021). *More than half of older millennials with student debt say their loans weren't worth it.* CNBC make it.

38 Smith Galer, S. (2018). *How much is "too much time" on social media?* BBC Future. Tomado de: https://www.bbc.com/future/article/20180118-how-much-is-too-much-time-on-social-media

39 Huang, C. (2020). A meta-analysis of the problematic social media use and mental health. *International Journal of Social Psychiatry,* 0020764020978434.

40 Marino, C., Gini, G., Vieno, A. & Spada, M. M. (2018). The associations between problematic Facebook use, psychological distress and well-being among adolescents and young adults: A systematic review and meta-analysis. *Journal of Affective Disorders, 226,* 274-281.

41 Twenge, J. M. (2017). *iGen: Why today's super-connected kids are growing up less rebellious, more tolerant, less happy —and completely unprepared for adulthood— and what that means for the rest of us.* Simon and Schuster.

42 Twenge, J. M., Joiner, T. E., Rogers, M. L. & Martin, G. N. (2018). Increases in depressive symptoms, suicide-related outcomes, and suicide rates among US adoles-

cents after 2010 and links to increased new media screen time. *Clinical Psychological Science, 6*(1), 3-17.

43 Twenge, J. M. (2017). *iGen: Why today's super-connected kids are growing up less rebellious, more tolerant, less happy —and completely unprepared for adulthood— and what that means for the rest of us.* Simon and Schuster.

44 Tromholt, M. (2016). The Facebook experiment: Quitting Facebook leads to higher levels of well-being. *Cyberpsychology, behavior, and social networking, 19*(11), 661-666.

45 Bollen, J., Gonçalves, B., van de Leemput, I., & Ruan, G. (2017). The happiness paradox: your friends are happier than you. *EPJ Data Science, 6*(1), 4.

46 LaRosa, J. (2021). *$10.4 Billion Self-Improvement Market Pivots to Virtual Delivery During the Pandemic. Market Research.* Portal web.

47 Lyubomirsky, S., Sheldon, K. M. & Schkade, D. (2005). Pursuing happiness: The architecture of sustainable change. *Review of general psychology, 9*(2), 111-131.

48 Helliwell, J. F., Layard, R., Sachs J., DeNeve, J.E., Aknin, L., Wang, S. (2022). *Happiness, benevolence and trust during COVID-19 and beyond.* World Happiness Report 2022.

49 Flint, J. & Kendler, K. S. (2014). The genetics of major depression. *Neuron, 81*(3), 484-503.

50 Seligman, M. E. (2002). *Authentic Happiness: Using the New Positive Psychology to Realize Your Potential for Lasting Fulfillment.* Simon and Schuster.

51 Burnette, J. L., Knouse, L. E., Vavra, D. T., O'Boyle, E. & Brooks, M. A. (2020). Growth mindsets and psychological distress: A meta-analysis. *Clinical Psychology Review, 77*, 101816.

52 Cabanas, E. & Illouz, E. (2019). *Happycracia. Cómo la ciencia y la industria de la felicidad controlan nuestras vidas.* Planeta.

53 Kahneman, D. (2011). *Pensar rápido, pensar despacio.* Debate.

54 Gilbert, D. (2009). *Stumbling On Happiness.* Vintage Canada.

55 World Bank (2020). Poverty and shared prosperity 2020: Reversals of Fortune, doi: 10.1596/978-1-4648-1602-4.

56 Banco Interamericano de Desarrollo (2020). *La clase media andina frente al shock de Covid-19.* Documento para discusión N. IDB-DP00774

57 Veenhoven, R. (2015). Happiness: History of the concept. *International encyclopedia of social and behavioral sciences (2nd ed., Vol. 10, pp. 521–525).* Oxford: Elsevier.

58 OECD. *OECD guidelines on measuring subjective well-being.* Paris, France: OECD Publishing; 2013.

59 Sachs, J. D., Layard, R. & Helliwell, J. F. (2018). *World Happiness Report 2018* (No. id: 12761).

60 Alarcón, R. (2006). Desarrollo de una Escala Factorial para Medir la Felicidad. *Revista Interamericana de Psicología, 40*(1), 99–106.

61 Helliwell, J. F., Huang, H. & Wang, S. (2019). *Changing world happiness. World Happiness* Report 2019.

62 Vilalta, C. J., Castillo, J. G. & Torres, J. A. (2016). *Violent crime in Latin American cities.* Washington, DC: Inter-American Development Bank.

63 Helliwell, J. F., Huang, H., Wang, S. & Norton, M. (2021). *World happiness, trust and deaths under COVID-19.* World Happiness Report 2021.

64 Rojas, M. (2016). Happiness, Research, and Latin America. *Handbook of Happiness Research in Latin America.* Springer.

65 Sanchez Aragón, R. & Díaz Loving, R. (2016). From the individual to the romantic relationship: In search of happiness. Rojas, M (ed). Happiness, Research, and Latin America. *In Handbook of happiness research in Latin America*

66 Van Hoof, E. (2020). *Lockdown is the world's biggest psychological experiment - and we will pay the price.* World Economic Forum. Tomado de: https://www.weforum.org/agenda/2020/04/this-is-the-psychological-side-of-the-covid-19-pandemic-that-were-ignoring/

67 World Health Organization (2022). *COVID-19 Pandemic Triggers 25% Increase in Prevalence of Anxiety and Depression Worldwide.* 2 March 2022

68 Organización Panamericana de la Salud (2023). *Una nueva agenda para la salud mental en las Américas.* Informe de la Comisión de Alto Nivel sobre Salud Mental y COVID-19 de la Organización Panamericana de la Salud. Washington, D.C.: OPS; 2023.

69 Sachs, J. D., Layard, R. & Helliwell, J. F. (2018). *Global happiness policy report.* World Happiness Report 2018.

70 Allas, T., Chinn, D., Pal, E. S. & Zimmerman, W. (2020). *Well-being in Europe: Addressing the high cost of COVID-19 on life satisfaction.* McKinsey & Company. Tomado de: https://www.mckinsey.com/featured-insights/europe/well-being-in-europe-addressing-the-high-cost-of-covid-19-on-life-satisfaction

71 GOV. UK (2021). *Loneliness minister: "It's more important than ever to take action".* Press release, June 17, 2021. UK Government web page.

72 Allas, T., Chinn, D., Pal, E. S. & Zimmerman, W. (2020). Well-being in Europe: Addressing the high cost of COVID-19 on life satisfaction. McKinsey. https://www.mckinsey.com/featured-insights/europe/well-being-in-europe-addressing-the-high-cost-of-covid-19-on-life-satisfaction

73 Kofman, O (2012). *Deinstitutionalization and Its Discontents: American Mental Health Policy Reform.* CMC Senior Theses. Paper 342.

74 Ban, T. A. (2001). Pharmacotherapy of mental illness-a historical analysis. *Progress in Neuro-Psychopharmacology and Biological Psychiatry, 25*(4), 709-727.

75 Pistole, M. C. (2001). *Mental Health Counseling: Identity and Distinctiveness.* ERIC Clearinghouse on Counseling and Student Service, University of North Carolina at Greensboro.

76 Chisholm, D., Sweeny, K., Sheehan, P., Rasmussen, B., Smit, F., Cuijpers, P. & Saxena, S. (2016). Scaling-up treatment of depression and anxiety: a global return on investment analysis. *The Lancet Psychiatry, 3*(5), 415-424.

77 American Psychiatric Association (s.f). *What is mental illness?* American Psychiatric Association web page.

78 World Health Organization (2021). *Mental Health Atlas 2020.*

79 Nikkel, R. & Whitaker, R. (2018). *Flooding the world with psychiatric drugs could boost the burden of mental disorders.* Statnews.com.

80 OECD (2021). Health data – health spending indicator. Tomado de: https://data.oecd.org/healthres/health-spending.htm

81 Sachs, J. D., Layard, R. & Helliwell, J. F. (2018). *Global happiness policy report. World Happiness Report 2018.*

82 Bermingham, S. L., Cohen, A., Hague, J. & Parsonage, M. (2010). The cost of somatization among the working-age population in England for the year 2008–2009. *Mental Health in Family Medicine, 7*(2), 71.

83 Wortman, M. S., Lokkerbol, J., van der Wouden, J. C., Visser, B., van der Horst, H. E. & Olde Hartman, T. C. (2018). Cost-effectiveness of interventions for medically unexplained symptoms: A systematic review. *PloS one, 13*(10), e0205278.

84 Fink, G. (2016). Stress: *The Health Epidemic of the 21st Century.* Elsevier, Scitech Connect.

85 Gallup (2021). *In depth: Topics A to Z: Work and Workplace.* Gallup web page.

86 Sachs, J. D., Layard, R., & Helliwell, J. F. (2018). *Global happiness policy report.* World happiness report 2018

87 Abbott, A. (2021). COVID's mental-health toll: how scientists are tracking a surge in depression. *Nature, 590*(7845), 194-195.

88 World Health Organization (2022). *COVID-19 pandemic triggers 25% increase in prevalence on anxiety and depression worldwide.*

89 Abbott, A. (2021). COVID's mental-health toll: how scientists are tracking a surge in depression. *Nature, 590*(7845), 194-195.

90 Dattani, S. (2021). Depression is complicated – this is how our understanding of the condition has evolved over time. *Our World in Data.* Oxford Martin School. Oxford.

91 World Health Organization (2021). *Depression*. Tomado de: https://www.who.int/health-topics/depression#tab=tab_1

92 Eaton, W. W., Shao, H., Nestadt, G., Lee, B. H., Bienvenu, O. J. & Zandi, P. (2008). Population-Based Study of First Onset and Chronicity in Major Depressive Disorder. *Archives of General Psychiatry, 65*(5), 513.

93 Ritchie, H. & Rose, M. (2018). Mental health. *Our World in Data.* University of Oxford.

94 Lesser, B. (2018). *History of mental health treatment: What you need to know.* Tomado de: https://dualdiagnosis.org/mental-health-and-addiction/history/

95 Twenge, J. M. (2017). *iGen: Why today's super-connected kids are growing up less rebellious, more tolerant, less happy--and completely unprepared for adulthood--and what that means for the rest of us.* Simon and Schuster.

96 Centers for Desease Control and Prevention (2017). *Health aging: Promoting well-being in older adults.*

97 Centers for Desease Control and Prevention (2020). *Social isolation and loneliness in older adults. Opportunities for the health care system.* The National Academies of Sciences

98 Ausubel, J. (2020). *Older People are more likely to live alone in U.S. than elsewhere in the world.* Pew Research Center.

99 Ausubel, J. (2020). Op. cit.

100 Kato, T. A., Shinfuku, N., Sartorius, N. & Kanba, S. (2017). Loneliness and single-person households: Issues of kodokushi and hikikomori in Japan. In N. Okkels, C. B. Kristiansen, & P. Munk-Jørgensen (Eds.), *Mental health and illness in the city.* Springer Science + Business Media.

101 Onishi, N. (2017). *A generation in Japan faces a lonely death.* The New York Times.

102 Demetriou, D. (2020). *Employees in the country whose brutal office culture has led to several deaths are beginning to rethink the tradition.* BBC Worklife.

103 Wang, S., Wright, R., Wakatsuki, Y. (2020). *In Japan, more people died from suicide last month than from Covid in all of 2020. And women have been impacted most.* CNN Tomado de: https://edition.cnn.com/2020/11/28/asia/japan-suicide-women-covid-dst-intl-hnk/index.html

104 Rico, T., Hida, H. (2021). *A medida que la pandemia se afianzó, el suicidio aumentó entre las mujeres japonesas.* The New York Times.

105 Mineo, L. (2017). *Harvard study, almost 80 years old, has proved that embracing community help us live longer, and be happier.* The Harvard Gazette.

106 Bühler, J. L., Krauss, S. & Orth, U. (2021). Development of relationship satisfaction across the life span: A systematic review and meta-analysis. *Psychological bulletin.*

107 Gottman, J. M. & Levenson, R. W. (2002). A two-factor model for predicting when a couple will divorce: Exploratory analyses using 14-year longitudinal data. *Family process, 41*(1), 83-96.

108 Ruiz-Opina, E. (2019). *The rise of living alone: how one person households are becoming increasingly common around the world.* Our World in Data. Oxford Martin School.

109 World population Review (2022). *Total fertility rate 2022.* World population Review.

110 Lyubomirsky, S. (2008). *The how of happiness: A scientific approach to getting the life you want.* Penguin.

111 Fowler, J. H. & Christakis, N. A. (2008). Dynamic spread of happiness in a large social network: longitudinal analysis over 20 years in the Framingham Heart Study. *Bmj, 337.*

112 Carter, C (2009). *Put your oxygen mask on first.* Greater Good Magazine. University of California, Berkeley.

113 Nauman, E. (2014). *What makes a happy parent?* Greater Good Magazine. University of California, Berkeley.

114 Nauman, E. (2014). Op. cit.

115 Stanca, L. (2012). Suffer the little children: Measuring the effects of parenthood on well-being worldwide. *Journal of Economic Behavior & Organization, 81*(3), 742-750.

116 Nelson, S. K., Kushlev, K. & Lyubomirsky, S. (2014). The pains and pleasures of parenting: When, why, and how is parenthood associated with more or less well-being? *Psychological bulletin, 140*(3), 846.

117 Blanchflower, D. G. & Clark, A. E. (2021). Children, unhappiness and family finances. *Journal of Population Economics, 34*(2), 625-653.

118 Nelson, S. K., Kushlev, K., English, T., Dunn, E. W. & Lyubomirsky, S. (2013). In defense of parenthood: Children are associated with more joy than misery. *Psychological science, 24*(1), 3-10.

119 Stearns, P. N. (2019). Happy children: A modern emotional commitment. *Frontiers in Psychology,* 2025.

120 Dunbar, R. (2021). *Friends: Understanding the power of our most important relationships.* Hachette UK.

121 Kruge, W., Desati, A., Al Mari, R., Dixon, R., Leaver, K., Kirmaye, M., Rawlins, B., Kerford, D., Ahenkan, L., Combi, C. (2019). *The Friendship Report.* Protein agency x Snapchat.

122 Hronis, A. (2022). *Why Do We Find Making New Friends So Hard as Adults?* World Economic Forum.

123 Hall, J. A. (2019). How many hours does it take to make a friend? *Journal of social and personal relationships, 36*(4), 1278-1296.

124 International Labor Organization (s.f). *What Is a Minimum Wage? A Short History.* International Labor Organization.

125 Bellet, C. S., De Neve, J. E. & Ward, G. (2023). Does employee happiness have an impact on productivity? *Management science.*

126 De Neve, J. E., Kaats, M. & Ward, G. (2023). *Workplace Wellbeing and Firm Performance.* Wellbeing Research Centre.

127 De Neve, E. & Ward. G. (2017). Does work make you happy? Evidence from the world happiness report. Harvard Business Review.

128 Bellet, C., De Neve, J. E. & Ward, G. (2019). *Does employee happiness have an impact on productivity?* Saïd Business School WP, 13.

129 Preston, C. (2017). *Promoting employee happiness benefits everyone.* Forbes.

130 McKee, A. (2017). How to be happy at work. *Leader to Leader, 2017*(86), 47-52.

131 Butterworth, P., Leach, L. S., McManus, S. & Stansfeld, S. A. (2013). Common mental disorders, unemployment and psychosocial job quality: is a poor job better than no job at all? *Psychological medicine, 43*(8), 1763-1772.

132 De Neve, E. & Ward. G. (2017). *Does work make you happy? Evidence from the world happiness report.* Harvard Business Review.

133 Higgs, M. (2019). *How to deal with job-search depression.* The New York Times.

134 Gallup (2014). In U.S., *depression rates higher for long-term unemployed.* Gallup, Wellbeing.

135 U.S. Bureau of labor statistics (2021). Economic news release. Job openings and labor turnover summary. Tuesday, February 1, 2022.

136 Irwin, N. (2021). *Workers are gaining leverage over employers right before our eyes.* The New York Times.

137 Martínez, L. (2017). The urban pulse of the global South: the case of Cali, Colombia. In Short, J. (Ed.) A Research Agenda for Cities (pp. 169 – 181). Edward Elgar Publishing.

138 Jebb, A. T., Tay, L., Diener, E. & Oishi, S. (2018). Happiness, income satiation and turning points around the world. *Nature Human Behavior, 2*(1), 33-38.

139 U.S Bureau of labor statistics (2021). Occupational employment and wage statistics.

140 La República (2019). *En Colombia 8,5 % de las personas en edad de trabajar son profesionales.* Diario La República portal web.

141 Beyer, R. (2022). *How happiness and meaning changes as you make more money.* Greater Good Magazine. University of California, Berkeley.

142 Whillans, A. V., Dunn, E. W., Smeets, P., Bekkers, R. & Norton, M. I. (2017). Buying time promotes happiness. *Proceedings of the National Academy of Sciences, 114*(32), 8523-8527.

143 Schilbach, F., Schofield, H. & Mullainathan, S. (2016). The psychological lives of the poor. *American Economic Review, 106*(5), 435-40.

144 Haidt, J. & Kesebir, S. (2010). Morality. In S. Fiske, D. Gilbert, & G. Lindzey (Eds.), *Handbook of social psychology* (5th ed., pp. 797–832). Hoboken, NJ: Wiley.

145 Gregoire, C. (2018). *How money changes the way you think and feel.* Greater Good Magazine. University of California, Berkeley.

146 Kouchaki, M., Smith-Crowe, K., Brief, A. P. & Sousa, C. (2013). Seeing green: Mere exposure to money triggers a business decision frame and unethical outcomes. *Organizational Behavior and Human Decision Processes, 121*(1), 53-61.

147 Miller, L (2012). *The Money-empathy gap. New York Magazine.* Tomado de: https://nymag.com/news/features/money-brain-2012-7/?mid=longreads

148 Piff, P. K., Stancato, D. M., Côté, S., Mendoza-Denton, R. & Keltner, D. (2012). Higher social class predicts increased unethical behavior. *Proceedings of the National Academy of Sciences, 109*(11), 4086-4091.

149 Szalavits, M. (2010). *The rich are different: More money less empathy.* Time Magazine.

150 Anwar, Y. (2021). *Affluent People More Likely to be Scofflaws.* Greater Good Magazine. University of California, Berkeley.

151 Judge, T. A., Livingston, B. A. & Hurst, C. (2012). Do nice guys—and gals—really finish last? The joint effects of sex and agreeableness on income. *Journal of personality and social psychology, 102*(2), 390.

152 Lindqvist, E., Östling, R. & Cesarini, D. (2020). Long-run effects of lottery wealth on psychological well-being. *The Review of Economic Studies, 87*(6), 2703-2726.

153 Agarwal, S., Mikhed, V. & Scholnick, B. (2018). *Does the Relative Income of Peers Cause Financial Distress? Evidence From Lottery Winners and Neighboring Bankruptcies.* FRB of Philadelphia.

154 Dunn, E. W., Gilbert, D. T. & Wilson, T. D. (2011). If money doesn't make you happy, then you probably aren't spending it right. *Journal of Consumer Psychology, 21*(2), 115-125.

155 Clark, A., Flèche, S., Layard, R., Powdthavee, N. & Ward, G. (2018). *The origins of happiness.* Princeton University Press.

156 Think with Google (2021). Year in search 2021.

157 Lyubomirsky, S. & Layous, K. (2013). How do simple positive activities increase well-being? *Current directions in psychological science, 22*(1), 57-62.

158 Layous, K. T. I. N. & Lyubomirsky, S. (2014). The how, why, what, when, and who of happiness. *Positive emotion: Integrating the light sides and dark sides,* 473-495.

159 Duhigg, C. (2012). *The power of habit: Why we do what we do in life and business.* New York, N.Y. Random House.

160 Eyal, N. (2014). *Hooked: How to build habit-forming products.* New York, N.Y. Penguin.

161 Williams, D (2022). *Unhappiness is soaring around the world.* The Economist. June 2022.

162 Carden, L. & Wood, W. (2018). Habit formation and change. *Current opinion in behavioral sciences, 20,* 117-122.

163 Wood, W. (2019). *Good habits, bad habits: The science of making positive changes that stick.* Pan Macmillan.

164 Kondo, M. (2015). *The life-changing magic of tidying: The Japanese art.* New York, N.Y. Random House.

165 Suttie, J. (2020). *What happens when we lose our social rituals?* Greater Good Magazine. University of California, Berkeley.

166 Miles, E., Sheeran, P., Baird, H., Macdonald, I., Webb, T. L. & Harris, P. R. (2016). Does self-control improve with practice? Evidence from a six-week training program. *Journal of Experimental Psychology: General, 145*(8), 1075.

167 Noel Ryan n.ryan16@nuigalway.ie (2012) Willpower: Rediscovering the greatest human strength, by Roy F. Baumeister and John Tierney, *The Journal of Positive Psychology,* 7:5, 446-448, DOI: 10.1080/17439760.2012.711350.

168 Fogg, B. J. (2019). *Tiny habits: The small changes that change everything.* Eamon Dolan Books.

169 Wood, W. (2019). *Good habits, bad habits: The science of making positive changes that stick.* Pan Macmillan.

170 Lally, P., Van Jaarsveld, C. H., Potts, H. W. & Wardle, J. (2010). How are habits formed: Modelling habit formation in the real world. *European journal of social psychology, 40*(6), 998-1009.

171 Emmons, R. A. & McCullough, M. E. (Eds.). (2004). *The psychology of gratitude.* Oxford University Press.

172 Allen, S. (2018). Why is gratitude so hard for some people? Greater Good Magazine. University of California, Berkeley.

173 Solom, R., Watkins, P. C., McCurrach, D., & Scheibe, D. (2017). Thieves of thankfulness: Traits that inhibit gratitude. *The Journal of Positive Psychology, 12*(2), 120-129.

174 Davis, D. E., Choe, E., Meyers, J., Wade, N., Varjas, K., Gifford, A., ... & Worthington Jr, E. L. (2016). Thankful for the little things: A meta-analysis of gratitude interventions. *Journal of counseling psychology, 63*(1), 20.

175 Caputo, A. (2015). The relationship between gratitude and loneliness: The potential benefits of gratitude for promoting social bonds. *Europe's journal of psychology, 11*(2), 323.

176 Emmons, R. A. (2013). *Gratitude works! A 21-day program for creating emotional prosperity.* John Wiley & Sons.

177 Fox, E. (2016). *Rainy Brain, Sunny Brain: How to Retrain Your Brain to Overcome Pessimism and Achieve a More Positive Outlook.* New York NY: Basic Books.

178 Segerstrom, S. C., Carver, C. S. & Scheier, M. F. (2017). Optimism. *In The happy mind: Cognitive contributions to well-being* (pp. 195-212). Springer, Cham.

179 Lee, L. O., James, P., Zevon, E. S., Kim, E. S., Trudel-Fitzgerald, C., Spiro III, A., ... & Kubzansky, L. D. (2019). Optimism is associated with exceptional longevity in

2 epidemiologic cohorts of men and women. *Proceedings of the National Academy of Sciences, 116*(37), 18357-18362.

180 Sharot, T. (2017). *The influential mind: What the brain reveals about our power to change others.* Henry Holt and Company.

181 Diener, E. & Seligman, M. E. (2002). Very happy people. *Psychological science, 13*(1), 81-84.

182 Simon-thomas, E. (2015). *Want to be happy? Make your relationships exceptional.* Greater Good Magazine. University of California, Berkeley.

Esta obra se terminó de imprimir
en el mes de octubre de 2025,
en los talleres de Impresora Tauro, S.A. de C.V.
Ciudad de México.